일본의 정원

● 동북아시아 정원 [2]

일본의

정원

-14세기부터 19세기까지의 조경구조물을 중심으로-

책임저자 | 박경자

학연문화사

머 리 말

　정원문화는 세계 각국에서 두루 보이지만 자연적 환경, 종교, 정치형태 등의 차이로 인해 다양한 양식이 혼재한다. 따라서 정원문화의 역사를 고찰할 경우, 정원은 각각의 지역 문화를 반영하는 거울과 같은 존재임을 다시금 확인하게 된다.

　논의를 동북아시아에 한정할 경우, 한국·중국·일본에서는 자연풍경을 모티프로 한 아름다운 정원이 존재한다. 지금까지 각국에서는 정원문화에 대한 조사 및 연구가 개별적으로 진행되어 왔다. 특히 최근에는 정원 유구에 대한 발굴조사가 진전을 봄에 따라, 새로운 연구성과가 발표되고 있다. 또한 정원문화는 국가나 민족 단위에서 독자적이며 폐쇄적인 환경 속에서 성립할 수 있는 것이 아니라 국제적 교류 속에서 상호영향을 주고받으며 전개되었다고 하는 관점으로부터의 연구도 그 중요성이 부각되고 있다.

　일본에서는 조몬(繩文) 시대로부터 정원으로 간주할 수 있는 유구가 발굴조사를 통해 확인되고 있다. 이러한 공간예술에 보이는 애니미즘적 자연관 및 종교관은 지금까지도 일본 정원의 저변을 관통하고 있다. 한편 7세기부터 10세기에 걸쳐서, 일본의 정원은 불교 문화의 수용이나 중국 율령제의 도입을 통해, 백제·신라·당·발해의 정원문화로부터 강한 영향을 받아가며 전개된다. 이 시기 일본의 정원은 중국 및 한국의 정원문화와 많은 점에서 그 특징을 공유하고 있었다고 생각된다. 그후 동북아시아 3국의 정원문화는 자연풍경식이라고 하는 공통성을 유지하면서도 독자적인 전개를 보이게 된다. 그러나 10세기 이후 3국간의 정원문화에 있어서 그 공통점이나 차이점에 관해서는 본격적인 비교연구가 수행되지 못하고 있었다.

본 연구는 동북아 3국 전통조경 특성 비교연구(부제 : 14세기부터 19세기까지 조경구조물을 중심으로)의 한 부분인 조경구조물을 중심으로 일본 전통정원 특성을 연구한 결과물이다. 현재 한국 전통조경에 대한 연구결과물로 『조선시대 정원』이 출간되었고(2010. 6), 이번 일본 정원 출판에 이어서 중국 정원 연구결과물이 곧이어 발간될 예정이다.

제1장에서는 동아시아 각국의 교류가 활발했던 7~9세기를 중심으로, 정원유구의 발굴을 통해 밝혀진 조사성과를 반영시켜 정원문화를 개관하고 있다.

제2장에서는 14세기로부터 19세기에 걸쳐 일본 정원문화의 특징에 대해서 그간 성립된 정원양식을 통해서 살펴본다.

제3장에서는 14세기로부터 19세기에 이르기까지 일본 정원의 의장 및 디자인에 관해서 현존 정원을 중심으로 논의한다.

제4장에서는 동시기 일본 정원의 예술적 특징과 본질에 관해서 회화표현과의 관련성에 주목하여 논구한다.

일본의 정원문화사 연구에는 수많은 연구과제가 남겨져 있다. 본서는 그 일부분을 대상으로 한 연구에 지나지 않으나, 이러한 연구가 동북아시아 정원연구에 대한 포괄적 이해를 향한 자그마한 디딤돌이 되기를 기대한다.

본서는 한국연구재단의 지원을 받아서 2008년 7월부터 2010년 6월까지의 총 2개년에 걸쳐 진행된 연구 수행과정 중에서 2차년도(2009 7월~2010년 6월) 일본 전통정원 연구기간 중에 수행한 연구결과물이다

본 연구의 수행은 연세대학교의 박경자 교수가 총괄했고, 일본 전 나라문화재연구소 다카세 요이치 부장이 1장, 교토조형예술대학의 나카 다카히로 교수가 2장의 집필에 공동 연구원으로서 참여하였으며, 교토대학 오영삼 박사생이 4장, 교토조형예술대학의 나와치 타카야스 박사생이 3장의 집필에 연구보조원으로서 참여했고, 특히 오영삼 박사생은 일본 연구의 번역을 도맡아주었다. 그분들의 노고에 깊은 감사를 드린다. 또한 본서를 출판하기까지 노고를 아끼지 않았던 학연문화사 권혁재 사장님께도 깊은 감사를 드린다.

2010년 7월
박경자
나카 다카히로

차 례

01

7세기부터 14세기까지의 일본 정원

본서에서는 14세기 이후 일본 정원의 공간구성과 구성요소를 분석하고 그 특징을 고찰하는 것으로, 먼저 본론에 앞서 고대로부터 14세기에 이르는 일본 정원의 흐름을 개설하고자 한다. 각 시대의 정원을 검토하기 위해서 주로 발굴조사에 따라 검출된 유구를 중심으로 논의하고, 필요에 따라 문헌사료를 참조하기로 한다.

제1장 고대의 정원

제1절 정원의 정의

정원의 기원이나 역사를 고려할 때, 먼저 정원이란 무엇인가를 명확히 할 필요가 있다. 정원을 정의할 때 3차원적인 형태만을 규정하여 정의하는 방법과, 형태뿐만 아니라 그 공간이 의미하는 기능도 포함하는 정의방법이 있다. 전자의 예를 들면 「돌・물・식물 등의 자연물을 사용하여 미적으로 구성한 외부 공간」이라고 하는 정의가 가능하다. 후자로서는 이에 더하여 「……미적으로 구성된 외부 공간 중에서도 주로 감상이나 야외 향연에 사용되는 기능을 가진 것」으로 한정한 것이다. 여기서는 전자를 「광의의 정원」, 후자를 「협의의 정원」이라고 부르고자 한다.

전자의 정의에 따르면, 제사를 위해 만들어진 석조(石組)나 석부(石敷)의 광장, 호(濠)와 즙석(葺石 : 이음돌)으로 장식된 고분 등도 「광의의 정원」에 포함되게 된다. 분명히 이들 유구 중에는 후자인 「협의의 정원」에 연결되는 원시적 형태가 보이므로, 조형의 계보나 기술을 거슬러 올라갈 경우 「광의의 정원」부터 검토해야 할 것이다. 그러나 정원의 공간구성이나 특징을 분석하는 경우는 「협의의 정원」에 한정하지 않으면 검토대상의 범위가 너무 넓어져 명확한 비교 검토가 곤란하게 된다.

여기서는 일본 정원의 기원을 명확히 하기 위해서 「광의의 정원」에 해당하는 제사의 유구로부터 출발하며, 아스카(飛鳥) 시대(592~694년) 이후는 「협의의 정원」을 대상으로 논의를 진행하고자 한다.

제2절 후세의 정원에 이어지는 제사공간의 형태

발굴조사에서 검출된 유구 중에는 그 형태만 본다면, 정원으로 간주할 수 있는 것이 있다. 조몬(繩文, 12,000~2,400년 전) 시대의 토갱묘(土坑墓) 위에 만들어진 석조(石組), 동일하게 조몬 시대부터 고분시대에 이르는 용수(湧水)지점에 만들어진 석조나 유수(流水)흔적, 고분시대(약 3세기 후반~7세기 전반)의 고분 주위의 호에 만들어진 섬 등이 그것이다.

유구 1. 이와테(岩手) 현 가바야마(樺山) 유적(도 1-1)

조몬 시대 말기의 토갱묘 위에 만들어진 묘표(墓標)이다. 여러 개의 돌을 산의 형태로 조합하여 축조한 것이다. 아름다운 돌을 선택하는 제작자의 감각이나 전체적인 형태 등이 정원의 석조에 통하는 미의식을 보여준다.

도 1-1. 樺山遺跡

도 1-2. 城之越遺跡

유구 2. 미에(三重) 현 시로노코시(城之越) 유적(도 1-2)

4세기 후반부터 5세기 전반의 제사 유구이다. 세 곳에 만들어진 샘물에 각각 다른 의장으로 장식하고, 샘으로부터 흐르는 유수를 하나로 모아서 하류에 흘려보낸다. 유수의 사면에는 돌 장식이 있으며, 합류 지점에는 석조가 있다. 석조는 가는 기둥 형태의 돌을 세워서 축조하는 등 정원의 석조와 매우 유사한 모습을 가지고 있다.

유구 3. 나라(奈良) 현 스야마(巢山) 고분

4세기 후반의 전방후원분(前方後圓墳)의 호 내부에 만들어진 섬이다. 호 측에 완만하게 경사를 만들어 자갈을 깔고, 섬의 양쪽에는 호를 향하여 돌출한 바위를 놓았다. 나라 시대의 정원에 보이는 스하마(洲浜)나 석조를 방불케 하는 조형이다.

유구 4. 군마(群馬) 현 하치만야마(八幡山) 고분(도 1-3)

5세기 전방후원분의 호 내부에 만들어진 원형 섬들이다. 동그란 섬은 배총(培塚)이 아니라 호를 장식하는 의장이다. 기하학적인 조형이지만 호에 물이 차면 후대 한국의 정원에서 자주 보이는 원형 섬에 가까운 모습이 될 것이다.

상기한 네 곳 이외에도 유사한 유구가 있는데 모두 「광의의 정원」에 포함된다. 그렇다면 여기에 보이는 조형은 어떠한 생각에 근거하여 만들어진 것일까? 그 원형은 어떠한 것이었을까? 어느 경우이건 발굴조사에 의해 지하에서 검출된 유구이며 문헌자료도 없는 시대이기에, 해당 유적의 성격이나 관련유구로부터의 추정에 의지할 수밖에 없다.

유구 1·2·4는 규모에서는 차이가 나나, 모두 죽은 자가 묻힌 무덤, 혹은 묘역이다. 사자(死者)의 영혼을 위로하여 그 평안을 기원하며 사후 세계를 지킨다고 하는 의미로부터 남겨진 자손이나 관계자가 만든 구조물이다. 만들어진 형태를 보면,

도 1-3. 八幡塚古墳

유구 1·3은 산 표면에 노출된 돌이나 강변의 자갈 등 자연경관을 모티프로 하고 있다고 판단된다. 한편 유구 4는 자연계에는 존재하지 않는 인공의 기하학적인 형태를 띠고 있다.

유구 2는 샘과 그곳으로부터 흘러나오는 유수를 보호함과 동시에 장식으로 꾸민 유구이다. 논밭을 적셔주는 샘물에 감사하고, 안정된 수량을 확보하기 위하여 샘물을 지배하는 신에게 경배를 드리는 공간일 것이다.

일본에서는 고래로부터 만물에 신이 깃들어 있다는 다신교를 믿었으며, 그 주된 대상이 되는 것이 자연물이다. 즉 수려한 산, 큰 거목과 바위, 폭포와 샘, 섬 등에 신이 깃들어 있다고 믿었다. 유구 1·2·3은 이러한 신이 깃들어 있는 자연을 모티프로 하여 만들어진 것이며, 이러한 신을 통해서 사자의 평안을 기원했다고 추정된다.

이에 비해 유구 4는 전방후원분으로 원형의 섬에 보이는 기하학적인 디자인은 자연계에서는 볼 수 없는 인공적인 경관이다. 이러한 디자인은 원분(圓墳)과 방분(方墳)이라는 형태뿐만 아니라 물이 채워진 주변 호를 포함하면, 원분은 원형의 연못에 떠 있는 동그란 섬(圓池圓島)이 되며, 방분은 사각형의 연못에 떠 있는 네모난 섬(方池方島)이 된다. 자연계에는 존재하지 않는 경관을 자연 속에 만들어 특징화시킨 디자인이라고 할 수 있다. 원형이나 방형의 기하학적 평면은 물건을 인식하거나 제작할 때 가장 보편적인 형태이며, 동서고금을 막론하고 어디에나 존재하는 형태이다. 따라서 원형이나 방형의 디자인이 반드시 선행하는 다른 지역의 문화를 받아들인 결과라고는 할 수 없다. 어느 지역에서도 비교적 이른 시기에 발생하여 광범위하게 사용된 디자인으로 보는 것이 타당하겠다.

「광의의 정원」에 사용되는 디자인이나 기술은 일본의 아스카와 나라 시대 이후의 「협의의 정원」과 비교하면, 미적 감각이나 돌을 다루는 방법에 있어서 서로 통하는 부분이 있다. 양자가 담당한 기능에는 비록 차이가 있으나, 조형감각이나 기술의 계보라는 면에서 보았을 때, 이들 유구가 아스카 시대 이후 일본 정원을 형성하는 토대가 되었다고 생각할 수 있겠다.

제3절 문헌으로 본 6세기 이전의 정원

일본에서 6세기 이전의 정원에 관한 구체적인 양상을 알려주는 사료는 거의 없지만, 정원의 존재가 엿보이는 기사는 『니혼쇼키(日本書紀)』부터 나타난다.

1) 인교(允恭) 천황 2년(413년), 귀족의 저택에는 난초가 재배되고 있는 원(園)이 있었다.[1]

---

1 『日本書紀』 允恭天皇二年(413), 「初皇后随母在家, 独遊苑中時鬪鷄国造従径行之, 乗馬而荏籬, 謂皇后

2) 리츄(履中) 천황 3년(402년), 천황은 両股船을 磐余의 市磯池에 띄우고, 妃와 배를 나누어 타고 놀았다.[2]

3) 켄조(顕宗) 천황 원년에서 3년(485~487년) 3월 3일, 천황이 후원에서 곡수연(曲水宴)을 행하였다.[3]

4) 부레쓰(武烈) 천황 8년(505년), 황거(皇居)에 있는 泊瀬列城宮의 苑에서 사냥에 쓸 동물을 키우고 사냥 훈련을 하였다.[4]

이러한 원(園)이나 원(苑), 혹은 지(池)가 아스카 시대 이후의 「협의의 정원」과 어느 정도까지 유사하게 정비된 정원인지는 판단할 수 없으나, 감상이나 연유(宴遊), 때로는 사냥을 하는 공간이었다는 점은 분명하다.

제2장 아스카 시대의 정원

일본에 불교가 전해진 것은 6세기 중엽 긴메이(欽明) 천황 시대로 백제의 성왕(聖王)과 관련된다.[5] 정원을 만드는 기술과 문화에 있어서도 거의 비슷한 시기에 한반도를 경유하여 전해졌다고 생각되어 왔다. 그러나 제1장에서 소개했듯이 6세기 이전에 이미 정원의 원형이라고 생각되는 유구가 일본 각지에서 발견되었고, 문헌사료를 통

嘲之曰, 能作園乎汝者也, 且曰, 厭乞戸母, 其蘭一茎焉, 皇后則採一根蘭輿於乘馬者(下略)」
2 『日本書紀』履中天皇三(402년)年冬十一月六日,「天皇泛両枝船于磐余市磯池, 與皇妃各分乘而遊宴」
3 『日本書紀』顕宗天皇元~3年(485~487년)三月上巳,「幸後苑, 曲水宴」.
4 『日本書紀』武烈天皇八年(505년),「穿池起苑以盛禽獸而好田獵走狗試馬出入不時(下略)」
5 일본에 불교가 전해진 것은 6세기 초로 알려진다. 당시에는 귀족이 개인적으로 불교를 수용하고 있었지만, 백제 성왕의 사신이 불상이나 경전과 함께 불교를 전했다고 하는 것을 불교의 公傳으로 보고 있다. 이 시기를 538년 혹은 552년으로 추정하는 설이 있으나 어느 것이든 6세기 전반으로 긴메이 천황의 치세기간임은 부정할 수 없다.

해서도 정원의 존재를 확인할 수 있었다. 따라서 「정원(庭園)은 원래 일본에는 없었고 한반도를 경유하여 전래된 외래문화」라고 하는 견해는 수정될 필요가 있다.

제1절 문헌을 통해 본 아스카 시대의 정원

도 1-4. 須弥山石

전술한 「정원은 한반도를 경유하여 전래된 외래문화」라고 하는 견해의 근거로서 인용되는 것이 『니혼쇼키』 스이코(推古) 천황 20년(612년)에 백제로부터 온 장인이 황거의 남정(南庭)에 수미산(須弥山)과 오교(呉橋)를 만들었다고 하는 기사이다.[6] 황거의 남정은 본래 아무것도 없는 넓은 광장이며, 여기에 수미산이나 오교[7] 등 외래문화를 상징하는 경물을 세웠다는 것이다. 그러나 이것은 정원이라기보다는 하나의 전시공간이라는 느낌이 든다. 또한 스이코 천황 34년(626년)에는 소가노 우마코(蘇我馬子)가 저택의 정원에 작은 연못을 파고 그 위에 섬을 쌓았다고

해서 「도대신(嶋大臣)」이라고 불렸다는 기사가 있다.[8] 이것 역시 당시에 정원에 연못

---

6 『日本書記』推古天皇二十年(612년), 「是歳, 自百済国有化來者. 其面身皆斑白. 若有白癩者. 悪其異於人, 欲棄海中嶋. 然其人曰, 若悪臣之斑皮者, 白斑牛馬, 不可畜於国中. 亦臣有小才. 能構山岳之形. 其留臣而用, 則為国有利. 何空之棄海嶋耶. 於是, 聴其辞以不棄. 仍令構須弥山形及呉橋於南庭. 時人号其人, 曰路子工. 亦名芝耆摩呂」.
7 수미산은 불교 이상세계의 중심에 있는 높은 산이며, 오교는 중국 전국시대 오나라의 아치형 다리로 생각된다.

이나 섬을 두는 것은 매우 진귀한 일로서, 「협의의 정원」이 이때쯤 생겼다고 하는 근거가 되어 왔다. 이후에도 정원이나 광장에 수미산을 쌓았다는 기사가 보인다(도 1-4).

아스카 시대 정원의 모습은 『만요슈(万葉集)』를 통해서도 엿볼 수 있다. 『만요슈』에는 구사카베(草壁) 황자의 도궁(嶋宮) 모습을 전하는 노래가 있고, 여기에는 「島의 荒磯」, 「東瀧의 御門」, 「파도치는 암초와 포구를 둘러싼 바위 진달래」 등의 표현이 보인다. 이로부터 도궁의 정원이 자연경관을 모방하여 만들어진 것임을 알 수 있다.

문헌사료를 통해서 추정할 수 있는 정원의 모습은 이러하며, 다음은 발굴조사를 통해 검출된 정원유구를 근거로 아스카 시대의 정원을 살펴보고자 한다.

제2절 발굴조사를 통해 확인된 아스카 시대 정원의 모습

아스카 시대 정원으로 발굴된 유구 중에 중요한 것은 총 12곳 정도이다. 이것을 평면계획에 따라 세 가지 유형으로 분류하여 그 개요를 설명하고자 한다.

이 시대 정원으로 먼저 제1유형은 연못의 평면도가 방형이며 주변을 석적호안(石積護岸)으로 두르고 연못 바닥에는 작은 자갈 혹은 옥석을 깐 것으로 매우 인공적인 연못이다. 전국에 7곳의 방지 혹은 그 가능성이 있는 유구가 발견되었으나, 미야기(宮城) 현의 고리야마(郡山) 유적을 제외하고 나머지 6곳은 모두 나라 현의 아스카 지역에 집중하여 분포되어 있는 점이 특징적이다. 이것을 여기서는 「방지형(方池型)」이라고 부르도록 한다.

제2유형은 돌을 사용하여 작은 연못을 만들고, 이 연못에 수로를 연결하여 그

---

8 『日本書記』推古天皇三十四年(626년), 「家於飛鳥河之傍. 乃庭中開小池, 仍興小嶋於池中. 故時人曰嶋大臣」.

유수를 이용하는 만든 정원으로 모두 4곳이 발견되었다. 여기서는 이것을 「소지유수형(小池流水型)」이라고 부르기로 한다.

제3유형은 연못의 평면도가 부분적으로 곡선을 이루는 「정형곡지형(整形曲池型)」으로, 나라 현 아스카(明日香) 촌에서 한 곳이 발견되었다.

⑴ 「방지형(方池型)」 유구

① 시마노소(島庄) 유적

아스카(飛鳥) 강 右岸의 완만한 경사지에 있으며, 한 변의 길이가 42m로 방지 중에서도 매우 큰 편에 속한다. 연못의 주위는 상부에 돌을 깐 폭 10m의 제방이 둘러 있다. 제방의 높이는 보존상태가 양호한 동남쪽 구석에 안쪽이 2m, 바깥쪽이 약 0.8m이다. 제방의 상부에 깐 돌은 안쪽과 바깥쪽 모두 하원석(河原石 : 강변에서 채취되는 돌)을 그대로 다듬지 않고 쌓았고, 안쪽에는 직경 50cm 정도의 돌을 거의 수직으로 6, 7단 쌓아 올리고, 바깥쪽에는 직경 30~40cm 정도의 돌을 약 70도 각도로 3, 4단 쌓았다. 제방의 안쪽과 바깥쪽은 모두 부드럽게 원호를 이루도록 처리되어 있다. 연못 바닥은 직경 20~30cm의 하원석을 연못 중앙을 향해서 완만하게 경사지도록 깔았다. 연못의 배수시설로는 북쪽 중앙의 호안 밑에 나무통으로 된 암거(暗渠)가 묻혀 있다. 이 나무통은 단면이 U자형으로 직경이 약 60cm, 길이가 약 8m인 거목을 사용하였으며, 그 위에 두께 약 15cm의 덮개가 덮여 있다. 덮개 끝에는 직경 약 20cm 정도의 구멍이 뚫려 있다. 이 구멍으로부터 좌우 약 1.5m 떨어진 위치에 굴립주(掘立柱 : 초석을 세우지 않고 땅을 파고 그 안에 세운 기둥)가 하나씩 서 있다. 현재 유구로는 남아 있지 않으나, 아마도 이 구멍에 수직으로 배수통을 꽂고, 이 배수통 몇 군데에 나 있는 배수구멍을 막거나 열어 연못의 수위를 조절했다고 생각한다. 양쪽에 있는 굴립주는 배수통의 상부를 고정하기 위한 가로목(橫木)을 놓기 위한 장치로 생각된다.[9] 언못의 축조연대는 연못 바닥에서 출토된 토기에 의해 6세기 말에서 7세기 초로 추정된다. 연못이 메워진 때는 가마쿠라(鎌倉) 시대(1192~1333년)라고 한다. 소가노 우마코의 저택, 덴무(天武) 천황의 별궁도궁(別宮嶋宮), 구사카베 황자의 도궁 등이 이와 관련된 연못으로 추정되고 있다.

이시카미(石神) 유적

아스카 강을 끼고 아마카시노오카(甘樫丘)의 대안(對岸)에는 물시계(水時計) 유적인 미즈오치(水落) 유적과 일본 최초의 불교사원 아스카지(飛鳥寺)가 있는데, 이시카미유적은 이곳의 북쪽에 접하고 있다. 여기에서는 明治 35년(1902) 「수미산석(須弥山石)」, 「석인상(石人像)」이라고 불리는 2개의 석조물이 출토되었으며 『니혼쇼키』에 등장하는 「수미산」과 관련하여 주목된다.[10] 1981년부터 이 유적에 대한 계획적인 발굴조사가 나라국립문화재연구소에 의해 착수되어 2009년까지 총 21차례에 걸쳐 조사가 시행되었다. 그 결과 7세가 중엽에서 나라 시대에 이르는 건물이나 석조구(石組溝), 석조지(石組池) 등이 중복되어 발견되어 이곳이 대규모 궁전 유적임이 밝혀졌다. 여기에서도 2개의 방지가 발견되었는데, 이시카미 유적 방지 A, 이시카미 유적 방지 B로 표기하여 그 개요를 기술하겠다.

② 이시카미(石神) 유적 방지 A

4동의 긴 건물로 둘러싸인 동서 16.8m, 남북 42m의 중정(中庭) 남서부에 만들어진 석조 연못이다. 한 변의 길이가 약 6m인 정방형이다. 호안은 하원석(河原石)을 2, 3단으로 쌓아 올리고 하원석 사이사이에 점토와 사질토(砂質土)를 판축(版築)과 같이 교차하여 고정시켰고, 호안의 네 모퉁이에는 입석을 세웠다. 연못 바닥에는 점토를

---

9 경주 안압지의 배수시설도 이와 동일한 구조로 추정되고 있다.

10 『日本書紀』 斉明 6년(660)에 石上池 주변에 수미산을 만들고, 肅愼 등 47명에게 향연을 베풀었다고 한다.

깔고 그 위에 작은 돌을 덮어 깔았다. 연못의 주위와 중정에는 돌을 깔지 않고 흙 바닥이었다고 추정된다. 급수 및 배수시설은 그 유구를 확인할 수 없으나, 연못의 축성법으로부터 추정해 볼 때, 이곳은 물을 담는 시설임이 틀림없으며 나무통을 꽂는 등의 방법으로 사용할 때만 일시적으로 물을 채웠을 가능성이 있다. 연못의 연대는 7세기 중엽 사이메이(齊明) 조로 생각된다.

③ 이시카미 유적 방지 B

이시카미 유적의 남쪽을 구획하는 동서로 이어진 담장의 남쪽에 위치하며, 미즈오치 유적과 관련된 유구로도 생각할 수 있다. 그러나 미즈오치 유적이 사이메이 조임에 비하여, 방지 B는 7세기 후반 덴무 조의 유구로 시기가 맞지 않는다. 연못의 규모는 동서 3m, 남북 3.2m, 깊이 0.6m이다. 호안은 폭 40~90cm의 하원석을 줄지어 세웠으며 연못 바닥에는 주먹만 한 자갈을 깔았다. 호안의 하원석 사이사이나 연못 바닥에는 황색 점토를 사용하고 있다. 급수 및 배수시설은 확인되지 않으며, 연못 주위는 자갈이 촘촘히 깔려 있다.

④ 사카다지(坂田寺) 유적

아스카 강 우안의 북서방향 경사면에 있다. 사카다지의 중심가람 유적의 북쪽에 위치한다. 연못의 전체적인 모습은 알려져 있지 않으나, 동쪽과 남쪽의 호안이 검출되었다. 규모는 동서 6m 이상, 남북 10m 이상이며 깊이는 약 1m이다. 호안은 직경 20cm 전후의 하원석을 6단으로 쌓았다. 연못 바닥과 주위에 자갈은 없다. 연못의 연대는 7세기 전반으로 방지일 가능성이 있다. 이 연못은 다른 방지와는 달리 바닥에 자갈이 깔려 있지 않다. 사카다지의 중심 가람과도 가까워 연지(連池)일 가능성도 있다.[11]

⑤ 히라타(平田) 기타가와 유적

아스카강 계곡의 서쪽을 흐르는 다카토리(高取) 강 우안의 평탄지에 있다. 150m 정도 북쪽에는 긴메이 천황의 능이 있고, 남쪽 부근에는 네 개의 「원석(猿石)」이라 불리는 조형물이 있었다.[12] 「원석」을 정원의 부속물로 보는 설도 있어, 이 유구의 성격을 판단하는 데 중요한 자료가 된다. 발견된 유구는 동서로 곧바로 뻗은 석적 호안과 그 전면에 깔린 돌, 그리고 호안 상부에 깔린 돌이다. 호안은 남면하며 12m 정도가 검출되었으나, 전파검사에 의하면 약 100m 이상 이어진 것으로 확인되었다. 거의 수직으로 하원석을 높이 1.6m까지 네 단으로 쌓아 올렸으며, 하부는 직경 1m 전후의 큰 바위를 사용하고, 상부는 직경 20~50cm 정도의 돌을 2단으로 쌓았다. 가장 밑바닥에 있는 돌은 직경 0.5~1m 정도로 줄지어 나란히 깔았으며, 호안 상부에는 직경 20~30cm정도의 돌을 북쪽이 점차로 높아지도록 깔아 두었다. 검출된 유물로부터 연못의 연대는 확정할 수는 없지만, 아스카 강 유역의 돌을 사용하고 있는 점, 석적(石積), 석부(石敷)의 형태로부터 아스카 시대의 유구로 보아도 문제가 없다.

⑥ 이카즈치노오카(雷丘) 동쪽 유적

이카즈치노오카 동쪽 산기슭에서 발견된 석적호안의 일부이다. 호안은 높이 2m 정도이나, 다른 방지와는 다르게 수직으로 돌을 깔지 않고, 약 25도 정도의 사면으로 사람 머리 크기만 한 돌을 가지런히 쌓아올린 유구이다. 폭 1m 정도밖에 확인되지 못하였으나, 방지의 일부일 가능성이 높다.

---

11 한국에서는 부여의 定林寺 中門 유적의 남측과, 부여박물관 근처에서 連池로 추정되는 유구가 발견되었다.

12 今尾文昭, 「古記録にみる飛鳥猿石の遍歴」, 1985.

⑦ 고리야마 유적

미야기 현 센다이(仙台) 시의 남쪽, 히로세(広瀬) 강 우안의 자연제방 위에 있으며, 거의 평평한 지형을 이룬다. 방지가 만들어진 장소는 육오국청(陸奧国廳)의 정청 정전(政廳正殿) 북동쪽 20m로 관청의 중심부이다. 연못의 크기는 동서 3.7m, 남북 3.5m, 깊이 0.8m로, 호안은 직경 20cm 정도의 하원석을 4, 5단 쌓아 올렸다. 연못 바닥에는 주먹만 한 크기의 넓적한 자갈을 깔았다고 추정된다. 연못의 북측 중앙에는 급수용 석조구가 붙어 있으며, 서측 중앙에는 넘쳐나는 물을 받아내는 배수용 석조구가 있다. 연못 주위에는 정전의 북측 일대에 깐 돌이 검출되었다. 연못의 연대는 7세기 말부터 8세기 초이다.

⑵ 「소지유수형(小池流水型)」 유구

① 우에노미야(上之宮) 유적

나라 분지의 동남부 사쿠라이(桜井) 시 우에노미야에 있다. 도노미네(多武峰)에서 발원하여 북쪽으로 흐르는 데라가와(寺川)의 좌안에 위치하며, 쇼토쿠 타이시(聖德太子)의 상궁(上宮)과 관계가 있는 유적으로 추정된다. 유구에는 직경 6m 정도 크기의 타원형 평면을 둘러싸고 있는 폭 40cm의 석조구가 있으며, 그 중앙에는 단경 1.5m, 장경 2.6m, 깊이가 1.5m인 마제형 평면의 적석시설이 있다. 적석시설의 바닥에는 돌이 깔려 있으며, 외곽의 석조구를 향하여 약 10도 정도 완만한 경사를 이루도록 만들어져 있다. 이 사면에도 자갈이 깔려 있으며 타원형으로 둘러싼 석조구의 바깥쪽에도 자갈이 깔려있다. 적석시설의 동측에는 넘쳐흐르는 물을 받기 위한 석조구가 붙어 있다. 석조구는 북동쪽으로 내어져 있으며 폭 약 50cm 정도, 길이 50m 정도가 확인되었다. 적석시설에 물을 대는 급수시설은 발견되지 않았다. 이 유구의 동쪽 30m 정도 떨어진 곳에는 사면비부(四面庇付 : 사면에 처마를 받친 지붕)의 南北棟(건물이 동서로 세워져 남면 및 북면하는 건물) 굴립주(掘立株) 건물이 있으며, 그 바갈쪽에는 담장이 둘러 있다. 연대는 7세기 전반이다. 이 유적의 용도에 관해서는 여러 가지 설이 있으나, 필자는 중앙부에 있는 말발굽 모양의 적석시설에 물을 대어, 제사를 올렸다고 생각한다.

② 코미야(古宮) 유적

아스카 강의 좌안 아마카시노오카의 북쪽 산기슭에 위치한다. 古宮土壇이라 불리는 흙으로 된 단이 있어, 스이코 천황의 오하리다노미야(小墾田宮)로 추정되고 있는 장소이다. 정원유구는 옥석조의 작은 연못, 연못에서 흘러넘치는 유수를 받는 석조구, 주위의 옥석부(玉石敷) 등으로 이루어져 있다. 연못은 불규칙한 원형으로 얕은 사발모양을 하고 있으며, 동서 2.8m, 남북 2.4m, 깊이 0.5m 정도의 크기이다. 내벽에는 직경 15~30cm 정도의 하원석을 쌓았으며 동측 내벽에는 약 20도 정도 완만한 경사를 지게하고, 서측 내벽에는 거의 수직으로 쌓아 올렸다. 연못의 서남쪽 구석에는 석조구를 만들어 놓았다. 석조구는 연못을 기점으로 서남쪽으로부터 남쪽으로 굽어 흐르며, 도중에 서남서쪽으로 방향을 틀어 직선으로 흘러 나간다. 폭은 25cm, 깊이는 20cm이고, 사행부분에는 바닥에 돌이 깔려 있지만, 직선부에는 없다. 직선부분은 경외에 해당하므로 생략되었다고 생각한다. 주위의 옥석부는 직경이 10~20cm 정도의 하원석을 상부가 나란하게 깔았다. 여기에서도 급수시설은 보이지 않아, 나무통 같은 것으로 급수를 했다고 생각한다. 유구의 연대는 7세기 전반으로, 우에노미야 유적과 같은 기능을 담당하였다고 추정된다.

③ 시마노쇼 유적

시마노쇼 방지의 동북쪽에서 1987년에 발견된 작은 연못으로 장방형이며 길이 2.3m, 폭 0.7m, 깊이 0.6m이다. 안쪽 측면이 2단으로 되어 있으며, 하단부분은 높이 0.3m, 폭 0.7~1.2m, 두께 0.2m 정도의 판석을 세워 늘어놓고, 상단에는 직경 10~20cm의 하원석을 절구통과 같은 사면을 따라 쌓아 올렸다. 바닥에는 주먹만 한 크기의 자갈을 깔았다. 바깥쪽에는 폭 30~50cm의 소굴구(素掘溝 : 배수나 지지시설을 갖추지 않은 간단한 형태의 수로)가 반원 형태로 둘러싸고 있으며, 남쪽 끝에서 서남쪽으로 흘러나가, 1.4m 전방에서 90도로 꺾이면서 서북쪽을 향하여 곧바로 흘러 내려간다. 급수시설은 보이지 않으나, 후유노가와(冬野川)로부터 석조 도수로(導水路)를 경유하여, 나무통을 통하여 급수가 이루어졌다고 생각한다. 7세기 중엽에 만들어져 7세기 말까지 사용된 것으로 보인다.

④ 사카후네이시(酒船石) 유적

나라 현 아스카 촌의 아스카지 유적 동남쪽 구릉지에는 옛날부터 전해져 오는 「주선석(酒船石)」이라고 하는 석조물이 있다. 이 구릉지의 북쪽 기슭에서 발견된 것이 거북이모양을 한 원형의 수조(水槽)이며, 여기에 물을 대는 굴뚝형태의 석적과 타원형의 수수석(水受石), 그리고 수조의 밑 부분에 연결된 석조구, 주위의 석부, 계단모양의 석적들로 이루어진 유구이다. 이 유적은 7세기 중엽의 사이메이 천황 시대에 만들어져, 7세기 말까지 사용되었다고 생각한다. 유적은 물을 이용한 제사시설과 연회 장소로 사용되었다고 추정된다.

(3) 「정형곡지형(整形曲池型)」 유구

① 아스카쿄(飛鳥京) 유적 원지(苑池) 유구

유적은 아스카 강의 우안 구릉지에 위치한다. 여기에서 1916년 유수시설로 보이는 2개의 석조물이 출토되어 주목을 받았다. 1991~2001년의 발굴조사에 따르면 제방으로 분리된 남북에 두 개의 연못과 북지(北池)로부터 북으로 뻗어 나온 수로가 발견되었다. 남지(南池)의 규모는 동서 65m, 남북 60m로 추정되며, 북변은 직선을 이루며, 나머지 세 변은 원호를 이룬다. 남지의 남쪽 끝에서 매끄러운 판형의 수로석(水路石)을 거쳐 급수된 물은 연못 속에 세워진 석조 분수시설로부터 연못에 떨어진다. 또한 남지에는 북쪽에 부정형의 평면을 가진 섬이 있다. 연못과 섬의 호안은 수직으로 세워진 높이 0.8m 정도의 석적(石積)이며 연못바닥에는 직경 10~30cm 정도의 평평한 옥석이 깔려 있다.

북지는 동서 약 30m, 남북 45m 정도의 크기로, 평면은 남북으로 길고 모서리가 부드럽게 처리된 장방형이다. 호안은 남지와 같은 石積이며, 연못 바닥의 중앙이 깊게 되어 있다.

남지와 북지를 나누는 것이 폭 5m, 길이 32m의 흙 제방으로, 제방의 하부에는 남지로부터의 물을 북지로 보내는 2개의 나무통 수로가 부설되어 있다. 북지에서 북쪽으로 120m 이상 수로가 이어져 있다. 수로의 폭은 10~12m이며, 양측의 적석 호안은 높이 0.9~2.2m이고 바닥은 지층을 그대로 드러내고 있다.

이 원지는 아스카쿄 상층유구 시기에 속하고 있어, 아스카쿄의 후원(後苑)으로 생각된다. 연못은 굽은 부분도 있지만 거의 직선부로 구성되어 있다. 특이한 형태의 급수시설을 부설하는 등 자연경관을 모방한 것이 아니라 인공적인 구조물로 표현되어 있다.

지금까지 아스카 시대의 정원유적을 고찰해 보았다. 개략적으로 말하면 아스카 시대의 정원은 어느 것이나 인공적인 형태를 가지고 있다. 여기서는 세 가지 형태로 유구의 특색을 지적한 후, 그 기원을 추정해 보기로 한다.

「방지형(方池形)」의 특색과 기원

방지로서 아스카 시대의 유구는 현재 7개가 발견되었다. 그러나 발견된 7개의 유구는 모두 다르며 각각 고유한 특색을 가지고 있다. 부분밖에 확인되지 않은 이 카즈치노오카 東方유적을 제외하면, 나머지 6개는 그 유구의 특색으로부터 다음과 같이 3가지 종류로 분류할 수 있으며, 여기서는 그 특색과 기원을 간단히 고찰해 보겠다.

먼저 첫 번째에는 시마노쇼 유적, 히라타 유적이 포함된다. 그 특색은 연못의 평면규모가 매우 크고 수심 또한 깊다. 당연히 호안에 사용된 돌도 크며 연못 바닥에는 자갈이 아니라 옥석이 깔려 있다. 호안의 바깥쪽도 자갈 등으로 장식되어 있다. 발굴범위에 의해 좌우되는 경우도 있지만, 근처에서 연못과 직접적으로 관련된 건물은 없었다고 추정된다. 따라서 연못 주위에는 어느 정도 넓은 공간이 펼쳐지며 이곳에서 많은 사람들이 연회나 야유를 즐겼다고 생각할 수 있다. 연못은 깊어서 배를 띄우고 선유를 할 수 있었다고 생각하며, 공적인 성격이 강한 연회용이나 의례용 시설을 수반하는 연못이라고 생각한다.

두 번째에는 이시카미 유적의 방지 A와 B, 고리야마 유적이 포함된다. 연못의 평면규모는 작고 수심도 얕다. 작은 것으로는 한 변이 3m이고 큰 것으로는 9m가 되지 않으며 수심도 1m 미만이다. 연못 바닥에는 자갈이 깔려 있지만 연못 주위에는 자갈이 깔린 곳과 없는 곳이 있다. 연못이 건물로 둘러싸여 있거나 근처에 건물이 있다. 따라서 폐쇄적인 공간에 만들어진 연못으로 판단된다. 그 전형을 보이는 것으로 이시카미 유적 방지는 연못 근처에 수미산석 등이 있으며, 미니추어의 극락정토경을 이루고 있어, 멀리 온 손님을 위한 향연이 베풀어졌다고 추정된다. 제한된 사람들이 소규모로 즐기던 연회시설이라고 생각한다.

세 번째 형태가 사카다지 유적이다. 사원에 부속된 것으로 연못 바닥에는 자갈이 없다. 불교사원의 가람에 편입된 연지로 생각된다.

지금부터는 방지의 기원에 관해서 간략하게 고찰해 보겠다. 지금까지 시마노쇼 유적 방지의 기원에 관해서 언급한 것으로 아키야마 히데오(秋山日出雄)의 「飛鳥島庄の苑池遺構」(『仏教芸術』 109호, 1976년)가 있으며, 논고로는 소토무라 아타루(外村中)의 「明日香村島ノ庄方池デザインの起源」(『造園雑誌』 제49권 제5호, 1986년)이 있다.

아키야마는 시마노쇼의 방지가 소가우마코의 도가에 있는 연못으로서 처음 만들어졌으며, 나중에 나카노오에(中大兄) 황자, 오아마(大海人) 황자, 구사카베 황자의 도궁으로 유전되었다고 기술하고 있다. 그 위에 시마노쇼 방지의 기원을 (1) 관경만다라(觀經曼陀羅)에 그려진 정토세계의 수면 형태와 (2) 방분 및 아스카 미즈오치 유적 등에 보이는 방형구획 등이 이 시설의 바탕이 되었다는 설을 제기하여, 이러한 배경에서 시마노쇼의 방지가 시공되었다고 생각하고 있다.

한편 소토무라는 7세기 초기 단계에서 정토사상이나 정토교 회화가 아직 유행하고 있지 않았다는 점을 고려하여, 시마노쇼 방지의 디자인이 고대 중국의 천원지방설(天圓地方説)에 관련된 것으로 보았다.

본고에서는 방지를 세 가지 형태로 분류하고 그 특색 및 성격을 고찰했지만, 방지 전체를 고려할 때 성립배경으로 불교사상을 생각하는 것이 자연스러워 보인다. 소토무라는 7세기 초기 단계에서 정토사상이나 정토교 회화가 아직 유행하고 있지 않다고 했으나, 그 자신도 지적하고 있듯이 이미 이 시기의 작품으로서 주구지(中宮寺) 소장의 〈천수국만다라수장(天寿国曼陀羅繍帳)〉 등이 존재하고 있다. 〈천수국만다라수장〉의 바탕그림은 일본으로 건너온 화사 세 명이 그린 것이다. 백제로부터 건너온 장인이 수미산과 오교를 황거의 남정에 지었듯이 대륙으로부터 일본에 건너온 장인으로 하여금 정원을 만들게 했음은 주지의 사실이다. 또한 이 시기는 활발하게 대륙의 불교문화를 수용한 시기이기도 하다. 시마노쇼 유적뿐만이 아니라 다른 방지유구도 함께 생각할 때, 시마노쇼의 방지는 둔황(敦煌) 벽화 등에 보이는 정토세계를 그린 변상도에서 수면을 방형으로 나타낸 것과 연관된 조형으로 이해할 수 있다. 정토변상도에는 광대한 수면에 떠 있는 많은 건물과 그 기단이 있으며, 이들 건물기단에 의해 구획된 방형의 수면이 있고, 동시에 건물기단의 내부에 남겨진 작은 방형의 수면도 보인다. 작은 방지나 연지는 이러한 정토세계로부터 파생한 것으로 생각된다.

「소지유수형(小池流水型)」의 특색과 기원

아스카 시대의 「소지와 유수」형 유구는 4곳이 발견되었다. 작은 석조의 연못과 여기에서 흘러나오는 작은 유수가 특징적이다. 유수의 경사를 도면에서 측량해 보면 코미야 유적은 0.3%이다. 우에노미야 유적과 시마노쇼 유적은 측량이 불가능하나 측량이 가능한 코미야 유적은 매우 완만한 경사율을 보인다. 사카후네이시 유적을 포함하여 전술한 네 곳의 유구는 모두 물을 이용하여 제사를 지내는 시설로 추정된다. 코미야 유적은 곡수연에 사용된 유배거(流杯渠)라고 하는 가설[13]도 있지만, 곡수연도 원래는 물을 이용한 제사로서 동일한 성격이라 할 수 있다. 이 유형의 기원에 관해서는 제1장에서 소개한 대로 샘물과 유수로 구성된 제사유구 계통에 해당하는 특수한 정원유구로 추정된다.

「정형곡지형」의 특색과 기원

이 유형으로 분류되는 것은 아스카쿄 유적 원지 유구 한 건뿐이다. 단 이 연못은 나라 시대에 등장하는 자연풍의 곡지와는 매우 이질적이다. 연못의 평면은 부분적으로 곡선을 이루고 있으나 직선인 부분이 더 많고, 전체적으로는 기하학적인 형태를 띤다. 수직으로 쌓아 올린 호안의 석적과 남지에 설치된 분수형 급수시설을 고려할 때, 역시 이 정원도 인공적인 색채가 농후한 아스카 시대의 특색을 지니고 있다고 할 수 있다.

---

13 牛川喜幸, 『古代庭園の研究』, 1993.

제3장 나라 시대의 정원

나라(奈良) 시대(710~794년)가 되면 연못의 형태도 일변한다. 아스카 시대는 방지나 원형 혹은 방형의 작은 연못이 주류를 이루며, 극히 예외적으로 기하학적인 곡지가 발견된 것에 비하여, 나라 시대의 연못은 모두 곡지(曲池)이다. 더욱이 연못가도 복잡하게 굽어 있는 자연풍을 이룬다. 바다나 강의 스하마 식으로 호안을 만든 연못이 등장하며, 수심도 전체적으로 얕게 된다. 연못의 전체 모습이 확인된 유구는 네 곳에 지나지 않으나, 곡지의 일부가 검출된 예는 9건이나 있다. 여기에서는 「자연풍 곡지형」으로서 중요한 유구를 소개하겠다.

(1) 「자연풍 곡지형」의 유구

헤이조큐(平城宮) 동원(東院) 정원

동원 정원의 원지(苑池)는 3기로 분류된다. 오래된 것으로부터 최하층 원지, 하층 원지, 상층 원지로 부르기로 한다. 각 원지의 존속시대는 최하층원지가 和銅 3년(710년)경부터 養老 4년(720년)경까지, 하층원지가 養老 4년경부터 神護景雲 원년(767년)경까지, 하층원지가 神護景雲 원년경부터 延曆 3년(784년)경까지로 볼 수 있다.

① 최하층 원지

남반부에서 동안 및 북안의 위치를 각각 일부분 확인할 수 있지만, 북반부의 서안은 확인되지 않고 있다. 연못 전체의 평면은 동안과 남안의 연못가 윤곽선을 참고할 때 L자를 거꾸로 한 모습이라고 추정된다. 크기는 남북 60m, 동서로는 북반부가 20~25m, 남반부가 넓은 곳은 45m, 깊이는 0.5~0.8m이다. 각 변은 급격한 굴곡 없이 완만한 커브를 이루는 모퉁이를 제외하고 전체적으로 직선을 이룬다.

호안석은 상층원지로 개수할 때 거의 전부 제거되었지만, 부분적으로 확인된 유구를 연결하여 복구해 보면, 직경 30cm 정도의 옥석을 2, 3단 거의 수직으로 쌓아 올린 적석호안 부분과 직경 30cm 정도의 옥석을 연못가를 따라 20도 정도의 완만한 경사로 쌓아 올린 부분이 있다. 연못 바닥은 지층인 모래를 그대로 사용했다. 정원의 석조나 단독의 조형물은 아직 발견되지 않고 있다. 급수로는 연못 동북쪽에 있는 것으로 추정되나 유구는 확인되지 않았다. 배수로는 연못 동남쪽 구석에 있는 소굴구이다. 연못 동남쪽으로부터 담장의 동남쪽 모퉁이를 향해 약 45도 정도의 방향으로 흘러나가며, 모퉁이를 지나서는 남류한다. 폭은 1.1~1.5m, 깊이는 40cm이다. 연못의 수심은 전체적으로 20~30cm 정도로 얕고, 동남부만이 60~80cm로 비교적 깊다.

② 하층원지(下層園池)(도 1-5)

하층원지는 최하층원지를 메워서 만들었다. 이때 단순한 역 L자형의 각 변을 완만한 곡선으로 고치고, 각 변에 두 곳 정도 연못을 향해 돌출된 부분을 만들었으며, 전체적으로 자연풍으로 표현하였다. 연못의 평면규모는 최하층원지와 큰 차이는 없으나, 깊이는 40~45cm로 조금 얕게 되었다.

호안은 직경 30~50cm 정도의 옥석을 연못가를 따라 한 개씩 나란히 세우고, 그 위에 직경 10~20cm 정도의 자갈을 사면으로 깔아 스하마를 삼은 부분과, 돌을 세우지 않고 자갈만으로 스하마를 만든 부분이 있어, 두 종류의 수법이 혼용되고 있다. 스하마 사면의 기울기는 제99차 조사 지점에서 약 7도(12%)였다.

도 1-5. 東院庭園 下層

연못 바닥은 연못가를 따라 연못 북반부 동쪽과 서쪽의 좁은 부분의 폭은 1~2m,

북쪽 굴곡부 등 넓은 곳의 폭은 4~6m이며, 직경 30~50cm 정도의 평평한 안산암 옥석을 깔았다. 또한 연못 서남부는 연못가가 굴곡져 있고 그 내측의 연못 바닥에는 최대 폭이 4m 정도가 되는 반원형으로 옥석을 깔았다. 하층원지에 수반하는 석조물은 확인되지 않았다.

급수로는 연못 동북부에 있는 석조구이다. 수로의 바닥에 돌이 남아 있으나 측면의 돌은 빠져 있다. 수로 바닥의 돌은 직경 20~40cm의 옥석을 1열 혹은 2열로 깔았으며, 수로의 안쪽 폭은 50cm에 달하지 않는 것으로 판단된다. 깊이는 측면 돌의 크기를 기준으로 하면 20~30cm 정도이다.

하층원지에는 2개의 굽어 돌아가는 수로가 붙어 있다.

남사행구(南蛇行溝) : 연못 남서부에서 발견된 굽어 도는 옥석의 수로로, 연못 남서쪽에 있는 배수로로부터 2.5m 정도 동쪽에서 시작되어, 약 37m 정도 흐른 뒤, 남면하는 담장 북쪽에서 아마오치미조(雨落溝 : 지붕에서 떨어지는 빗물을 흘려보내는 수로)와 합류한다. 도중에 적어도 12번 정도 굽어 흐르게 된다. 수로 측면의 돌은 거의 다 빠져 있지만, 바닥 돌은 잘 남아 있다. 직경 30~50cm 정도의 옥석으로 적은 곳은 2열, 많은 곳은 3열로 깔려 있다. 수로에는 중앙이 접시같이 조금 패인 얕은 웅덩이가 있다. 측면 돌은 상류 부분에 조금 남아 있으며 이 부분의 측면 돌은 바닥 돌보다 작은 직경 10~15cm 정도의 옥석을 바닥 돌보다 5cm 정도 높게 세웠다. 수로의 바닥 중앙부분의 종단면경사는 약 0.5%이다. 불행하게도 하층원지와 서측 배수구와의 접점은 돌이 빠져버려 현재 남아 있지 않다. 이곳에는 수량을 조절하는 시설이 있었다고 생각되나 유구가 없어 분명히 밝힐 수가 없다.

북사행구(北蛇行溝) : 연못의 서북쪽에 있는 굽어 도는 옥석 수로이다. 수로의 구조와 보존 상태는 남사행구와 같다. 검출된 유수의 길이는 약 19m이며, 9곳에 굴곡이 나타난다. 검출된 수로의 남북 양쪽 끝에서 수로 바닥의 중앙부분의 표고차는 9cm

이며, 종단면 경사율은 남사행구와 같이 약 0.5%이다. 바닥 돌은 직경 20~40cm 정도 윗면이 평평한 옥석을 2~4열로 깔았으며 폭은 70~80cm이다. 수로의 단면은 양측이 높아지는 얕은 접시형태이다. 단 남사행구에는 없고 이곳에만 있는 정수시설이 2곳 보인다. 둘 다 유수의 상류 쪽에 있다.

배수로는 연못 서남쪽 구석과 동남쪽 구석에 있다. 서남쪽 구석의 배수로는 석조이며, 연못 끝에서 8~9m 남쪽으로 곧바로 흐른 뒤, 남면하는 담장의 북쪽 雨落溝와 합류한다. 바닥에는 직경 30cm 정도의 옥석을 2~3열로 깔았다. 수로의 내측 폭은 약 60cm로, 측면 돌은 빠져버렸다. 깊이는 20~30cm 정도일 것이다. 동남쪽 구석의 배수로는 유구로서는 상층원지의 배수로와 겹쳐져 남아 있지 않으나, 여기에 연결된다고 추정되는 동서 수로와 남북수로가 있어 그 존재를 상정할 수 있다.

③ 상층원지(上層園池)(도 1-6)

하층원지의 연못가나 석조구에 세워진 옥석의 대부분은 빠져버렸고, 얕은 곳은 5cm, 깊은 곳은 30cm 정도 메워서 상층원지를 만들었다. 상층원지는 연못 바닥, 연못가의 사면, 그리고 바깥 측의 육지부를 포함하여 전면 자갈을 깔았다. 연못의 전면이 스하마 모양으로 만들어진 최초의 원지이다.

연못의 평면형태는 전체적으로 하층원지를 답습하고 있지만, 급수로를 붙인 동북부는 동쪽으로 확장되어 있고, 연못의 남서부에는 섬이 새롭게 만들어졌다.

동북확장부 : 동서 13m, 남북으로 10m 정도의 크기이며, 여기에는 사면과 바닥 모두 자갈이 깔려 있지 않다. 지층

도 1-6. 東院庭園 上層

인 사질토가 그대로 사용되었다. 확장부의 연못 바닥 동남부에는 직경 40cm의 물건 (曲物)이 묻혀 있다. 이곳은 일대가 모래질 지층으로서 샘물이 있었다고 한다면, 연못 바닥 전체에 샘물이 새어 나왔을 터이므로 샘물을 모아두는 용기는 아닐 것이다. 대신에 左京三条二坊 宮跡庭園에서와 같이 수생식물을 심어두기 위한 용기일 가능성이 높다.

정화지(淨化池) : 상술한 확장부의 동북부가 동서로 2.5m, 남북으로 3m 크기의 수로 형태로 북쪽으로 이어지는 곳에 동서 3m, 남북 6m의 작은 연못이 있다. 작은 연못은 서쪽 면에 연못의 급수로인 옥석조의 수로가 붙어 있다. 호안과 연못 바닥에는 직경 50cm 정도의 돌이 드문드문 깔려 있다. 연못 끝에는 물을 담는 돌, 혹은 나무판이 있었다고 생각되나 발견되지 않았다. 본래의 기능은 여기에서 일단 물을 담아두어 먼지나 불순물을 침전시킨 후, 연못에 공급하기 위한 일종의 정화조로 생각된다.

섬 : 연못 위의 섬은 동서 10m, 남북 8m 정도의 크기로 남북의 중앙부가 패인 표주박 모양을 하고 있다. 연못 바닥으로부터 높이는 50cm 정도이며, 유구의 상태는 좋지 않으나 전면 자갈이 깔린 것으로 판단된다. 경석(景石)은 연못가를 따라 직경 20~40cm 크기의 돌을 모두 15개 정도 배치하고 있다.

연못가의 경사 : 자갈이 깔려 있는 사면의 경사율은 전체적으로 동일하지 않으며, 비교적 완만한 사면과 조금 급한 사면으로 이루어져 있다. 그러나 기본적으로는 자갈을 간 완만한 사면이므로, 심한 경사율은 불가능했다고 생각한다. 완만한 부분은 6도 30분(11.5%)이며, 조금 급한 곳은 13도를 조금 넘는다. 경석 가장자리 등 갑자기 높아지는 곳에서도 17도(30%) 정도이다.

연못 바닥 : 연못의 중앙부를 향해서 조금씩 낮아지며, 최종적으로는 연못 동반부 중앙에서 북쪽으로부터 동남쪽 구석까지 역 기역자 모양으로 깔린 판 형태의 석부 (石敷)를 향해서 낮아진다. 판 형태의 석부는 폭 40~50cm, 길이 55m에 이른다. 일반적인 연못 바닥보다 두 배 정도 큰 직경 10cm 전후의 자갈을 모아서 깔았으며,

테두리를 따라 간 직선적인 모양은 주변에 깐 자갈과 명확하게 구별된다. 연못물을 모두 빼고 연못 바닥을 청소할 때 물을 모으는 수로로 사용되었다고 생각한다. 수로는 남북방향의 종단면의 경사율이 약 5%로 매우 급한 편이다.

연못의 깊이와 수심 : 연못의 깊이는 30~40cm 이며, 최하층원지로부터 조금씩 얕아지는 경향을 보인다. 상층원지의 수면 높이는 스하마 사면이나 경석에 닿는 수면의 위치로부터 추정하면 약 61.15cm 전후이다. 그 결과 연못의 수심은 북부가 5~15cm, 남부가 20~25cm로, 전체적으로 매우 얕다.

축산(築山)의 석조 : 연못의 북안에는 연못으로 돌출된 축산이 만들어져 있다. 동서 10m, 남북 5m, 하층원지의 연못바닥에 깔린 옥석층으로부터 60cm 정도 높이까지 흙을 깔고, 그 위에 30개 정도의 돌을 산 모양으로 세워 놓았다. 하부의 흙은 사질토와 점질토를 5~20cm 정도의 두께로 적당하게 렌즈형태로 쌓았다. 축산 중앙에는 높이 1.2m의 기둥형태의 편마암을 세우고, 바깥 측에는 끝을 향해서 나무막대형태의 돌을 튀어나오도록 세웠다. 종류는 편마암 외에, 화강암, 각암(흑규석), 안산암 등이다.

기타 경석 : 연못가를 따라서 경석이 배치되어 있으나, 완만하게 굽은 곳보다 돌출부에 많이 있다. 크기는 작은 것이 20cm 정도이고, 큰 것은 80cm 정도이다. 그 중에서도 중앙의 건물 남쪽에 튀어나온 돌출부 끝에 세워진 판석은 직경이 1.4m에 이른다. 돌의 배치는 확실하지는 않으나 2개를 모아 세운 것이 두 군데, 3개를 모아 세운 것이 여섯 군데, 4개는 한 군데, 5개 이상이 여섯 군데 확인되었다. 기타 하나씩 배치한 것도 20개에 이른다. 돌의 종류는 편마암, 화강암, 사암, 안산암 등이며, 모두 헤이조쿄 주변에서 볼 수 있는 석재다. 그 중에서도 특징적인 것이 편마암과 각암이다. 편마암은 축산 석조의 주요한 구성 재료로서 사용되는 동시에, 석조의 중심적인 역할을 하는 돌이다. 각암은 크기가 50~70cm 정도로 그렇게 크지는 않으나 표면이 울퉁불퉁하여 중국의 태호석과 비슷하다. 이것을 연못의 돌출부나 석조에 의식적으로 사용한 것을 알 수 있다.

상층원지에는 2계통의 급수가 있는데 동북쪽 모퉁이와 연못 남반부 북안 등 2곳에서 급수가 이루어진다. 동북쪽 모퉁이는 전술한 연못의 정화목적으로 설치된 작은 연못으로 흘러들어가는 옥석의 수로가 있다. 폭 40cm, 깊이 20~30cm로, 축산의 북쪽 연못보다 한단 높은 사면을 서에서 동으로 흘러간다. 수원은 확인되지 않았지만, 지형적으로 볼 때 북면의 담장에 의해 막혀 생긴 수상지(水上池)로부터 끌어들인 수로일 가능성이 높다. 연못 남반부 북안의 급수로는 자갈을 깐 맹암거(盲暗渠 : 수로에 자갈을 깔고 다시 덮은 지하배수구)이다. 폭 60cm, 깊이 25cm로 직경 5~10cm의 자갈을 깔았다. 하층원지에 흘러 들어가는 유배거(流盃渠 : 잔을 띄워 곡수연을 하는 수로)가 없어진 후, 그 위를 사선으로 횡단하고 있다. 연못 서남부에 물을 공급하며, 물이 정체되는 것을 막기 위해 만들어진 것으로 보인다.

원로(園路) : 상층원지는 서안에 중심이 되는 건물을 세우고, 노대(露台)를 거쳐 동안으로 건너가는 다리를 걸어 놓았다. 동안에서 북쪽으로 가면 또 다른 다리가 있어 북안에 이르게 된다. 남쪽으로 가면 동남쪽 구석에 있는 누각을 거쳐, 남안의 연못가에 있는 건물을 경유하여 서안의 중앙에 있는 건물로 돌아오는 경로를 상정할 수 있다. 다리와 건물, 원지와의 밀접한 배치관계로부터 당연히 연못을 일주하는 원로가 있었다고 생각한다. 연못의 주위가 모두 자갈이 깔려 있다는 점도 이러한 추측에 힘을 더해준다. 최하층원지에 있어서 연못 주위의 건물배치는 불투명하며, 연못 주변을 도는 원로의 존재도 불확실하나, 하층원지의 건물배치는 기본적으로 상층원지에 계승된다는 점으로부터 하층원지의 경우도 연못 주위를 도는 원로가 있었다고 보는 것이 자연스럽다.

동원정원(東院庭園) 정리

최하층원지의 직선적인 평면도나 돌을 쌓아 올린 호안의 구조는 아스카 시대의 원지 축조기술을 계승한 것으로 생각된다.

하층원지의 연못가에 설치된 호안의 수법은 전술한 대로 옥석을 하나씩 줄지어 세운 부분과, 비교적 큰 자갈을 깐 스하마 모양의 호안 등 2종류가 사용되었다. 연못 바닥에는 중심을 피하고 연못가에만 옥석을 깔았다. 연못 바닥에 옥석을 까는 방식에는 몇 가지 특징이 있다. 즉 호안 바로 밑에는 깔지 않고 조금 떨어진 곳에 호안을 따라 나란히 까는 점, 연못의 굽은 부분에는 부채 형태로 까는 점, 반대로 연못의 돌출부에는 기본적으로 깔지 않는 점, 북안부는 넓게 집중적으로 깔고 있는 점 등이다. 연못의 중앙부를 생략한 것은 재료와 시간을 절약하기 위한 것으로 수심이 깊고 연못 바닥이 보이지 않기 때문일 것이다.

호안 바로 밑 연못 바닥에 옥석을 깔지 않고 거리를 두고 띠 모양으로 연못가를 따라 까는 것은 左京三条二坊 宮跡庭園정원에도 보인다. 동원정원에서는 옥석을 깔지 않은 부분의 폭이 좁은 곳은 1m, 넓은 곳은 4m 정도이며, 대부분 2m 전후이다. 左京三条二坊 宮跡庭園정원에서는 좁은 곳이 0.5m, 넓은 곳도 2m 정도로, 동원정원과는 다르게 폭이 일정하지 않다. 이렇게 거리를 두고 옥석을 까는 이유로서 생각할 수 있는 것은 먼저 수생식물을 심기 위하여 돌을 깔지 않았다고 하는 것이다. 두 번째로 생각할 수 있는 연못가에서부터 수면을 보았을 때, 연못가를 보다 강조하기 위해서 호안선에 평행하게 돌을 깔았다고 하는 것이다. 즉 연못가를 장식하는 일종의 디자인이었다고 하는 설이다. 左京三条二坊 宮跡庭園정원에는 수생식물을 심을 수 있는 수중 받침대로 생각되는 나무곽이 2군데 있으며, 이러한 점으로부터 후자의 가능성이 높을 수도 있겠다.

최하층원지로부터 하층원지로의 전환에 있어서 가장 큰 특징은 원지의 평면도가 굽어 있는 자연형으로 바뀌고 수심이 전체적으로 얕게 된 것을 들 수 있다. 불행하게도 하층원지에 수반하는 명확한 경석은 확인되지 않았으나, 경석을 수반했을 가능성은 매우 높다. 그 근거로서 먼저 상층원지에 있는 북쪽의 축산석조는 상층원지에 수반한 것이지만, 하층원지의 연못 바닥에 깐 돌이 이 부분에서 특히 광범위하게 깔려 있다는 점이다. 북쪽 축산 부근에서 하층원지의 북변이 남쪽으로 돌출해 있었다는 것은 바닥에 깔린 돌의 형태로 유추할 수 있으며, 주위에 돌이 넓게 깔려 있는 점으로부터 하층원지에 있어서도 이 부분이 정원의 경관에 있어서 중심을 이루었다고 생각할 수 있기 때문이다. 두 번째 근거로서 左京三条二坊 宮跡庭園정원의 디자인과의 유사성으로부터 추정하건데, 자연형태의 연못을 의도한 이상 경석이 반드시 필요하다고 생각할 수 있기 때문이다.

연못의 수심은 최하층원지에서 전체적으로 20~30cm로 얕지만, 동남부는 60~80cm에 이른다. 하층원지에서는 북부의 얕은 곳이 5~10cm, 남부의 깊은 곳이 35~50cm이다. 더욱이 상층원지에서는 북부가 5~15cm, 남부가 20~25cm가 된다. 즉 시대가 내려감에 따라 얕게 되며, 최하층원지부터 하층원지 사이에 변화가 특히 심하다.

하층원지에는 사행구(蛇行溝 : 곡수로)가 수반되는 것이 큰 특징이다. 곡수연에 사용되었다고 생각되지만, 같은 종류의 유구가 일본의 아스카 시대 이전은 물론이고 중국과 한국에도 전무하기 때문에, 이 유구에 관한 판단은 별도의 기회를 통해 검토하기로 한다.

상층원지의 특색은 연못 바닥으로부터 연못가의 사면, 그리고 육지부분에 이르기까지 전면 자갈이 깔려있다는 점과 북쪽 축산석조를 필두로 많은 경석이 연못 전체에 배치되어 있는 점, 또 연못 주변의 건물이 늘어나며, 다리가 두 곳에 걸리게 되어 하층원지에 비해 정돈된 정원을 이루고 있다는 점이다.

이들 3시기에 걸친 유구와 左京三条二坊 宮跡庭園을 축조연대순으로 살펴보면, 최하층원지(710년경)→하층원지(720년경)→左京三条二坊 宮跡庭園(750년경)→상층원지(770년경)가 된다. 인공적인 색채가 강한 것으로부터 자연경관의 재현이라는 형태로 변화해 가는 것을 확인할 수 있다. 이러한 점으로부터 나라 시대의 정원은 상층원지로 대표되는 자연지향의 정원이 완성되어 가는 과정으로 설명할 수 있다.

④ 헤이조쿄 左京三条二坊 宮跡庭園(도 1-7)

헤이조큐 동남부 구석으로부터 동남쪽으로 300m 정도 떨어진 곳에 있으며, 경내의 동쪽에는 孤川이 남쪽으로 흐르는 평탄지이다. 정원은 六坪에 조성되어 있다.

도 1-7. 平城京 左京 三条 二坊宮跡 庭園

나라 시대 초기에는 북측의 一・二・七・八坪에 나가야오우(長屋王)의 저택이 있는 등, 이 부근에는 상류귀족의 저택이나 헤이조큐에 직접 관련 있는 시설 등이 집중적으로 배치되어 있다.

연못은 六坪의 거의 중앙에 만들어져 있다. 즉, 六坪은 사방이 약 124m의 정방형이며, 연못은 이곳을 동서와 남북으로 삼등분한 중앙에 위치한다. 중앙 부분의 동측은 나무판으로 만든 담장에 둘러싸여 있으며, 연못의 서측에는 담장이, 남북으로 긴 掘立柱 건물이 위치한다.

이 연못이 만들어진 것은 나라 시대 중기이다. 전기에는 孤川의 옛날 유수로를 따라 얕은 물이 六坪의 중앙을 흐르고 있었으며, 그 위에 연못이 만들어졌다. 연못은 폭 2~7m, 길이 55m의 굽어 흐르는 유수로 되어 있으며, 수심은 상류가 20cm, 하류가 30cm로 얕다. 연못 바닥은 직경 20~50cm 정도 평평한 옥석을 깔아 놓았다. 바닥에 깐 돌은 상류에는 평탄하게, 중류에는 안쪽을 패이게 하고, 하류에는 나무통

배수로를 향해서 조금 낮게 돌을 깔아 자연스럽게 물이 흘러가도록 하였다. 연못가는 바닥 돌의 외연을 따라 직경 20~30cm 정도의 옥석을 줄지어 세웠고, 그 바깥쪽도 연못 바닥과 동일한 옥석을 완만한 경사로 깔아 놓았다. 그 폭은 넓은 곳이 2m, 좁은 곳은 0.3m이며, 더욱 바깥쪽은 폭 1~3m 정도에 주먹만 한 자갈을 깔아 스하마로 삼고 있다. 연못가 5곳과 스하마 4곳에는 석조가 있으며, 연못 안에도 한 개씩 세 곳에 돌을 배치하여 섬을 만들었다. 연못 바닥과 호안에 사용된 옥석은 안산암이며, 석조의 경석은 대부분 편마암과 화강암이며, 여기에 안산암과 석영반암 그리고 각석 등이 부가적으로 사용되었다. 또한 연못 바닥에는 수생 식물을 심었다고 생각되는 나무판을 조합하여 만든 받침대가 두 개 있다.

연못의 급수는 연못 북쪽에 묻힌 나무통의 暗渠를 통해 이루어지며, 수원은 암거의 서북쪽에 설치된 우물이다. 나무통을 통해 끌어 들여진 물은 연못 본체의 북쪽에 만들어진 작은 연못에 일단 저장된 후, 작은 연못의 호안을 넘쳐흘러 연못에 들어온다. 이러한 구조는 「동원정원」과 같다. 배수는 2계통이 있다. 보통 때는 연못 끝에 있는 호안을 넘쳐흘러 작은 수로를 통해 남쪽 배수용 수로에 이어진다. 이것과는 별개로 연못 물 전체를 빼기 위한 나무통 암거가 연못 끝 바닥에 매설되어 있다.

연못으로부터 출토된 식물로는 흑송(黑松, 球果), 복숭아(핵), 매화(핵), 단향목(핵과 씨) 등이 있다. 이 중에서 복숭아와 매화는 식용이며, 단향목은 약용으로 사용되는 것으로, 정원에 심어졌는지 아닌지 확실하지 않지만, 흑송은 심어져 있던 것일 가능성이 높다. 「동원정원」이 적송임에 비해 「左京三条二坊 宮跡庭園」이 흑송인 것은 흥미롭다.

⑤ 헤이조쿄 左京二条二坊十二坪 유적

十二坪 내의 건물배치는 전술한 「左京三条二坊 宮跡庭園」과 유사하다. 즉 十二坪을 동서와 남북으로 각각 삼등분한 중앙 구역의 서측과 남측을 굴립주의 복랑(複

廊)으로 두르고, 중앙 구역의 북측에 사면비(四面庇)로 추정되는 정전을 세웠다. 연못은 이 정전의 서남쪽, 복랑의 바로 안쪽에 있다. 연못의 평면은 동안이 굴곡지고 남북이 조금 긴 부정형으로, 동서 7.7m, 남북 10.5m, 깊이 0.2m 정도이다. 동안으로부터 남안에 걸쳐 사람 머리 크기만 한 옥석을 조금 경사지게 하여 깔았다. 연못 바닥 및 연못 주위에는 자갈은 없다. 연못의 남쪽 끝에는 배수를 위하여 판 수로가 있다. 유구의 연대는 天平 연간(729~748년)으로 생각된다. 헤이조큐에 가까우며, 복랑으로 둘러싸인 중심 구역이나 사면비의 건물 등, 귀족의 저택이라기보다는 궁전 혹은 공적인 시설이었다고 생각된다.

⑥ 바쿠고지(白毫寺) 유적

나라 시 동부 바쿠고지가 있는 구릉지의 남서쪽 완만한 사면에 위치한다. 원지라고 생각되는 유구는 모두 3곳이 발견되었으며, 각각 池1, 池2, 池3으로 표기하여 기술하고자 한다.

池1은 작은 계곡을 제방으로 막아 만든 연못으로 동서 25m, 남북 20m의 타원형이다. 연못은 돌로 호안을 만들었고, 바닥에는 자갈을 깐 듯하다. 깊이는 30~50cm로 가장 깊은 곳도 1m가 안 된다.

池2는 지층을 부분적으로 파내어 만들었으며, 동서 21m, 남북 7.5m 정도로 부정형을 이룬다. 연못의 깊이는 1m 이하이며 호안석 등은 없다. 연못의 중앙에서 약간 북쪽에 하원석으로 둘러싸인 샘이 있고, 여기로부터 솟아나는 샘물이 연못의 급수원이 된다.

池3은 직경 5~6.5m의 원형으로 얕은 접시형태를 이루고 있으며 깊이는 약 1m이다. 여기에는 샘물이 있었다고 추정된다. 연못에는 호안이 있으며 북측에는 높이 70cm, 폭 40cm 정도의 큰 돌을 세웠고, 기타 부분은 길이 40~50cm의 돌을 쌓았다. 연못의 서쪽 끝에는 수로가 있고, 연못물은 서북서쪽으로 흘러 池1의 하류로 이어지는 계곡에 합류한다. 이 연못은 고분시대 이래의 전통으로서 용수점(湧水点)

제사에 관련된 유구로 생각된다.

이상 4개의 연못은 전체 모습이 확인되었으며, 이하 4개의 연못은 그 일부가 발견된 것이나 상술한 4개의 연못과 공통점을 찾을 수 있는 유구이다.

⑦ 헤이조큐 사키이케(佐紀池)

헤이조큐 서북부에 현존하는 사키이케는 메이지 17년(1884년)에 현 위치에 제방을 쌓고 만든 새로운 연못이지만, 헤이조큐 시대에도 같은 장소에 원지가 있었음이 발굴조사를 통해서 확인되었다. 나라 시대의 연못 형태는 지금의 연못에 그대로 반영되어 있지만, 동측과 북측 그리고 서측 북반부는 나라 시대보다 두 배 정도 크며, 남측은 제방에 의해 당시 남안보다 북쪽에 위치하게 되었다. 서측 남반부는 확인되지 않았으나, 지형을 고려할 때 현재보다 서쪽으로 더 넓었다고 추정된다. 종합하여 판단하면, 당시의 연못은 동서 220m, 남북 140m 정도의 광대한 원지였다고 생각할 수 있다.

연못은 약 10도 정도의 완만한 사면에 위치하며, 여기에 폭 2m에 걸쳐 주먹만한 자갈을 깔아 스하마를 표현했다. 스하마의 사면에는 물이 닿는 곳에만 자갈을 깐 것으로 보인다. 북안 동부에는 스하마 바깥쪽에 직경 10~50cm 정도의 자연석을 30개 정도 배치한 석조가 남아 있다.

연못의 조성은 헤이조큐 조성 당시로, 스하마의 자갈도 天平 18년(746년)보다 이른 시기에 시공된 것임이 출토유물에 의해 증명되었다. 이곳이 『쇼쿠니혼기(續日本紀)』에 나오는 「서지궁(西池宮)」의 연못이라고 하는 설이 유력하다.

⑧ 헤이조쿄 左京一条三坊十五·十六坪 유적(도 1-8)

이곳은 헤이조큐 동측에서 동쪽으로 약 700m 떨어진 곳으로, 나라야마(奈良山) 구릉지의 남쪽 기슭에 해당한다. 5세기 대형 전방후원분이 동서로 이어지는 지역으로,

도 1-8. 平城京左京一条三坊十五·十六坪庭園

이 연못도 이곳에 있던 평총(平塚) 2호분의 전방부 주호(周濠)의 남부를 이용하여 만든 것이다. 연못 동안 이외에는 명확하지 않으나, 동서 18m, 남북 10m 정도의 규모라고 생각된다. 동안은 전방부 봉분의 경사면을 3도 정도의 매우 낮은 경사율로 바꾸어 이용했고 도중에 굴곡지게 곳을 만들었다. 이곳에는 직경 50-90cm의 돌 6개로 이루어진 석조가 있다. 6개의 돌은 3개씩 두 군데로 나뉘어져 있으며, 각각 중앙에 작은 돌을 두고 양측에 큰 돌을 배치하였다. 종류는 편마암과 화강암으로 「동원정원」이나 「左京三条二坊 宮跡庭園」과 동일하다.

연못 바닥에는 자갈은 없고 점토질의 지층을 그대로 이용하였다. 수심은 20~25cm이다. 급수는 북쪽 수로를 통하여 이루어지며 배수는 확인되지 않았다.

연못의 조성연대는 나라 시대 초기이며, 당시에는 十五·十六坪 일대가 북부에는 건물군, 남부에는 원지를 배치한 택지로 사용되고 있었다. 『회풍조(懷風藻)』에 나오는 나가야오우의 「좌보택(佐保宅)」이라는 설이 유력하다.

⑨ 이치니와(市庭) 고분

헤이조큐 북측에 있는 이치니와 고분은 헤이제이(平城) 천황의 능으로 추정되고 있는 대형의 전방후원분이다. 이 고분은 이중의 호(해자)로 둘러싸여 있으며, 원지는 후원부(後圓部)의 북서측 외호를 이용하여 만들어졌다. 바깥쪽 제방 사면의 즙석(고분의 사면에 깔린 돌)을 점토로 덮어 경사를 완만하게 한 뒤, 그 위에 자갈을 깔고 스하마로 삼았다. 스하마는 완만하게 곡선을 이루며 경사는 약 5도이다. 연못 바닥은 점토질의 지층을 이용하고 자갈은 깔지 않았다. 또한 발굴조사의 범위 안에는 경석도 없다. 연못은 물을 담아 놓은 흔적이 보이지 않아, 한시적으로 우물 등으로부터 급수하여 연못을 채웠다고 추정된다. 스하마 근처에 급수로 사용되었다고 생각되는 우물이 발견되었다. 나라 시대 후기까지 사용된 것으로 보이나 조성연대는 알 수 없다.

⑩ 쇼린엔(松林苑)

송림원은 헤이조큐의 북측에 만들어진 금원(禁苑 : 대궐 안에 있는 동산 또는 후원)이다. 헤이조큐에 필적하는 규모를 지니는 광대한 유적이지만, 매년 개발을 위한 사전조사로 발굴작업이 이루어질 뿐, 본격적인 조사는 시행되지 못하고 있다. 송림원 안에는 몇 개의 전방후원분이 분포되어 있으며, 원지는 그 중 하나인 네코즈카(猫塚) 고분의 주호(周濠)를 이용하여 만든 것이다. 주호 바깥쪽 사면을 메워 완만한 경사지로 만들고 그곳에 자갈을 깔아 스하마 형태로 만들었다. 확인된 범위는 동서 10m 정도로 연못 바닥은 발견되지 않았다. 스하마의 북측에는 장엄한 남북동 굴립주 건물이 있다.

이상의 유구 이외에 ⑪ 홋케지(法華寺) 아미타 정토원, ⑫ 헤이조쿄(平城京) 左京 三条 一坊 十四坪, ⑬ 홋케지(法華寺) 경내, ⑭ 헤이조쿄 左京 三条 四坊 十二坪, ⑮ 와사쿠아토(城輪柵跡), ⑯ 나카오카 궁적(長岡宮跡)에서 곡지의 일부로 추정되는 정원 유구가 발견되었다. 그러나 단편적이며 상태가 양호하지 않아 본고에서는 언급하지 않겠다.

「曲池」의 특색과 기원

나라 시대의 자연풍 곡지로 확실한 유구는 현재까지 확인되지 않고 있으나, 이시기에 갑자기 곡지가 원지(園池)의 주류를 형성하게 됐다는 것은 정원사는 물론이고 고고학 분야에서도 불가사의한 일로 받아들여진다. 『만요슈』에는 구사카베 황자의 도궁의 정경을 전하는 노래가 실려 있다. 그곳에는 「島의 荒磯」, 「東瀧의 御

門」,「파도치는 암초와 포구를 둘러싼 바위 진달래」 등의 표현이 있어, 이 정원이 곡지였음을 내비치고 있다. 이러한 사료를 통해서도 아스카 시대 말기에는 이미 곡지가 있었음을 알 수 있으나 유구로서는 확인이 되지 않고 있다. 가까운 시기에 아스카 시대의 자연풍 곡지가 발견될 가능성은 충분히 있으나, 현재로서는 아스카 시대의 원지는 주로 인공적인 형태이며, 나라 시대부터 자연풍이 대세를 이루게 되었다고 보는 것이 타당하겠다.

7세기 혹은 그 이전에 중국이나 한국의 원지가 일본 아스카 시대와 같이 인공적인 색채를 강하게 띠고 있었다고 생각할 수는 없다. 오히려 『낙양가람기(洛陽伽藍記)』 등으로부터 알려진 바와 같이 중국 북위시대의 정원은 곡지가 주류를 이루었다고 추정된다. 이러한 곡지 정원의 문화가 나라 시대에 일본에 전해져 유행한 것으로 볼 수 있다. 그러나 왜 아스카 시대에는 수용되지 않았는지는 여전히 의문이 남는다. 자연으로부터 유리된 형태, 외래의 기이한 디자인, 그리고 불교사상에 의해 촉발된 새로운 관념으로서 아스카 시대의 사람들은 이러한 인공적 디자인을 받아들인 것은 아닐까? 나라 시대는 그 반동이라고 할 수 있겠다. 자연풍의 디자인을 즐기고 그것을 일본적으로 해석하여 전개하기 시작한 것이 나라 시대였다고 생각한다.

제4장 헤이안 시대의 정원

헤이안 시대는 延曆 13년(794년) 헤이안쿄(平安京, 지금의 교토) 천도로부터 元曆 2년(1185년) 가마쿠라(鎌倉) 막부가 성립하기까지 약 390년간이다. 당연히 정원문화의 중심도 헤이안쿄에 옮겨지며, 궁전이나 귀족의 저택 및 별장에는 수많은 정원이 만들어졌다. 또한 이 시대가 되면 정사(正史) 이외에도 일기·시가집·모노가타리(物語) 문학 등 다양한 문헌사료가 등장하여 정원이나 그곳에서 이루어진 행사에 관한 실태를 알 수 있게 되었다.

헤이안 시대 전기(794~930년경)에는 천황이 정치의 주도권을 발휘하고, 문화적으로는 당 문화에 대한 지향이 뚜렷하게 나타나는 시대이다. 이 시대의 정원 중에 신천원(神泉苑) · 냉천원(冷泉院) · 순화원(淳和院) · 주작원(朱雀院) · 사가원(嵯峨院) · 운림원(雲林院) 등은 황실정원이다. 특히 신천원은 연못의 일부가 현존하며, 사가원은 다이가쿠지(大覚寺) 오사와노이케(大沢池)에 그 잔영을 남기고 있다. 귀족의 저택으로는 후지와라 후유쓰구(藤原冬嗣)의 한원(閑院), 후지와라 요시후사(藤原良房)의 염전(染殿), 미나모토 노도오루(源融)의 하원원(河原院) 등이 있다.

헤이안 시대 중기(930년경~1050년)가 되면, 천황의 권력이 쇠퇴하고 정치는 천황 대신에 관백(関白, 간파쿠)이 섭정(천황의 친족과 외척이 주도하는 정치)하게 된다. 귀족이나 유력한 절과 신사(寺社)의 장원(荘園)이 확대되고, 문화는 당 문화에서 국풍(國風)으로 전환되고, 침전조(寝殿造, 신덴즈쿠리)라고 불리는 주택양식이 정착되며, 불교에서는 정토교가 유행하게 된다. 후지와라 미치나가(藤原道長)의 비파전(枇杷殿) · 동삼조전(東三条殿), 후지와라 다다히라(藤原忠平) · 모로스케(師輔) 부자의 구조전(九条殿), 후지와라 가네마치(藤原兼通)의 굴천전(堀川殿), 미나모토 마사노부(源雅信)의 토어문전(土御門殿), 후지와라 요리미치(藤原頼通)의 고양원(高陽院), 미나모토 다카아키라(源高明)의 서궁(西宮) 등은 유력 귀족의 정원이다.

헤이안 시대 후기(1050~1185년)는 정치적으로 원정(院政 : 천황이 퇴위하고도 상왕이 되어 원에 머물면서 주도한 정치)가 이루어지며, 천태불교와 산악불교가 성행하는 시대이다. 대표적인 정원에는 화산원(花山院), 한원[閑院 : 다카쿠라(高倉) 천황 · 안토쿠(安徳) 천황 · 고토바(後鳥羽) 천황 · 쓰치미카도(土御門) 천황의 임시거처], 조우원(鳥羽院) · 백하원(白河院), 평등원(平等院), 정유리사(淨瑠璃寺), 원성사(円成寺), 모월사(毛越寺) · 관자재왕원(観自在王院) · 무량광원(無量光院), 백수아미타당(白水阿弥陀堂) 정원 등이 있다.

헤이안 시대의 정원은 문헌사료를 통해 알려진 것 외에, 비록 변모는 되었지만 그 잔영을 남기는 정원이 다수 현존하거나 발굴조사를 통해 확인된 지하유구의 형태로 남아있다. 이하에서는 비교적 완비된 발굴조사가 이루어져 어느 정도 유구의 개요가 파악된 정원을 시대 순으로 소개해 보겠다.

헤이안 시대 전기

사가인(嵯峨院) 정원

사가(嵯峨) 천황(809~823년)이 조영한 이궁(離宮)이다. 876년에 다이가쿠지가 되었다. 가마쿠라 시대에는 고사가(後嵯峨)·가메야마(龜山)·고우다(後宇多) 등 세 명의 천황이 퇴위한 후 머물던 선동어소(仙洞御所)가 되어 가람이 정비되었다. 그 후 오닌의 난(応仁乱) 등의 병화(兵火)에 의해 황폐되었으나 아즈치모모야마(安土桃山) 시대부터 에도(江戸) 시대 전기에 걸쳐 오사와노이케의 서측에 침전(寝殿)·객전(客殿) 등이 수복되고, 현재도 양호한 상태로 남게 되었다. 지금의 오사와노이케는 사가인 조영 당시에 중국의 동정호(洞庭湖)를 모방하여 만들었다고 전해진다.

오사와노이케 북안의 정비 사업에 수반하여 1984~1990년과 1996년에 발굴조사가 시행되었고, 현재의 오사와노이케 북안은 그 성과에 근거하여 정비되어 있다. 사가인 조영과 함께 오사와노이케 북안을 굽어 흐르는 커다란 수로가 만들어졌다. 최대폭은 12m, 깊이는 약 1m이며 지층을 그대로 이용하였다. 유수의 평면형태, 하류에 설치된 수위조절시설, 오사와노이케에 흘러드는 양태를 고려하면, 이 수로는 정원의 야리미즈(遣水 : 헤이안 시대 침전정원에 있어서 외부에서 물을 끌어들여 연못으로 연결한 유수)였을 가능성이 높다. 단 현존하는 나코소노타키(名古曽滝, 폭포)는 중세 이후에 크게 변모된 것으로, 헤이안 시대에 있어서 이 야리미즈와의 관계는 명확하지 않다. 이후 다이가쿠지로 바뀌었을 때는 이것은 점차 땅속에 묻혀 하류 부분은 커다란 물웅덩이가 되고, 이곳에서 넘친 물이 오사와노이케에 유입되었다고 한다. 이곳은 헤이안 시대의 야리미즈로서 귀중한 유구이다.

레이센인(冷泉院) 정원

사가 천황의 후원 혹은 선동(仙洞 : 천황이 은퇴한 후 머무는 거처)으로, 헤이안쿄 左京 二条 二坊 3·4·5·6정(町 : 1정은 사방 약 120m의 구역)을 점하며, 현재는 니조성(二条城) 북동부에 해당한다. 3회에 걸친 발굴조사를 통해 연못(池)·야리미즈·경석군 등이 검출되었지만 발굴면적이 한정되어 있어 전체 모습을 파악할 수는 없다.

연못은 냉천원 경내의 중앙부에 만들어져 있다. 연못가는 곳곳에 스하마·경석을 다양하게 배치하고 자갈이나 모래를 까는 등 변화가 크다. 야리미즈는 폭 1m 전후로 깊이는 0.1~0.2m로 직선으로 흘러간다. 경석군은 직경 0.5~1.5m의 돌을 10개 이상 원호를 그리며 모아서 세워놓았다.

사이구(齋宮) 저택 정원

헤이안쿄 右京 三条 二坊 16정 지역은 연못 내부로부터 출토된 묵서토기(墨書土器)에 의해 사이구(齋宮)의 저택인 것이 밝혀졌다. 이곳에서는 1정의 6할 정도가 발굴되어, 1정의 전체 배치가 거의 규명된 보기 드문 유구이다. 경내 북서부에는 연못, 샘과 주위의 건물군이 확인되었으며 연못과 건물의 관계를 명확히 파악할 수 있다.

연못은 전체의 형태가 남북으로 조금 긴 타원형을 이루며 동서 15m, 남북 40m 정도의 규모이다. 깊이는 중앙부가 가장 깊어 0.5m이며, 북쪽 끝에는 샘이 있다. 연못은 모래와 자갈의 지층을 그대로 이용한 것으로 전체적으로는 자연풍의 스하마식으로 조성되어 있다.

샘은 2곳에 있다. 첫 번째 샘은 연못 북쪽에 있으며, 바닥의 자갈과 모래층으로부터 솟아나오는 지하수로, 당시에는 한 변이 1.2m인 사각형의 나무판자로 만든 틀이 붙어 있었다. 두 번째 샘은 연못 중앙부 남쪽에 있으며 한 변이 1.5m로 지층을 파낸 것이다.

연못의 북안에는 연못으로 뒤어나온 세로 4칸, 가로 4칸의 굴립주 건물이 있으며 즈리도노(釣殿 : 침전양식의 연회건물)로 생각된다. 연못의 서쪽에는 東西棟(건물이 남북으로 세워져 동면 혹은 서면하는 건물)으로 추정되는 굴립주 건물이 있으며, 이것은 연못에 면한 주전(主殿)일 가능성이 있다. 연못의 동안은 폭 20터 정도의 광장이 있으며, 그 동쪽에는 남북동 굴립주 건물이 있다. 이곳은 스하마의 얕은 연못으로, 연못에 면한 건물의 배치 등을 고려할 때 헤이안 시대의 귀족저택의 실태를 알려주는 귀중한 유적이다.

헤이안 시대 중기

카야인(高陽院) 정원(도 1-9)

헤이안쿄 右京 二条 二坊 9·10·15·16정을 점하는 귀족저택이다. 이곳의 남북 2정에는 9세기 초 간무(桓武) 천황의 황자 카야(賀陽) 친왕의 저택이 있었다. 11세기 초 관백인 후지와라 요리미치(藤原頼道)가 이곳을 입수하여 인접하는 2정을 포함하여 4정의 저택을 정비하였다. 高陽院의 모습은 『榮華物語』나 후지와라(藤原) 씨 관계의 일기 등으로부터 알 수 있다. 이에 따르면 카야인은 요리미치의 부친 미치나가(道長)가 만든 東三條殿과 함께 헤이안 시대 중기를 대표하는 정원이었음을 알 수 있다.

高陽院은 세 번 불타 소실되었으며 그때마다 수복이 이루어졌다. 즉, 11세기 초부터 12세기 초에 걸쳐 네 번의 변천이 있었다는 것이다. 단 기본적인 배치나 평면 구성은 제1기에 이루어졌으며, 이것이 이후 답습되었다고 생각한다. 그 특색으로는 중앙에 침전을 두고 그 사방에 연못이 있으며, 각각 춘하추동에 대응하는 경치를 꾸몄다고 한다.

발굴조사는 1998년까지 총 7회가 실시되었다. 4정의 경내에 있어서 연못이 차지하는 비율은 매우 작으나 여섯 번째 발굴조사에서 검출되어 문헌에 나오는 연못을 실제로 확인할 수 있었다. 조사구역이 한정되어 있어 연못의 전체 모습을 파악할 수는 없었으나, 11세기 초에서 12세기 초까지 4기에 걸쳐 이루어진 유구의 변천을 확인할 수 있었다.

4기의 연못은 모두 스하마식으로 되어 있으며, 1982년 조사구역에서는 시대가 내려감에 따라 연못이 좁아지는 경향이 있음을 알 수 있었다. 스하마는 연못의 사면에 따라 주먹만 한 하원석을 2~6m 정도의 폭으로 정성들여 깔아 놓았다. 이외에 정원에 관한 유구로는 연못에 이어지는 수로, 섬, 축산, 경석 등이 검출되었다.

도 1-9. 高陽院庭園

보도인(平等院) 정원

비와코(琵琶湖)로부터 남류한 우지(宇治) 강이 방향을 틀어 산성분지 동쪽을 따라 북류하는 좌안에 平等院이 있다. 헤이안 초기에는 황족이나 중앙 귀족의 별장이 있었으며, 미나모토 노도오루도 여기에 별장을 세웠다. 이 별장이 平等院의 모체를 이루게 된다. 후지와라 미치나가가 이곳을 구입하여 별장으로 정비한 것은 10세기 말이다. 이것을 장남인 요리미치가 이어받아, 11세기 중엽에 사찰로 고쳐 平等院을 만들었다.

平等院에는 창건 시의 鳳凰堂이 연못의 섬에 현존한다. 이 섬을 중심으로 하는 정원의 복원정비를 위한 발굴조사가 1990년 실시되어, 창건 시와 그 이후의 정원의 변천을 알 수 있게 되었다.

창건시의 섬은 익루(翼樓)의 끝부분이 연못에 튀어나올 정도로 매우 작은 자연풍의 스하마식이었다. 섬 위의 평탄지는 鳳凰堂 동쪽 전면의 기단으로부터 등롱(燈籠)에 이르는 매우 좁은 범위에 한정된다. 鳳凰堂 정면의 연못 건너편에도 자갈이 깔려있고, 이 자갈은 우지 강에 접하는 일대에 펼쳐져 있다. 이에 따라 평등원의 원지와 우지 강의 강변과의 연속성이 확보되어, 정원은 강을 끼고 넓게 펼쳐지는 경관을 이루게 된다.

원지의 급수는 연못 남서부의 사면 밑으로부터 나오는 샘물이며, 이 물을 북쪽과 동쪽으로 나누어 보내는 것에 의해 연못 전체의 수질을 깨끗하게 유지할 수 있다. 또한 최근 일련의 발굴조사를 통해 창건 시 정원의 모습과 함께 중세와 에도시대, 그리고 근대에 걸쳐 이루어진 호안 개수공사도 파악할 수 있게 되었다.

호라카와인(堀河院) 정원

이곳은 10세기 말 헤이안쿄 左京 三条 二坊 9 · 10정에 태정대신(太政大臣) 후지와라 모토쓰네(藤原基経)가 조영한 저택이다. 그 후 1120년에 소실되었으나 이따금 천황의 임시 거처로서도 사용되었다. 1983년과 1985년에 호라카와인 북반부 약 4,000m²에 걸쳐 발굴조사가 이루어져, 호라카와인 정원의 연못 · 瀧石組(폭포 석조) · 야리미즈가 검출되었다.

연못의 전체 크기나 형태는 알 수 없으며, 검출된 곳은 연못의 동북쪽 구석에 불과하다. 연못의 사면은 완만한 경사를 이루는 스하마이며, 연못 바닥은 지층을 그대로 이용하였다. 연못의 깊이는 0.8m 정도이다.

연못의 동북쪽 구석에는 돌을 세워 만든 폭포(瀧石組)가 있다. 직경 1~2m 정도의 커다란 경석을 폭포가 떨어지는 곳 좌우에 나란히 세워 두었다. 폭포의 본체를 이루는 돌은 없어졌다. 폭포는 1m 정도의 낙차를 가지고 있었던 것으로 추정된다. 폭포가 연못에 떨어지는 부분에는 자갈을 깔아 놓았다.

야리미즈는 폭포의 서측을 곡선으로 흘러간다. 야리미즈를 따라 7개의 경석이 남아 있다. 경석은 땅을 파고 직접 돌을 배치하였으며 바닥 돌은 사용하지 않았다. 경석은 주위의 지면으로부터 30~50cm 정도 높이로 세워졌으며 종류는 각석이다.

헤이안 시대 후기

도바(鳥羽) 이궁 정원(도 1-10)

헤이안쿄 주작대로에서 남쪽으로 뻗은 鳥羽作道가 소택지(沼澤地)에 연결되는 일대에, 시라카와(白河) 상황(上皇), 도바(鳥羽) 상황에 의해서 11세기 말에 조영된 것이 도바 이궁이다. 도바 이궁은 남전(南殿), 북전(北殿), 전중전(田中殿), 천전(泉殿), 마장전(馬場殿) 등 5개의 이궁(離宮)으로 구성되어 있으며, 각 이궁은 어소(御所 : 주거)와 어당(御堂 : 佛殿)으로 이루어져 있다.

발굴조사는 1960년 이래 실시되어 왔으며, 전각이나 정원의 모습이 확인되었다. 정원은 연못을 중심으로 이루어져 있으며, 연못은 세 개로 나누어져 있다. 池A는 남전, 북전, 전중전, 천전에 걸쳐 펼쳐지는 가장 큰 연못으로, 각 이궁은 배로 왕래하게 되어 있다. 한편 전중전의 동측에 있으며 남북으로 길게 펼쳐지는 것이 池B이

도 1-10. 鳥羽離宮田中殿庭園

다. 그리고 천전의 남반부에 있는 것이 池C이다. 池A와 B는 자연 연못을 정비한 것이며, 池C는 인공적으로 굴삭하여 만들어진 것이다.

池A는 광대하며 기본적으로 풀이 자라는 자연호안 곳곳에 경석을 배치하였다. 남전 어소 부근으로부터 연못에 연결되는 야리미즈에는 옥석이 깔려 있으며, 연못 속의 섬은 두 개 검출되었다. 池B는 주먹만 한 옥석을 반듯하게 깐 스하마 호안으로 둘러싸여 있으며 바닷가 해안풍의 석조, 돌로 만든 선착장 등이 있어 鳥羽 이궁의 연못 중에서 가장 아름답고 섬세하게 정비되어 있다. 池C도 스하마풍이며, 경석이 있고 연못 중앙에 데지마(出島)가 있다.

鳥羽 이궁의 발굴조사에서는 식물유물에 대한 분석도 실시되었다. 나무로는 단향목, 벗나무, 팽나무, 소나무, 밤나무, 매화 등이 있으며, 풀로는 시소, 벗풀, 드렁방동사니 등이 다수를 차지한다.

호콘고인(法金剛院) 정원

도바 천황의 중궁(中宮)이었던 다이켄몬인(待賢門院)에 의해 헤이안쿄 西京 極大路의 서측에 1130년 창건된 것이 호콘고인이다. 동서 2정, 남북 3정에 자리 잡고 있으며 나라비노 오카(雙岡)의 동남쪽 기슭에 해당하는 경승지이다.

발굴조사는 1968년 이후 12차례 시행되었다. 그 결과 호콘고인의 전체 모습은 다음과 같이 복원할 수 있다. 우선 사찰의 경내 북부는 雙岡의 동쪽에 있는 작은 언덕인 五位山이 있고, 그 남측에 동서 140m, 남북 150m의 연못이 있다. 연못은 중앙이 좁아지는 표주박 모양을 하고 있다. 연못의 서쪽에는 어당과 삼층탑, 동쪽에는 어소, 남쪽에는 축산이 배치되어 있다. 오위산 남쪽 기슭에 있는 「靑女의 瀧(폭포)」로부터 이어지는 수로가 검출되었는데, 이를 통해 어소의 중문랑 서측으로부터 어소의 밑을 지나 연못으로 흐르는 야리미즈를 추정할 수 있다. 야리미즈가 연못에 흘러들어가는 부분에는 경석이 있으며, 연못의 사면은 완만한 경사를 이루고 하얀 모래가 깔려 있다.

카야노모리(栢杜) 유적 정원

교토 시 후시미(伏見) 구에 있는 栢杜 유적은 야마시나(山科) 분지의 동남부 다이고(醍醐) 산지 서쪽 기슭에 위치한다. 택지개발에 따른 발굴조사가 1973~1974년에 시행되어, 사원 건물과 정원 유구가 발견되었다. 유적은 다이고지(醍醐寺)의 남쪽 1km 정도 떨어진 곳에 있으며, 다이고지의 말사로 생각된다.

서측이 낮은 지층에서 검출된 유구는 팔각원당(八角圓堂)이며 그 서쪽에 건물이 하나 있고 남쪽에도 방형당(方形堂)이 있다. 정원은 팔각원당과 서쪽 건물 사이에 폭 7m 정도의 공간으로부터 건물 남쪽으로 흘러가는 야리미즈 형태의 유구이다. 팔각원당 북쪽의 계곡으로부터 취수하여, 팔각원당의 서쪽에서 폭 6m 정도의 작은 연못 형태를 이루다가, 다시 서쪽으로 흘러 나간다. 작은 연못 부근에는 전체가 스하마가 깔려 있으며 석조에 의한 섬과 호안의 경석이 조금 남아 있다. 정원의 연대는 12세기 후반이며 사원의 주요 건물 가까운 곳에 만들어진 유수형(流水型) 정원이다.

모쓰지(毛越寺) 정원(도 1-11)

이와테(岩手) 현 히라이즈미(平泉)에 있는 헤이안 시대 후기의 정원이다. 모쓰지(毛越寺)는 오슈(奥州) 후지와라(藤原) 씨 2대인 모토히라(基衡)에 의해서 창건된 사원으로, 동쪽에는 모토히라의 아내가 건립한 觀自在王院이 있고, 그곳으로부터 약 1km 동쪽에는 3대인 히데히라(秀衡)가 세운 無量光院, 또 2km 정도 북쪽에는 초대 기요히라(清衡)가 만든 츄손지(中尊寺)가 있는 등 후지와라 씨의 중심지이다. 이 중에서 모쓰지에만 정원이 남아 있으며, 다른 곳에는 정원의 흔적만을 남기고 있다.

모쓰지 정원의 복원 및 정비를 목적으로 하는 발굴조사는 1980~1990년에 시행되어, 스하마식 호안, 섬, 다리와 야리미즈 등 정원유구가 발견되었다. 모쓰지의 유구는 보존상태가 양호하고, 특히 야리미즈는 매우 아름다우며 거의 완전한 형태로 발견되었다.

연못은 엔류지(圓隆寺) 유적의 남쪽에 위치하며, 동서 190m, 남북 100m 정도의

도 1-11. 毛越寺庭園

크기이다. 연못의 남안에는 南大門 유적이 있으며, 이곳으로부터 북쪽으로 다리—섬—다리—금당이 직선상으로 배치되어 있다. 금당은 동서에 익루(翼樓)가 붙어 있으며, 남쪽 연못의 북안에는 각각 누각건물이 세워져 있다.

연못의 사면은 헤이안쿄에서 보이는 스하마보다 직경이 10~20cm 정도로 큰 옥석을 깔았다. 스하마로부터 연못 주변, 그리고 경내 전체에 자갈을 깔았다. 섬은 연못 서반부 북쪽에 만들어져 있으며, 12세기경에 개조된 것으로 보인다. 당초에는 동서 35m, 남북 22m 정도의 규모였으나, 나중에 동측을 확장하여 동서 폭이 45m에 이르게 되었다. 섬은 전면 스하마식으로 자갈의 직경은 호안의 그것보다는 작다. 섬의 남과 북에는 다리가 놓여 있으며, 다리의 토대 양측에는 경석이 있다. 기타 경석은 북측 사면에 10개 정도 남아 있다.

연못 호안을 따라 서남부에는 해안의 암초풍 석조가 있고, 동남부에는 돌출부분과 석조가 현존한다. 연못의 평면은 완만한 곡선을 이루며 2곳에 험준한 석조가 있어 정원에 변화무쌍한 경관을 부여한다.

야리미즈는 금당 유적지의 북측 산자락에 있는 폭포에서 시작되며 길이는 80m 정도로 전체적으로 4번 굴곡하면서 남쪽으로 흘러 연못에 이른다. 유수의 평균 경사율은 5.5%로 매우 급하며 도중에는 층이 지어져 있다. 유수의 상류부에는 작은 섬이 있으며, 연못에 흘러들어가는 부분에는 경석으로 만든 폭포가 있다.

헤이안 시대의 정원은 섬세하고 우아하며 매우 다양한 모습을 지니고 있어 일본 정원의 전형을 보여준다. 연못은 스하마가 기본이며 연못 바닥에 자갈을 깔지 않고 사면에만 깐 것은 나라 시대의 연못과 다른 점이다. 연못의 평면 형태는 완만한 곡선을 이루는 것이 많으며, 사가인이나 모쓰지 등과 같이 규모가 큰 연못이 즐겨 만들어졌다. 또한 연못 속에는 섬이 만들어졌으며, 연못가에서 섬을 경유하여 대안에 이르는 다리가 놓여 있다.

연못의 급수는 야리미즈 또는 경내의 샘으로부터 이루어지는 것이 보통이다. 야리미즈는 굽어 흐르며 드문드문 경석을 배치하였고, 연못에 흘러 들어가는 부분에는 돌을 세워 폭포를 만들었다. 석조는 호쾌하며 힘차서 매우 거칠게 보이며 완만한 곡선을 이루는 연못가에 변화를 부여한다.

연못 근처에 건물을 세우는 것도 이 시기의 특징이다. 연못으로 튀어 나온 건물은 나라 시대에도 이미 보이지만, 헤이안 시대에는 釣殿과 같이 비교적 작은 건물이 연못을 감상하기 위한 장소로서 정원건축으로서 정착하게 된다.

제5장 가마쿠라 시대의 정원

가마쿠라 시대는 미나모토 요리토모(源頼朝)가 가마쿠라(鎌倉)에 막부를 세운 뒤 호조 다카토키(北条高時)의 멸망에 이르기까지 약 150년간이다. 본격적인 무가(武家) 정권에 의한 통치가 시작되며 정치의 중심은 가마쿠라로 옮겨지나, 문화의 중심은 여전히 교토에 있었다. 따라서 정원도 전대의 신덴즈쿠리(寢殿造)나 죠도시키(淨土式) 정원을 답습한 것이 많다.

교토에서는 고토바 상황의 水無瀬殿이나 最勝四天王院, 고사가 상황의 가메야마 도노[龜山殿 : 후에 덴류지(天龍寺)], 가마쿠라에서는 에후쿠지(永福寺)나 겐초지(建長寺), 이즈니라야마(伊豆韮山)의 願成就院, 요코하마(横浜)의 쇼모지(稱名寺) 등이 대표적이다. 이 중에서 발굴조사가 시행되어 정원 유구가 어느 정도 밝혀진 유적을 소개하고자 한다.

에후쿠지(永福寺) 정원(도 1-12)

미나모토 요리토모(源頼朝)가 1194년 가마쿠라에 건립한 사원의 하나로, 鎌倉市 二階堂의 남쪽에 펼쳐지는 계곡 사이에 위치한다. 유적 정비를 위한 발굴조사가 1983년부터 시행되고 있다. 그 결과 중앙에 二階堂, 북쪽에 薬師堂, 남쪽에 阿彌陀堂이 남북으로 줄지어 있으며, 이들을 익루로 연결하고 익루의 남과 북쪽 끝이 연못 쪽(동쪽)에 직각으로 꺾여 있었음이 확인되었다. 이러한 건축물은 동쪽을 향하여 남북으로 길게 만들어진 연못을 바라보게 되어 있다.

가람은 지속적인 개수와 재건이 이루어졌으며, 연못도 이에 따라 4기에 걸쳐 변화하게 되나 기본적인 구도나 배치는 변함이 없었다고 생각된다. 제1기는 창건으로부터 寬元·宝治 연간(1243~49년)의 수리까지이고, 제2기는 弘安 3년(1280년)의 화재 및 재건까지, 제3기는 延慶 3년(1310년)의 화재 및 재건까지, 제4기는 應永 12년(1405년)의 화재까지로 보고 있다.

연못은 동서 40~70m, 남북으로 약 200m에 이르는 대규모이며, 연못의 급수는 계곡으로부터 끌어 들인 수원과 북쪽 익루 끝에서부터 유입된 야리미즈를 통해 이루어진다. 야리미즈는 3%의 경사율로 만들어졌다. 연못가는 완만한 경사를 이루는 스하마로 되어 있으며, 1cm에서 주먹만 한 크기까지 비교적 작은 지킬을 갈아 놓았다.

제1기에는 二階堂의 성면에 동서 방향으로 다리가 걸려 있으며, 북쪽 익루 끝에

도 1-12. 永福寺庭園

있는 야리미즈가 연못으로 떨어지는 부분에 직경 1~2m 크기의 경석으로 만든 암초
풍의 석조가 있다.

제2기가 되면 연못이 조금 메워지고 경석이 추가된다. 二階堂 정면의 다리가 개
수되고 연못의 동안에도 새롭게 폭포가 만들어진다.

제3기에는 연못 전체에 다량의 자갈을 이용하여 스하마를 개수한다. 야리미즈의
위치도 바뀌고 동안이 5m 정도 좁혀지며 다리도 새롭게 바뀐다.

제4기에는 연못 북동쪽 구석에 급수구가 만들어지고, 연못은 축소되어 수심도
얕아졌다. 二階堂의 정면에 있는 다리는 없어지며, 대신에 남쪽에 있는 아미타당의
전면에 다리가 새롭게 만들어진다.

永福寺는 건물과 정원 유구의 보존상태가 양호하며 석조도 호쾌하여 이 시기를
대표하는 정원유구로 손색이 없다.

카바사키데라(樺崎寺) 정원

카바사키데라는 미나모토 아시카가(源姓足利) 씨 2대 요시카네(義兼)가 1189년 창건한 절로, 도치기(栃木) 현 아시카가(足利) 시 북동부를 흐르는 樺崎川의 계곡 입구에 있다. 1984년부터 복원 정비를 위한 발굴조사가 시행되고 있다. 주요 가람은 서측 구릉지 산자락을 평평하게 한 곳에 위치하며, 남북으로 조금 긴 연못은 이 가람의 동측에 만들어진 것으로 밝혀졌다. 연못은 가람이 있는 평지로부터 약 5m 정도 낮은 곳에 있으며, 이 때문에 가람지로부터 연못을 비롯한 계곡 전체를 조망할 수 있다.

연못은 동서 약 70m, 남북 150m 이상으로 매우 크며, 원지 중앙부에서 약간 서쪽에 섬이 있고, 원지 북안은 연못으로 튀어 나와 있다. 연못은 서북 방향의 계곡줄기로부터 흘러내려오는 물을 막아 만들었다. 즉 연못의 남안과 동안에 제방을 만들고, 섬과 북안 및 서안은 지층을 파고 남은 부분으로 이루어져 있다.

원지는 크게 4기로 나눌 수 있다. 그 중에서도 창건 때부터 14세기 말까지가 제1기와 제2기에 해당하지만 원지에는 커다란 변화가 보이지 않으므로 통괄해서 개요를 서술하겠다.

제1·2기의 섬은 동서 9m, 남북 18m이며 수면으로부터 약 0.3~0.4m 높다. 섬의 상부에는 직경 2cm 전후의 모난 자갈을 깔고, 연못가 부근에는 조금 큰 모난 자갈에 머리 크기만 한 평평한 돌을 배치하였다. 섬의 북쪽 동쪽 남쪽 끝에는 0.5~1m 정도의 할석을 경석으로 삼아 세우고, 북쪽 끝의 석조에는 입석을 사용하였다. 연못 바닥은 지층을 그대로 이용하였으며 자갈 등의 장식은 하지 않았다.

동쪽을 향하는 가람과 그 앞에 펼쳐지는 연못은 平等院으로부터 淨瑠璃寺, 無量光院을 거쳐 永福寺, 樺崎寺에 이어지는 서방정토정원의 마지막 양식으로, 이후에는 이 형식의 가람이나 정원은 만들어지지 않는다.

쇼모지(稱名寺) 정원

쇼모지는 가나자와(金澤) 호조(北条) 씨의 보리사(菩提寺 : 선조대대로의 위패와 묘를 모신 절)로서 호조 우치와토키(北条実時)에 의해 1260년 전후에 창건된 사원이며, 현재 가나가와(神奈川) 현 요코하마 시 남부의 도쿄만(東京湾)에 면한 구릉지 하단에 위치한다. 북쪽으로는 구릉지에 인접해 있고 남쪽으로 시야가 트인 지형이다. 쇼모지 정원은 1323년에 그려진 『稱名寺絵圖並結界記』로부터 알 수 있다. 이에 따르면 쇼모지는 남쪽을 향하는 금당의 남쪽에 커다란 연못이 있으며, 연못의 남쪽에는 남문이 있다. 연못 한가운데 섬이 있으며, 남안으로부터 섬을 거쳐 북안에 반교(反橋 : 무지개다리)와 평교(平橋)가 걸려 있다. 남문으로부터 2개의 다리를 거쳐 금당으로 이르는 동선으로 중심선이 남북을 통하는 가람구도를 지니고 있다.

원지(園池)의 복원정비를 목적으로 하는 발굴조사가 1978~85년에 시행되었다. 연못은 동서 85m, 남북 45~85m로, 섬은 동서 25m, 남북 10m 정도의 크기이다. 연못과 섬의 호안은 이 지역에서 나오는 퇴적 이암을 블록형태로 만들어 사용하고 있으며 사면의 경사는 완만하게 스하마를 모방하여 만든 점, 이 시대의 정원 조영기술을 잘 보여준다. 경석은 원지 북서부를 비롯하여 스하마 상부에 드문드문 배치되어 있다. 원지 주위의 평면에는 옥석이 깔려 있다.

가마쿠라 시대에 들어서도 정원의 형태는 기본적으로 헤이안 시대와 동일하다. 여기서 사례로 소개한 것은 모두 정토식 정원이다. 永福寺와 樺崎寺는 동쪽을 향하고 있으며, 쇼모지는 남쪽을 향한 가람배치이다. 모두 가람 앞에 커다란 연못을 배치한 형식이다. 정토식 정원은 헤이안 시대 중기에 확립된 정원의 형태로, 가마쿠라 시대까지 이 형식의 정원이 계속하여 만들어지나, 이 시기를 최후로 하여 이후에는 조영되지 않는다.

연못의 평면이나 석조는 헤이안 시대보다 복잡하고 정교해진다. 경석은 비교적 커다란 것이 사용되며 거석을 세워 만들어지기도 한다.

이상 일본에 있어서 고대로부터 가마쿠라 시대까지의 정원사를 개관해 보았다. 대륙의 영향도 보이지만, 수용의 양태는 시대에 따라 변화하여 전면적인 수용시기와 일본 독자적 전개를 이루는 시기 등으로 나눌 수 있다. 단 전면적인 수용단계에서도 일본인의 취향에 적합한 형태로 외래의 정원문화를 수용했다고 생각된다. 따라서 어느 시대이건 일본의 풍토와 일본인의 감성에 적합한 정원형식을 창출해 낸 점이 일본 정원사의 특징이라고 할 수 있다.

다카세 요이치(高瀨 要一)

02

일본 정원의 유형과 공간구성

제1장 일본 정원의 유형

제1절 세계 정원에 있어서 일본 정원의 특징

일본의 정원은 역사적으로 볼 때, 일관되게 석(石)·수(水)·식물(植物) 등 자연적 소재를 사용하여 대지 위에 자연 풍경을 만들어 냈다. 이러한 정원을 「자연풍경식 정원(自然風景式庭園)」이라고 하며, 중국이나 한국의 정원과도 공통되는 특징이다. 이에 비해 유럽에서는 18세기 영국을 비롯하여 풍경식 정원이 유행하게 되나, 그 이전까지 오랫동안 좌우대칭형의 기하학적 조형이 주류를 이루었다고 할 수 있다.

일본의 자연풍경식 정원은 7세기 백제의 영향을, 8세기에는 통일신라 및 당의 영향을 받아 성립하였다고 생각된다. 그러나 7세기 이전에도 일본에는 정원문화가 있었다. 일본 정원의 특징 가운데 하나가 바로 자연숭배 신앙으로 산이나 강, 혹은 동식물에 신이 깃들어 있다는 관념을 배경으로 하고 있다. 산악이나 샘, 거암이나 거목 등을 신성한 장소를 섬기는 「제사(祭祀)유적」도 일찍이 조몬(繩文)·야요이(弥生) 시대부터 보인다. 예를 들면 신이 강림하는 곳으로서 이와쿠라(磐座)는 일본 각지에 보이며 지명이 된 곳도 있다. 이러한 성격의 장소나 유적은 일본 정원의 기원으로서 볼 수 있다. 신이 깃들어 있는 신성한 장소, 신을 섬기는 의식을 위한 장소는 이후 「유니와(斎庭)」, 「사니와(沙庭)」라고 불리게 되며, 현재도 계승되어 교토의 가미가모(上賀茂)·시모가모(下鴨) 신사의 경내 등에도 이러한 성격의 장소를 찾아볼 수 있다.

주변 호(해자)에 물을 채우고, 산처럼 언덕을 쌓고 즙석(葺石 : 이음돌)을 덮은 고분에서도 자연을 숭배하는 자세를 확인할 수 있다. 나라(奈良) 현 고료(廣陵) 정의 스야마(巣山) 고분에는 분구(墳丘)로부터 주변 호로 튀어나온 부분이 있다. 이 부분의 호는 석조나 자갈로 해안이나 강변과 같이 꾸며져 있어 자연풍경식 정원의 의장과 유사하다. 고분의 석실이나 석조, 그리고 이음돌을 덮는 기술은 정원을 만드는 조영 기술에 계승되며, 샘이나 유수 역시 나라 시대 이후에도 일본 정원의 중요한 요소로서 이어져 만들어진다. 이렇게 불교문화가 전래된 이후에도 정원에는 자연숭배 신앙이 계승되고 있음을 알 수 있다.

따라서 7세기부터 8세기에 걸쳐 중국과 한국으로부터 정원문화를 수용했다고는 하나, 위에서 살펴본 바와 같이 일본 정원에는 대륙의 정원과는 다른 고유한 특색이 있으며, 이러한 성격이 계승되어 가며 일본의 독자적 정원문화를 전개해 나갔다고 할 수 있다.

제2절 일본 정원의 유형과 분류

일본 정원의 양식분류에는 다양한 견해가 있으며 학계에서조차 통일된 견해를 보이지 못하고 있다. 현재 형태상의 분류, 기능상의 분류, 용도별 분류 등이 이루어 지고 있으나, 보통은 다음의 세 가지 유형, 즉 A : 치테이(池庭, 도 2-1)·B : 가레산스이(枯山水, 도 2-2)·C : 로지(露地茶庭, 도 2-3)로 분류하는 경우가 많다(吉川需, 『庭園のみかた美と構成』 제1번규).

도 2-1. 池庭 事例(玄宮園)

도 2-2. 枯山水 事例(龍安寺 方丈庭園)

도 2-3. 露地 事例(不審庵)

A의 「池庭」이란 연못이나 유수 등 수경(水景)을 정원의 중심요소로 삼은 것을 말한다. 일본에서는 통상 7세기 이후에 주류가 된 양식이지만 최근에 발굴된 시로노코시(城之越) 유적은 4세기 후반의 유수를 지니는 정원으로 보는 견해도 있다.

B의 「枯山水」는 물을 이용하지 않는 정원을 말한다. 바닷가 풍경이나 강변의 경관은 일본 정원의 역사를 통해서 일관된 모티프이지만, 枯山水는 물을 사용하지 않으면서 이러한 수경을 표현하는 정원양식이다. 이 양식이 성행하게 되는 때는 14세기 이후로, 정원 전체에 물이 사용되지 않게 된다. 그러나 池庭의 일부에 물을 사용하지 않는 구역이 있으며, 이 구역을 枯山水로 부르는 사례도 이미 나라 시대부터 나타난다(헤이조큐(平城宮) 東院庭園 등 : 8세기). 이것으로는 「가산(假山)」이라 불리는 입석을 사용한 축산석조가 있으며, 그 기원을 환상열석(環狀列石)이나 이와쿠라(磐座)에서 찾는 설이나, 고구려의 정원에서 찾는 설이 있다(森蘊, 『平安時代庭園の研究』, 桑名文星堂).

C의 「露地(茶庭)」는 차를 마시는 장소로서 만들어진 정원을 이른다. 차는 일본 문화에 있어서 하나의 중요한 특징이지만, 16세기 이후에 성행하게 되는 와비차는 일상의 거주공간으로부터 분리되어 차만을 위한 전용 다실이 사용되게 되었다. 로지는 일상의 거주공간으로부터 다실에 이르는 통로를 가리키며, 깊은 산속이 적막한 풍경을 모방하여 만들어진다.

제3절 양식의 소분류와 명칭

일본에 있어서 정원양식은 하나의 시대에 대응하는 하나의 명확한 양식이 존재하지 않는다. 보통 이전 시대의 양식이 다음 시대에 중층적으로 계승된다. 동시에 그 시대만의 특유한 의장이나 조영의도가 반영되게 된다. 예를 들면 같은 池庭이라도 헤이안 시대의 귀족저택에 만들어진 정원은 「신덴즈쿠리(寝殿造) 정원」이라 불리며, 사원의 불당 앞에 만들어지는 정원은 「淨土정원」이라 불린다. 또한 에도 시대의 다이묘의 처소(書院座敷)에 만들어지는 池庭은 「쇼인즈쿠리(書院造) 정원」이라 하고, 다이묘(大名)의 별장에 만들어진 정원은 「다이묘 정원」이라고 한다.

또한 같은 池庭이라고 해도 사용되는 방식에 따라 세분하여 분류되기도 한다. 예를 들면 池庭 주위에 원로(園路)를 만들면 「치센가이유시키(池泉回遊式)」 혹은 「치테이준유시키(池庭巡遊式)」라 하고, 池庭을 배로 오가면 「치센슈유시키(池泉周遊式)」라고 한다.

枯山水에 있어서도 앞에서 기술한 14세기 이전과 이후를 나누어 각각 「전기식 枯山水」와 「후기식 枯山水」로 부르기도 한다(重森三玲, 『枯山水』, 河原書店). 또한 정원 내에 단면상 기복(起伏)형태에 따라 「築山式 枯山水」나 「平庭式 枯山水」라는 명칭도 있다.

로지(露地)에 관해서는 다실이 초암식(草庵式)인지 아니면 서원식(書院式)인지에 따라 「초암식(草庵式) 로지」 혹은 「서원식(書院式) 로지」라 불린다.

이상에서 기술한 이외에도 일본 정원에 관해서는 다양한 양식과 형식 명칭이 부여되고 있다. 예를 들면 일본 정원을 「神社」, 「寺院」, 「宮廷」, 「무가(武家)」, 「스키야(数寄屋)」, 「마치야(町屋)」로 분류하는 경우도 있다. 그러나 「무가(武家)정원」이라고 했을 때, 이 정원만이 가지고 있는 특유한 형식이 존재하는 것은 아니며 池庭(池庭)이나 枯山水 혹은 로지를 가진 「무가정원」도 존재한다.

또한 일본 정원을 기능상으로부터 분류하면 「감상용 정원」과 「실용 정원」이 있으며, 이외에 실내에 앉아서 감상하는 정원을 특별히 「좌관식(座観式) 정원」이라 부르기도 한다.

이렇듯 다양한 분류방법과 명칭이 존재하는 것은 정원이 일본인의 생활문화와 얼마만큼 밀접하게 관련되어 있는지를 잘 보여준다. 이렇게 다양한 관점으로부터 발생한 일본 정원의 유형을 체계적으로 정리하는 것은 곤란하다. 따라서 여기서는 14세기부터 19세기 정원을 전반기(14세기부터 16세기)와 후반기(17세기부터 19세기)로 나누어 각각 시기별 정원의 특징을 개관한 뒤, 양식의 배치와 공간구성의 특징을 서술해 보도록 하겠다.

제2장 14~16세기의 일본 정원

일본에서 14세기부터 16세기까지는 대략 무로마치(室町) 시대(1336~1573년)에 해당한다. 이 시기에는 현대 일본의 생활문화에 직접적으로 연결되는 여러 문화가 성립한 시기이다. 주택에 있어서는 「쇼인즈쿠리」의 초기적 양식이 시작된다. 즉 건물은 외벽으로 둘러싸이고 창이나 문을 통해 출입과 환기 및 조명을 한다. 건물 한 채는 여러 개의 방으로 나뉘고, 바닥에는 다다미를 깔게 된다. 그리고 접객공간으로서의 방이 고정되어, 그곳에 도코(床)・타나(棚)・쇼인(書院)으로 구성되는 장식공간이 부속하게 된다. 정원 역시 실내로부터 감상하는 새로운 양식이 성립한다(太田博太郎,『日本住宅史の研究』, 岩波書店).

이러한 생활문화는 무가문화의 성립과 함께 발전하였다. 가마쿠라 막부는 간토(関東)에 있었지만, 무로마치 시대에는 헤이안 시대 이래로 천황・공가(公家)의 중심지인 교토(京都)에 막부가 설치된다. 이 때문에 교토의 전통적인 공가(公家)문화외 융합한 새로운 무가문화가 성립한다. 노(能)나 교겐(狂言), 차나 꽃꽂이 등의 전통문화는 모두 이 시대에 그 기원을 둔다. 쇼인즈쿠리는 공가의 신덴즈쿠리가 발전한 양식이다. 정원문화에 있어서도 신덴즈쿠리 정원이나 정토정원을 계승하면서 새롭게 枯山水 양식이 생겼으며, 선종사원을 중심으로 교토를 비롯한 전국 각지에 훌륭한 정원이 만들어졌다. 그 배경에는 아시카가 요시미쓰(足利義満)에 의한 명일(明日)무역의 추진이나 지역문화의 성숙 등 다양한 문화 교류가 있었다.

무로마치 시대는 정원문화사상 하나의 황금기를 이루었다. 남북조(南北朝)시대로부터 계승된 무소 소세키(夢窓疎石)의 정원을 필두로, 3대 쇼군 요시미쓰(義満)의 기타야마도노(北山殿), 8대 쇼군 요시마사(義政)의 히가시야마도노(東山殿), 혼간지(本願寺) 렌뇨쇼닌(蓮如上人)의 야마시나(山科) 남전정원(南殿庭園), 후쿠이(福井)의 아사쿠라(朝倉) 씨 이치조다니(一乘谷)의 정원군, 12대 쇼군 요시하루(義晴)가 난을 피해 거관(居館)으로 삼은 사가(滋賀) 현 구쓰기(朽木) 촌의 구(舊) 슈린지(秀隣寺) 정원 등이 있으며, 이 중에는 현존하는 정원도 많다. 제1절에서는 남북조시대로부터 무로마치 시대 초기에 걸쳐 활약한 무소(夢窓) 국사의 작정(作庭)활동에 관해서 기술한다.

교토에 막부를 설치한 아시카가(足利) 씨에게는 헤이안 귀족에 대한 동경이 있었다. 헤이안쿄 시내에 조성된 다카우지(尊氏)의 니조전(二条殿)이나 산조보몬다이[三条坊門第 : 후의 도지지(等持寺)]를 비롯하여, 고기록(古記録)이나 그림으로부터는 신덴즈쿠리를 답습하여 만든 저택의 모습을 살펴볼 수 있다. 3대 쇼군 요시미쓰가 永和 4年(1378년)에 조영한 무로마치도노(室町殿)는 「하나고쇼(花御所)」라 불릴 정도로 아름다운 저택이었다. 이곳의 이름인 무로마치가 막부의 정식 명칭이 되었으며, 후에 6대 쇼군 요시노리(義教), 8대 쇼군 요시마사 등도 이곳에 관저를 짓고 거주하였다. 우에스기(上杉) 소장의 「洛中洛外屏風圖」에는 무로마치 시대 말기 교토의 모습이 자세하게 그려져 있다. 특히 12대 쇼군 요시하루의 무로마치도노도 확인할 수 있다. 무로마치 시대 말기에 만들어진 이 무로마치도노 정원이나 지방의 장군들이 만든 정원은 모두 전통을 계승한 池庭이다. 그러나 헤이안 시대의 신덴즈쿠리 정원이 연중행사를 수행하기 위한 공간임에 비해서, 이들 정원은 복잡한 형태의 원지를 지니며,

입석을 중심으로 한 다수의 석조가 만들어지는 등, 감상 중심의 정원이다. 이 점은 이 시기의 건물양식이 신덴즈쿠리로부터 벗어나, 초기 쇼인즈쿠리(書院造 : 主殿造) 양식으로 이동하는 것과 무관하지 않다. 2절에서는 이러한 초기 쇼인즈쿠리 정원에 관하여 고찰한다.

한편 새로운 시대의 취향은 또 다른 정원을 낳았다. 즉 무소 국사에 의해 개척된 선종의 자연관조 정신에 영향을 받아, 무로마치 중기 오닌(応仁)의 난 이후의 부흥기에 선종사원의 정원으로서 다수 만들어진 枯山水는 지금까지 일본 정원에서 볼 수 없었던 전혀 새로운 형식의 정원이다. 그 대표적인 예가 다이토쿠지(大德寺) 다이센인(大仙院)의 서원정원이다. 3절에서는 이러한 사원과 枯山水에 관해서 논구하겠다.

제1절 무소국사의 작정

고다이고(後醍醐) 천황의 진혼과 덴류지(天龍寺)의 창건

덴류지 정원은 다이호조(大方丈)의 배후에 전개되는 거대한 파노라마를 이룬다(도 2-4). 서쪽에 면해 있는 다이호조로부터 정원을 조망하면 그 배후에 아라시야마(嵐山)의 봉우리들이 이어지고, 우아한 곡선을 그리는 연못은 깊은 심산에서 솟아나는 자연수로 채워진 듯 하늘이 그대로 담겨져 있다. 작은 언덕에 세워진 험준한 폭포의 石組와 그 옆으로 이어지는 평평한 돌다리는 수행자들이 심산을 향해 막 들어서려는 오솔길의 분위기를 연출한다(도 2-5). 봄에는 산 전체에 벚꽃이 피며, 여름에는 깊은 녹음으로 가득하다. 가을에는 일변하여 붉은 단풍에 물들고, 겨울에는 흰 눈에 가려 조용하다.

사계절에 걸쳐 변화하는 웅대한 풍경에 둘러싸여 자연의 힘과 아름다움을 보여주는 점이 덴류지 정원의 최대 매력이다.

나라 시대부터 노래로 불린 명승지 아라시야마는 헤이안 시대에도 사가(嵯峨) 천황의 이궁이 있었으며 귀족이 유람지로도 친숙한 곳이다. 덴류지가 왜 이곳에 조영

도 2-4. 天龍寺 庭園 全景

되었을까? 그리고 지금도 많은 수행승이 모이는 임제종 덴류지 파의 대본산인 선종사원에 왜 이렇게도 아름다운 정원이 만들어졌을까? 이러한 의문에 잠길 때마다, 이 정원은 단순한 「미의 정원」이 아니라 무엇인가 다른 이유가 있으며, 이것은 덴류지 창건의 목적을 이해하는 것으로부터 풀릴 수 있다는 생각이 든다.

가마쿠라 막부를 멸망시킨 고다이고 천황에 의한 建武新政은 3년 만에 끝나게 된다. 고다이고 천황과 함께 가마쿠라 막부를 멸망시킨 아시카가 다카우지(足利尊

도 2-5. 天龍寺 滝石組

氏)는 천황과의 불화로 마침내 고다이고 천황을 퇴위시키고 지명원통(持明院統)의 고묘(光明) 천황을 옹립하여 建武 3년(1336년)에 무로마치 막부를 수립한다. 요시노(吉野)에 피신한 고다이고 천황은 천황위의 정당성을 주장하며 교토의 조정과 대치하였다. 이후 약 60년간 이어지는 시기를 남북조시대라고 한다.

曆応 2년(1339년) 고다이고 천황은 요시노에서 붕어한다. 다카우지(尊氏)와 동생 다다요시(直義)는 이전부터 교류가 있던 무소 소세키의 주청을 수락하여, 고다이고 천황의 보리(菩提)를 위로하기 위한 사원으로서 덴류지를 건립하기로 했다. 또한 무소 소세키는 지금까지의 전란으로 인한 전몰자의 보리를 위로하기 위하여 전국에 안코쿠지(安国寺)와 리쇼토(利生塔)를 건립하도록 주청하기도 했다(『古寺巡礼京都 天龍寺』, 淡交社).

덴류지가 아라시야마에 조영되게 되는 이유는 이곳에서 고다이고 천황이 유년시절을 보냈으며, 고사가(後嵯峨) 상황의 가메야마(亀山) 이궁이 있던 자리였기 때문이다. 조영에 따른 비용은 安芸・周防의 영지에서 나오는 수익 이외에, 「덴류지선(天龍寺船)」을 보내 실시한 원과의 교역을 통한 이윤으로 충당하였다. 이 교역을 통해 일본에 수많은 중국의 문물(唐物)이 전래되었으며, 이는 무로마치 시대의 문화를 생각할 때 특별히 주목해야 할 부분이다.

덴류지의 조영에는 약 5년이 걸렸으며 貞和 원년(1345년)에 고다이고 천황의 7주기 법회와 덴류지의 개당(開堂) 법회가 열렸다. 「덴류지」는 당초 曆応資聖禪寺이었지만, 나중에 霊亀山 天龍資聖禪寺(덴류지)로 고쳐졌다. 그 이유는 다다요시가 언젠가 오이가와(大堰川)에서 황금용이 나타나는 꿈을 꾸었기 때문이라고 전해지지만, 실제로는 연호를 사원의 명칭으로 사용하는 것에 대하여 엔랴쿠지(延暦寺)로부터의 반발이 강했기 때문이라고 한다.

덴류지의 가람배치는 송으로부터 건너 온 난케이도류(蘭渓道隆)에 의해서 建長 5년(1253년)에 창건된 가마쿠라의 겐초지(建長寺 : 명승・사적-가나가와(神奈川) 현 가마쿠리시)를 모방했다고 한다. 〈建長寺伽監古圖〉(1331년)에 따르면, 겐초지는 남쪽 방면으로 삼문·불전·법당·방장이 세로로 줄지어 서 있으며, 방장의 배후에 정원을 만들었다고 한다 (도 2-6). 덴류지의 경우는 동쪽 방면의 가람배치로, 방장의 배후에 만들어진 정원은 방장의 서쪽에 위치하게 되며, 조원지(曹源池)라 불리는 연못의 배후에 아라시야마를 조망할 수 있게 되어 있다. 덴류지가 창건될 때, 아라시야마에는 고다이고 천황이 붕어한 요시노의 行在所(천황의 임시거처)로부터 자오곤겐(蔵王権現 : 일본 신의 하나)이 옮겨져 있었으며, 요시노의 벚꽃도 심어져 있었다. 서쪽은 아미타불의 정토가 있는 방향이므로, 덴류지는 고다이고 천황의 진혼을 위하여, 선종사원의 가람배치에 정토정원을 교묘하게 만든 가람으로 해석할 수 있겠다.

도 2-6. 建長寺 伽藍 古図(写)

진혼과 정토정원

헤이안 시대 후기 정토(浄土)신앙이 유행하게 되어, 섭관가(摂関家)를 비롯한 당시의 유력귀족들은 어당(御堂)을 건립하고 그 앞에 장엄을 위한 연못을 정비하여 정토에의 극락왕생을 기원했다. 이러한 정원을 「정토정원」이라 한다. 平等院 성원(사적 명승-교토 부 우지(宇治) 시)으로 대표되는 정토정원은 히라이즈미(平泉)의 오슈(奥州) 후지와라(藤原) 씨에 의한 毛越寺 정원(특별명승-이와테 현 니시이와이(西磐井) 군 히라이즈미 정)이나 無量光院 정원(이와테 현 니시이와이 군 히라이즈미 정) 등, 교토뿐만 아니라 전국 각지에 퍼져 나갔다. 가마쿠라 막부를 연 미나모토 요리토모(源頼朝)는 오슈 후지와라 씨를 공격하여 멸망시키지만, 당시 후지와라 씨의 높은 불교문화에 감명 받아, 오슈(奥州)전쟁에 의한 전몰자의 영혼을 달래기 위하여 가마쿠라에 永福寺(사적-가나가와(神奈川) 현 가마쿠라 시)를 건립하고 여기에 정토정원을 만들게 된다. 미나모토(源) 성을 가진 아시카가 씨 2대 요시카네(義兼)도 樺崎八幡宮을 창건하고 진혼을 위한 정원을 만들었으며, 이곳은 근세에 이르기까지 유지되었다(樺崎寺跡 : 사적-도치기 현 아시카가 시).

덴류지의 정원도 무가에 의한 공식적인 진혼 및 추선공양(追善供養)을 위한 것으로 정토정원의 계보를 잇는다고 볼 수 있다. 나아가 정토정원에 선종사원의 정원을 융합시킨 점, 덴류지 정원의 독창성이 엿보인다. 난케이도류(蘭渓道隆)는 겐초지의 방장에 정원을 만들고, 「용문폭(龍門瀑)」이라고 하는 폭포를 만들었다. 이것은 폭포를 거슬러 올라가는 잉어가 하늘에 올라 용이 된다고 하는 중국의 등용문(登龍門) 전설에 근거한 것으로, 용은 깨달음을 얻은 부처에 대한 비유이다. 덴류지 정원에도 이러한 용문폭이 만들어져 있다.

무소 국사와 아시카가 다카우지

덴류지를 처음 세운 무소 소세키는 作庭에 뛰어난 선승이었다(村岡正, 「夢窓國師」 『日本美術史の巨匠たち, 上』, 京都国立博物館). 建治 원년(1275년) 이세노쿠니(伊勢国)에서 태어나 카이(甲斐)의 平塩山寺에 들어갔으며, 18세에 도다이지(東大寺)에서 계를 받고, 이듬해 박학다식한 천태종의 승려가 병을 얻어 죽는 것을 목격하고 학문이나 지식이 아니라 깨달음을 얻어 성불하는 선종으로 개종하여 겐닌지(建仁寺)에서 수행하게 된다. 그리고 꿈속에서 만난 조동선(曹洞禪)의 조사(祖師)로부터 이름을 빌려 무소 소세키라 개명하였다.

소세키는 이후 가마쿠라의 겐초지에서 수행하는 한편, 마쓰시마(松島)의 엔후쿠지(圓福寺), 즈이간지(瑞巖寺), 나스(那須)의 운간지(雲巖寺) 등 각지에서 여러 스승을 방문하여 문답과 좌선을 하고 드디어 크게 깨닫고는 佛國國師로부터 인가를 얻게 된다. 소세키는 嘉元 3년(1305년) 甲斐에서 淨居寺를 창건하였으며, 나날이 높아지는 명성에 많은 수행승이 몰려들었다. 따라서 그는 조용히 수행하고자 미노(美濃)의 虎渓山 永保寺(명승 : 岐阜県 多治見市), 土佐의 吸江庵, 上総의 退耕庵 등 각지를 전전하게 된다. 여러 번 鎌倉 막부나 천황으로부터 上洛(上京) 요청을 받고, 正中 2년(1325년)에는 고다이고 천황의 명에 의해 51세로 南禪寺의 주지가 된다. 그러나 소세키는 1년 만에 그만두고, 伊勢·熊野·鎌倉를 거쳐 甲州에서 惠林寺를 개창하였으며, 때때로 鎌倉의 瑞泉寺에 돌아가곤 했다.

소세키의 인생에 있어서 이렇듯 전반부는 속세로부터 벗어나 산속에서 수행을 하였으며, 각지에 수행의 장소로 적합한 정원을 만들었다. 이러한 정원은 한정된 경내의 부대시설에 그치는 것이 아니라 주위의 자연을 포함한 하나의 종교적 세계였으며, 이것을 그는 「경치(境致)」라 불렀다.

가마쿠라 막부를 무너뜨린 고다이고 천황은 다시 한 번 소세키를 南禪寺 주지로 임명하고 國師号를 수여했다. 그리고 황자인 世良親王의 보리를 위하여 창건한 臨川寺를 소세키에게 하사하였다. 이때의 칙사가 바로 아시카가 다카우지였으며, 이후 다카우지는 소세키를 스승으로 삼고 존경해마지 않았다. 나중에 다카우지는 「아시카가 일족은 덴류지에만 귀의해야 한다」라는 취지의 문서를 소세키에게 보내기도 했다. 이렇게 소세키는 인생의 후반부에는 적극적으로 정치에 참여하고, 「一万三千百四十五員」이나 되는 제자를 키워냈으며, 덴류지의 발전에 전력을 다했고 五山文学의 부흥에도 기여하였다. 그 중에서도 그의 작정(作庭) 이념은 후에 「枯山水」 양식 성립에 커다란 영향을 미치게 된다.

아시카가 다다요시와 『夢中問答集』

다카우지의 동생 다다요시는 소세키에게 참선하여 가르침을 받고, 법어 93단을 『夢中問答集』으로 간행하였다. 지금부터는 『夢中問答集』에 실려 있는 작정에 관한 기술을 검토해 보기로 하자.

여기에서 소세키는 정원 애호가를 세 종류로 구분하여 설명하고 있다. 첫째는 훌륭한 정원이나 진귀한 나무와 돌을 자랑삼아 모으는 속진(俗塵)을 사랑하는 사람이다. 두 번째는 천성이 담백한 사람으로 정원을 통해 수양을 하여 속진에 물들지 않는 사람이다. 세 번째는 산하대지(山河大地)와 초목와석(草木瓦石)이 곧 자신임을 믿고, 구도적인 자세로 계절에 따라 변화하는 정원을 마음의 수양처로 생각하는 사람이다. 이어서 그는 「산수에는 득실이 없으며, 득실이란 사람의 마음속에 있다」라고 하는데, 이는 정원 자체에는 선이나 악이란 있을 수 없고, 단지 인간의 마음속에 존재할 뿐이라고 풀이할 수 있겠다.

리쇼토(利生塔) 건립을 다카우지에게 추천하였듯이, 소세키에 있어서는 인간에게 적이란 있지 않으며, 인간을 포함한 이세상의 모든 것이 자신의 분신이다. 이러한 소세키의 정원관을 생각하며 덴류지 정원을 돌이켜 보면, 이 정원에는 깊은 산과 산속에 있는 마을, 계류, 폭포, 해양, 물가 등 대지의 모든 모습이 표현되어 있으며, 여기에 사는 동식물들의 삶도 그들의 의미와 함께 중요하다는 점을 느끼게 된다. 이 정원 속에 있을 때, 우리는 대자연과 함께 살아가는 존재임을 절실히 느끼게 된다. 이러한 느낌이야말로 무소 소세키가 깨닫고 표현하고자 했던 선의 진수이며 덴류지 정원의 조영 목적이었다고 할 수 있다.

사이호지(西芳寺) 정원의 배치와 공간구성

소세키는 덴류지 정원에 앞서, 자신이 한때 머물었던 미노의 虎渓山 永保寺, 도사(土佐) 五台山 吸江庵, 미우라(三浦) 泊船庵, 가즈사(上総) 退耕庵, 가마쿠라 瑞泉寺, 甲斐牧庄 惠林寺, 교토 아라시야마 臨川寺와 사이호지 이외에, 아시카가 다카우지가 曆応 3년에 보리사(菩提寺)로서 창건한 도지지(等持寺)에도 정원을 만들었다.

사이호지의 창건은 天平 3년(731년)으로, 원래는 行基가 기나이(畿內)에 건립한 49원 중에 하나였다고 한다. 가마쿠라 시대에는 정토종의 사찰이었으나, 曆応 2년(1339년)에 아시카가 막부의 중신인 檀越 摂津親秀가 夢窓国師를 초빙하여 선종 사찰로 부흥시켰다. 사이호지(西芳寺)라는 이름은 그때까지의 세이호지(西方寺)를 개칭한 것이다. 소세키는 이곳이 그가 사숙한 亮座主가 은둔한 洪州西山과 통하는 교토의 西山이라는 점에 착안하여, 『碧巌録』에 나오는 선학의 이상경을 이곳에 만들었다.

사이호지 정원은 아라시야마의 남쪽에 있는 마쓰오산(松尾山)의 계곡 西芳寺川 강변에 위치하여, 북으로 아라시야마와 마쓰오산의 낮은 능선에 닿아 있다. 이 정원은 산중턱에 만들어진 상부정원과 연못을 중심으로 한 하부정원으로 구성된다(도 2-7).

상부정원은 涌泉의 석조(竜渕水)에 좌선석(座禪石)을 더하여 좌선당의 指東庵을 세우고, 정상에는 주변의 경치가 잘 보이도록 縮遠亭이 세워져 있다. 오늘날 枯山水 석조라고 불리는 유명한 산 중턱의 석조는 중국(북송)의 수행승 熊秀才가 亮座主를 방문하여 묻는 고사와 관련된다. 熊秀才는 어느 날 洪州의 西山에 있는 바위 위에 앉아 있는 스님을 보고서는, 여기가 옛날 亮座

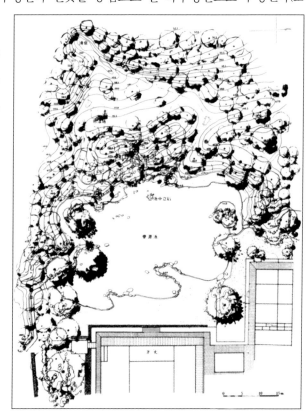

도 2-7. 天龍寺 庭園 実測図

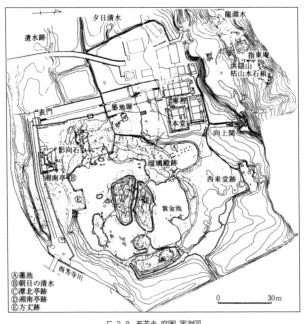

도 2-8. 西芳寺 庭園 実測図

主가 은둔한 곳임을 생각해 내고 "혹시 당신이 亮座主가 아닙니까?"라고 묻자, 그 스님은 말없이 손으로 동쪽을 가리켰다고 한다. 熊秀才가 그곳을 처다보고 있을 때, 스님은 홀연히 모습을 감추고 말았다고 한다. 이때 마침 보슬비가 내리고 있었는데, 스님이 앉아 있던 곳만 비에 젖어 있지 않았다고 한다. 소세키는 亮座主가 은둔한 洪州 翠巌寺 부근의 산을 따라 이곳을 洪隠山이라 하였다. 指東庵에는 熊秀才가 亮座主를 찾아 방문하는 그림이 걸려 있었으며, 이곳에 만들어진 석조는 亮座主가 앉아서 수행을 하던 바위를 표현한 것이라고 한다. 석조는 이 일대에 있는 고분의 석재를 주워 세운 것으로, 소세키의 기백을 지금도 전해주고 있다(도 2-8).

소세키가 죽은 후 10여 년이 지난 正平 20년경, 조카인 春屋妙葩가『夢窓國師年譜』(天竜開山夢窓正覚心宗普済國師年譜)를 편찬한다. 이 연보의 延元 4년(曆応 2년 : 1339년)조를 보면 사이호지 부흥의 모습이 상세하게 기술되어 있으며, 하부정원의 모습도 확인할 수 있다.

소세키는 종래의 연못을 정비하고 황금지(黄金池)라고 하였으며, 연못 주변이나 섬에 佛殿인 서래당(西来堂)을 비롯하여 중층 누각인 유리전(瑠璃殿 : 사리전),[1] 상남정(湘南亭)·담북정(潭北亭) 등을 배치하고, 정교(亭橋)인 요월교(邀月橋)와 서착장인 합동선(合同船)을 설치했다. 당각(堂閣)과 僧舍는 긴 회랑으로 연결되어 있다. 서래당 앞에는 「洛陽의 奇観」이라 하는 벚꽃이 있으며, 흰 모래가 깔린 스하마(洲浜)에는 소나무 및 상서로운 나무가 숲을 이루며, 이들이 수면에 비치는 모습은 천하의 절경으로 사람의 힘으로 만들 수 있는 것이 아니라는 생각이 들 정도이다. 이 연못정원은 정토적인 색채가 농후하여 밝고 호화롭다. 따라서 고곤(光厳) 상황·고묘 상황을 비롯한 사람들이 봄과 가을에 꽃과 단풍을 보기 위해 사이호지를 자주 방문하여 뱃놀이도 함께 즐겼다고 한다. 이곳에서 소세키가 만들어낸 산수의 절경을 보고 불도에 입문하는 자도 적지 않았다고 한다.

이 정원은 사다후사 친왕(貞成親王)의 伏見殿, 아시카가 요시미쓰의 北山殿, 아시카가 요시마사(足利義政)의 東山殿를 비롯하여 후세 수많은 정원에 커다란 영향을 미치게 된다. 특히 요시마사는 그 모친을 위해 다카쿠라(高倉) 御所에 한 치도 틀림없이 사이호지의 정원을 옮겨 놓았다는 일화로 유명하다.

応仁 3년(1469년), 사이호지의 건축물은 전란의 인해 湘南亭을 남기고 전부 소실되었으며, 급수도 차단되어 정원에는 잡초만 무성하게 되었다. 전란이 끝난 뒤, 요시마사는 이곳을 수복하여 「浅水等誠如舊」라고 하듯이 부분적으로 옛 모습을 되찾았다고 한다. 이 외에 야마시나(山科) 南殿을 조영한 렌뇨쇼닌(蓮如

도 2-9. 西芳寺 上部庭園

---

1 무로마치 시대 선종 건축은 누각건축을 보급시켰다. 사이호지의 유리전을 비롯하여 北山殿의 삼층누각인 舍利殿(金閣), 東山殿의 観音殿(銀閣)은 그 대표적인 예이다. 이러한 누각건축의 보급에 따라 누각으로부터의 조망, 즉 정원을 높은 곳에서 내려다보는 새로운 視点場이 일본 정원에 도입되게 된다.

上人)과 같이 이 정원의 복원에 힘들 기울인 자가 많으며, 慶長연간에 센노 쇼안(千少庵)이 세운 상남정(湘南亭)을 비롯하여 현재의 건물은 모두 후세에 세워진 것이다. 그러나 정원의 배치나 구성, 그리고 석조는 소세키 생전의 모습을 그대로 간직하고 있다. 지면을 덮고 있는 십여 종의 이끼로 인해 이끼 절(코게 테라)이라는 일명으로 친숙한 이 정원은 현재도 명원으로서 손색이 없다(도 2-9).

아시카가 다카우지(足利尊氏)의 도지지

아시카가 막부의 초대 쇼군인 다카우지는 교토 산조 보몬(坊門) 다카쿠라에 曆応 2년(1399년)경 보리사로서 도지지를 건립한다. 이 도지지는 다카우지의 저택이기도 하였다. 도지지에는 池庭이 있었던 듯하여, 文和 원년(1352년)경에 작성된 〈도지지 고도(等持寺古圖)〉(도지인(等持院) 소장)에 따르면 정원을 만든 사람은 무소 소세키라고 한다(도 2-10). 도지지에 있어서 특징적인 것은 경내가 담에 의해 구획되어 있다는 점이다. 담을 통해 경내는 불전과 부속 동정(東庭), 小御所와 부속 정원, 관음전 및 방장(方丈)과 부속 전정(前庭) 등 세 구역으로 나누어져 있다.

불전과 부속 동정에는 막부의 공식 행사가 열렸다. 행사의 장소로서 동정은 평평한 광장으로서 평정(平庭) 형식을 갖추었다고 생각된다.

小御所와 그 부속 정원에 관해서는 전계한 그림을 통해서도 구체적인 모습을 파악할 수 없다. 남쪽은 평정이었던 것 같지만, 북쪽은 그림에도 나타나 있지 않고 다만 북서쪽 모퉁이에 소나무 같은 식재가 엿보일 따름이다.

관음전·방장의 앞에는 지정(池庭)이 만들어져 있었다. 池庭의 동북쪽 구석에는 정사(亭舎) 같은 건물이 세워져 있었다. 그 옆에는 폭포를 구성하는 석조가 있으며, 『음량헌일록(蔭凉軒日録)』에 따르면 무소 소세키가 만든 것이라 한다. 물은 동북쪽에서 남서쪽으로 가늘게 흘러가다 관음전 앞에서 커다란 연못을 이룬다. 이 연못은 관음전 중앙의 계단 바로 밑까지 닿아 있다. 남쪽의 연못가는 굴곡져 있으며 남쪽으로부터 북쪽으로 연못에 튀어나와 있다. 이곳으로부터 동쪽에는 석교가 걸려 있

도 2-10. 西芳寺 下部庭園

으며, 더욱 동쪽으로 가면 소나무 숲이 나온다. 이 관음전 앞 정원의 구성은 관음전을 장엄하기 위한 것으로 정토정원의 계보를 잇는 것이다.

방장 앞에는 넓은 광장이 있어 관음전의 전정과 좋은 대비를 이룬다. 넓은 광장을 끼고 안쪽으로 전술한 유수가 건물과 평행하게 흐르며, 방장 정면에서 조금 비껴 걸어 놓은 석교 밑을 흘러간다. 이렇게 방장의 전정은 관음전의 전정과 명확한 대비를 이루는데, 이것은 관음전의 기능과 방장의 기능이 다르기 때문이다. 이 방장은 다카우지를 위한 주거지로 사용되었다고 생각한다.

이상과 같이 도지지의 정원은 세 구역으로 나눌 수 있다. 이것은 후술할 쇼군가 저택인 「무로마치도노」 공간구성의 모델이 된다. 그러나 도지지와 무로마치도노는 정원의 성격이 다르다. 도지지의 池庭은 관음전 및 방장의 전정(前庭)이지만 주로 관음전의 장엄을 위해 만들어진 것으로 다카우지 주택의 성격을 반영한 것이다. 즉 그는 이 시기 공식적으로는 정사의 제일선으로부터 물러나 있었으며, 때문에 이 도지지에서는 막부의 정치적 공식행사는 열리지 않고 단지 불사를 중심으로 한 행사만이 열리게 되었다. 다카우지의 일상생활 역시 불사를 중심으로 이루어져 그 때문에 주거지에 사원적인 요소를 도입한 것으로 추정된다. 주거공간에 사원공간을 도입한 것은 전례가 많으며 정토정원의 공간구성도 이러한 생각에 기반을 둔 것으로 생각된다. 이에 비해 무로마치도노에 있어서 池庭은 주로 사적인 접객공간에 지나지 않았다.

요시노리의 관음전에 대한 정원구성 및 식재에 대한 태도는 8대 쇼군 아시카가 요시마사에도 이어지게 된다. 東山殿은 후술하겠지만 요시마사 만년의 저택이다. 그는 여기에서 다카우지와 같이 정치적 공식행사는 열지 않고, 역시 불사를 중심으로 한 활동을 한다. 그가 조영한 東山殿 정원 유구는 현재 지쇼지(慈照寺) 정원으로서 전해 내려온다. 방장과 그 전정은 후세에 개수되어 요시마사 당시의 모습은 자취를 감추었다. 한편 관음전 및 그 전정에는 당시의 모습이 거의 그대로 남아 있다. 이 관음전의 동쪽에 펼쳐지는 원지와 나무들 뒤로 엿보이는 폭포는 요시노리의 저택에 있어서 카이쇼(會所)를 중심으로 한 중심시설과 池庭의 구성 및 식재를 방불케한다.

제2절 쇼인즈쿠리(書院造)와 정원

중세 무가(武家) 주택의 중심건물은 寢殿 혹은 主殿으로 불리는 경우가 많으며, 이 두 가지 명칭은 주택건축의 평면구성과 그 용도의 차이를 의미한다. 즉 침전은 북반부를 주요한 주거공간으로 삼고, 남반부는 의식 등의 행사장으로 중심건물(母屋)과 넓은 처마(庇)를 가지고 있다. 한편 주전은 접객(対面) 장소를 장식하는 도코·치가이타나(違棚)·쓰케쇼인(付書院)·쵸다이가마에(帳台構)가 설치되어 있는 점이 특징적이다. 이러한 주전의 형식은 15세기 중엽에 확립된다.

그러나 주전의 기능 및 평면구성은 과도기적인 것으로 이후 쇼인즈쿠리로서 확립되어 가기 때문에, 여기서는 이러한 주전을 지니는 주택양식을 「초기 쇼인즈쿠리」라 하고(太田博太郎,『日本住宅史の研究』, 岩波書店), 상술한 평면구성 및 기능을 가진 주전 혹은 카이쇼 등의 건물에 대응하여 구성된 정원을 「초기 쇼인즈쿠리 정원」이라 부르기로 한다. 지금부터는 이 초기 쇼인즈쿠리 정원의 배치 및 공간구성에 관해서 사료를 중심으로 검토하겠다.

쇼군 저택 정원의 배치와 공간구성

무로마치 막부 3대 쇼군 아시카가 요시미쓰와 北山殿

교토의 기타야마(北山)는 헤이안 시대로부터의 경승지로 특히 설경이 아름다운 곳이다. 긴카쿠지(金閣寺)라는 이름으로 널리 알려진 로쿠온지(鹿苑寺)(도 2-11)는 서남쪽에 기누가사산(衣笠山)을 두고, 남쪽으로 葛野 평야가 펼쳐지는 左大文字 산기슭의 높은 둔덕에 위치하고 있다. 이곳에는 한때 가마쿠라 시대 사이온지 긴쓰네(西園寺公経)의 北山第가 있었다.

公経은 미나모토 요리토모의 사위인 一条能保의 女全子를 아내로 삼고, 承久의 乱이 일어났을 때도 가마쿠라 막부에 협력한 공으로 교토 조정에서 태정대신·정(正)1위에 임명되었다. 그래서 나카스케오(仲資王)의 영주지인 北山山荘을 얻어 北山第를 지었다. 이 조영에는 엄청난 자금이 투여되었는데, 『増鏡』을 통해서 자연의 풍광과 지형을 교묘하게 살린 저택의 모습을 엿볼 수 있다. 氏寺인 西園寺를 포함한 광대한 경내에 변화무쌍한 연못을 두고, 연못가에는 釣殿, 연못 속 섬에는 소나무가 심어져 있었다. 嘉禄 원년(1225년) 1월 14일 北山第를 방문한 후지와라 사다이에(藤原定家)는 『明月記』에서 「45척의 폭포가 있으며 연못물은 유리와 같이 맑고 천석(泉石)은 매우 깨끗하여 진실로 빼어나다」라고 감탄하였다고 한다. 그러나 가마쿠라 막부의 멸망과 함께 사이온지가는 쇠퇴하여, 康安 2년(1362년) 고코곤(後光厳) 천황의 교토 환궁 때에는 이미 황폐해 버렸다고 한다(『太平記』).

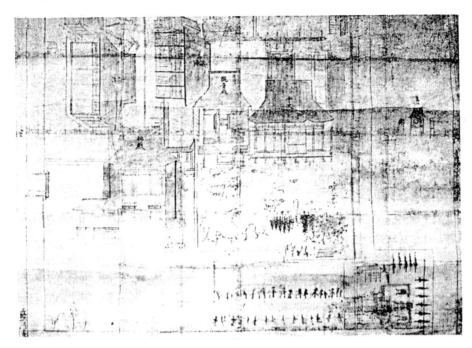

도 2-11. 等持寺 古図

公経의 北山第를 応永 4년(1397년)에 손에 넣은 아시카가 요시미쓰는 그 규모를 더욱 확장하여 산장 北山殿를 건립하였다. 로쿠온지는 이 산장을 그가 죽은 뒤 사원으로 고친 것으로 사원명은 요시미쓰의 법호인 鹿苑院으로부터 유래한다.

요시미쓰는 延文 3년(1358년)에 태어나 2대 쇼군 요시아키라(義詮)의 사후에 11세로 3대 쇼군에 올랐다. 아직 남북조의 전란이 이어지고 있었으나, 어린 요시미쓰는 管領 細川頼之나 스승인 덴류지 春屋妙葩, 春屋妙葩의 제자인 義堂周信 등 五山 승려들의 도움을 받아 각지에 있는 守護大名을 통제하고 막부의 기초를 닦았다. 규슈 (九州)를 통일한 永和 4년(1378년)에는 室町第를 조영하고 막부를 이곳으로 옮겼다. 광대한 정원에는 계절에 따라 꽃을 심어 사람들은 이곳을 「花御所」라 불렀다. 그리고 10년간에 걸쳐 「花御所」의 바로 동쪽에 万年山相国承天禪寺를 건립한다. 사원의 이름을 「슈코쿠지(相國寺)」라 한 것은 건립을 발원한 永徳 3년(1382년)에 쇼군이

좌대신(左大臣, 相国)에 임명되었기 때문이다. 쇼코쿠지의 낙성식이 열려진 明德 3년 (1391년)은 숙원이었던 남북조가 통일된 때로, 그 전 해에 일어난 야마나(山名) 씨의 반란을 진압한 막부는 드디어 안정기에 접어들게 된다.

応永 원년(1394년) 37세가 된 요시미쓰는 쇼군직에서 물러난다. 이후 태정대신에 임명되지만 이듬해 이것도 그만두고 출가하여, 応永 4년에 입수한 사이온지가(西園 寺家)의 北山第를 개수하여 이듬해 이곳으로 옮겨온다. 그러나 그의 출가는 순수한 은거가 아니었다. 왜냐하면 그때까지 室町第에서 열려진 모든 행사가 北山殿에서도 열렸으며, 규슈의 오우치(大内) 씨 정벌이나 대 중국 무역의 거점으로서 명나라 사 신을 인견한 곳이 바로 北山殿였기 때문이다.

応永 13년 고코마쓰(後小松) 천황의 생모가 붕어하자, 요시미쓰의 처 야스코(康子) 가 准母(北山院)로 임명된 것으로부터 요시미쓰는 准国父가 되었다. 이로써 公武의 정점에 선 요시미쓰는 応永 15년 고코마쓰 천황의 北山殿 行幸을 받게 된다.

창건 당시의 北山殿는 쇼코쿠지 瑞渓周鳳의 日記『臥雲日件録』등의 기록으로 부터 엿볼 수 있다. 3층 누각의 사리전[金閣]이 정원의 중심을 이루면서 연못(鏡湖池) 을 바라보게 세워져 북측에 세워진 天橋閣과 연결되어 있었다고 한다. 이외에도 護 摩堂・懺法堂・寝殿・公卿間(殿上間)・泉殿・會所・看雪亭 등의 건축물이 있었으며, 용문폭(龍門瀑)이나 광대한 鏡湖池, 연못 속의 크고 작은 섬을 배치한 정원이 있었 다. 이곳을 管領 斯波義将은「西方極楽에도 비할 수 없다」고 평하였으며, 후에 이 곳을 방문한 8대 쇼군 요시마사 역시 그 유명한 사이호지에도 처지지 않는 풍경이 라고 감탄했다고 한다.

사리전(舎利殿)은 黃金台라고도 불리며, 応永 6년「相國寺大塔供養記」에는「옥을 깔고 금을 붙여 다듬어 만든 사리전」이라고 하듯이 당초부터 금박을 입힌 것임을 알 수 있다. 때문에『足利治乱記』에는「대륙이나 일본의 진귀한 목재를 교묘하게 사용하여 동서고금에 볼 수 없는 장관이다. 금니를 사용하여 전면을 장식하면 교토 의 아이들도 이것을 금각이라 불렀다」라고 하여, 당시에 사리전이「金閣」으로 불리게 되었음을 알 수 있다(『古寺巡礼京都 金閣寺』, 淡交社).

사리전은 사이호지의 2층 사리전을 모방하면서도 3층 누각으로 고쳐 만들고, 「구경정(究竟頂)」이라는 편액을 달았다. 이 3층 누각은 불사리를 모시는 선종 양식의 불전이다. 한편 1층과 2층은 주택건축풍의 의장을 갖추었다. 법수원(法水院)이라 불리는 1층은 건물 주변에 개방식의 넓은 마루를 붙이고 반을 상하로 여닫는 문을 달아 침전양식의 의장을 답습하였다. 이곳에 아미타 3존을 모셨다. 조음당(潮音堂)이라 불리는 2층은 판자로 된 벽이나 무량호(舞良戸)라고 하는 미닫이문을 갖추어 당시 무가주택의 의장을 반영하고 있다. 따라서 사리전은 公武의 정점에 서서 선종에 귀의한 요시미쓰를 상징하는 건축이라고 할 수 있다. 이 점은 정원도 동일하다.

北山殿에 만들어진 池庭은 요리토모(頼朝)나 다카우지가 전몰자를 위한 공양으로 조영한 정토정원의 계보에 속하는 것으로 볼 수 있다. 특히 다카우지가 조영한 덴류지가 고다이고 천황을 추도하기 위한 정토정원이면서 동시에 선을 수행하기 위한 도량이라는 점에서, 北山殿도 용문폭(龍門瀑) 등 선종 정원의 요소를 두루 갖추고 있다. 더욱이 일설에 의하면 연못 속에 있는 섬은 「蘆原島」, 즉 일본열도를 상징하여 일본의 국왕으로서 요시미쓰의 의도를 반영한 것으로 해석할 수 있다.

요시미쓰의 사후, 주요 건축물은 대부분 이축되고 정원 역시 상당부분 훼손된 것으로 보이며 파괴된 경석은 오랫동안 방치되어 있었다. 応永 29년(1422년) 北山殿은 선사(禪寺)로 바뀌었으며, 그 후 쇠퇴하여 특히 「오닌의 난」으로 커다란 피해를 입었다. 이것이 수복되는 것은 에도 시대 초기에 이르러서이다.

로쿠온지의 주지 鳳林承章은 사리전을 수복하고 정원을 정비하는 등 사원의 부흥에 전력을 다했다. 그러한 모습은 鳳林承章의 일기 『격명기(隔冥記)』에 자세히 나온다. 鳳林은 이른바 寛永문화 시대의 중심인물로, 고미즈노(後水尾) 상황도 이따금 로쿠온지의 鳳林를 찾았으며, 현재의 방장은 上皇의 헌금을 통해 건립된 것이다. 또한 현존하는 다실 「夕佳亭」은 茶人 金森宗和의 취향을 반영한 것으로 전해온다.

昭和 25년 요시미쓰 시대로부터 유일하게 남아 있던 舎利殿(金閣)이 방화에 의해

도 2-12. 鹿苑寺 庭園 全景

도 2-13. 舍閣

소실되는 사건이 발생했다. 三島由紀夫의『金閣寺』는 이 사건을 소재로 한 소설이다. 로쿠온지 정원은 鏡湖池라고 불리는 연못을 중심으로 한 정원이지만, 金閣과 일체를 이루고 나서야 정원다운 면모를 보여는 절에 있어서는 불가결한 존재였다. 따라서 昭和 30년에 재건이 이루어진다. 이러한 재건이 가능했던 이유는 풍부한 연구 성과가 축적되어 있었기 때문이다. 로쿠온지 정원은 사적 및 명승으로서 金閣은 국보건조물로 池庭되어 있으며(현재는 특별사적 및 특별명승), 실측도의 작성 등 학술조사에 의해 자세한 기록이 남겨지게 되었다. 또한 소실되었다고는 하나 건축 자재가 전부 소실된 것은 아니어서, 자세한 실측도 및 유구 조사, 칠공예 및 건축기술 등 문화재 보존기술을 계승하는 장인들에 의해 창건 당시에 필적하는 복원이 가능했다고 할 수 있다. 昭和 63년에는 더욱 완벽한 복원을 위해 금박이 교체되었다(도 2-12, 13). 이와 동시에 오랫동안 과제로 남아 있던 문화재 방재설비를 설치하기 위해 사전조사로서 매장문화재 발굴조사가 시행되었다. 그 결과 西園寺 시대의 연못 일부와 요시미쓰 시대 건물의 흔적이 확인되었다.

무로마치도노의 정원

아시카가 쇼군들의 저택은 크게 「산장형」과 「평지형」으로 나눌 수 있다. 위에서 언급한 3대 쇼군 요시미쓰의 北山殿나 후술할 8대 쇼군 요시마사의 東山殿는 산기슭에 세워진 산장이다. 평지형 저택으로 대표적인 것은 3대 쇼군 요시미쓰가 永和 4년(1378년)에 조영한 무로마치도노(上御所라고 한다)로 후대 쇼군 저택의 기준 모델로서 답습될 정도로 영향력이 컸다. 永享 원년(1429년) 6대 쇼군이 된 요시노리는 永享 3년(1431년) 요시미쓰의 무로마치도노 터에 저택 무로마치도노를 조영하고 그 해 12월 11일에 옮겨 온다. 이 무로마치도노는 역대 아시카가 쇼군가의 저택 중에서도 가장 잘 정비된 것으로 전해진다. 長禄 2년(1458년)의 모본으로 永享 4년(1432년) 7월 25일 이 무로마치도노에서 요시노리의 內大臣 임명에 준해 열린 향연에 관한 지도(도 2-14)를 살펴보면, 이 저택은 동서 1정, 남북 1징 만으로 서면의 무로마치를 공적 장소로

삼아, 四脚門과 唐門을 설치했다. 건
물의 종류나 배치를 보면, 제1부 제4
장에서 언급한 가마쿠라 시대 공가
(公家) 주택인 근위전(近衛殿)(도 2-15)
과 아주 흡사한 것을 알 수 있다. 여
기에서 열린 향연의 의례도 근위전의
그것과 거의 일치한다.

　쇼군의 저택인 무로마치도노(도
2-16)에는 헤이안 시대 이래 공가의
전통이나 의례에 따른 주택구성이
이루어져 있다. 왜냐하면 무로마치
막부에 있어서도 공식행사로서 공가

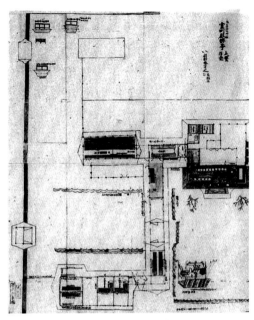

도 2-14. 足利義教 室町殿 主要部

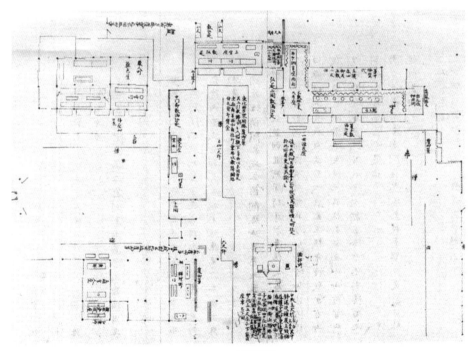

도 2-15. 近衛殿指図

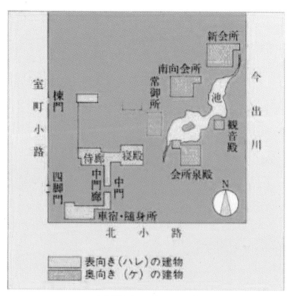

도 2-16 足利義教 室町殿 復元配置図(中村利則)

적인 의전행사가 열리고 있었기 때문이다. 침전 앞에 계단을 중심에 두고 양쪽에 대치하여 식재[對植]를 하고 있음을 알 수 있다. 이러한 식재는 헤이안 시대의 침전양식 정원의 남정에도 보이는 것으로, 헤이안 시대 이래의 공간구성이 무로마치 무가정원에도 뚜렷하게 남아 있음을 말해주는 것이다. 무로마치도노에 보이는 대치 형식의 식재에 있어서 그 수종(樹種)은 확인되지 않고 있으나 활엽수일 가능성이 높다. 왜 대치형식으로 식재를 하는지, 그리고 왜 특정한 수종을 선택하는지에 관해서는 여전히 알려지지 않은 부분이 많다.

이상에서와 같이 요시노리의 무로마치도노는 신덴즈쿠리 정원의 계보를 잇는 요소가 많다. 그러나 차이점도 많이 보인다. 예를 들면 요시노리는 이 침전을 일상생활에 사용하지 않았다는 점이다. 대신에 일상적으로 생활을 했던 곳은 상어소(常御所)로서 침전 북쪽에 세워져 있다. 원래 무로마치도노의 침전은 북면과 남면으로 이분되어 있었다. 그러나 사적 공간에 해당하는 북면 역시 쇼군의 거주 장소로서는 사용되지 않았다. 북면은 구성에 있어서 본체와 처마로 이루어지지 않고, 거의 한가운데에서 동서로 나누어지는 구조를 갖고 있다. 그 서측에 있는 방에는 塗籠이 설치되어 있어 원래대로라면 이곳이 침소로서 사용되어야 한다. 그러나 이곳은 역대 쇼군의 보물을 보관하는 장소로 사용되었으며, 그 인접 공간은 이곳을 지키는 자들이 머무는 곳으로 쓰였다.

무로마치도노에 있어서는 공적 공간인 침전 남반부 및 남정은 공가의 의전을 수행하기 위한 공간으로 쓰였으며, 신덴즈쿠리의 형식이나 공가의 전통이 계승되고 있었음을 알 수 있다. 그러나 사적 공간, 즉 침전의 북반부는 공가와는 다르게 침소로서 사용되지 않았고 그 공간구성에 있어서도 차이가 났다(川上貢, 『日本中世住宅の研究』, 墨水書房). 아마도 침전 북반부 및 상어소에 대응하는 정원 역시 종래의 것과는 다르게 만들어졌다고 추정된다. 그것은 공가의 일상생활과 쇼군의 일상생활이 그 장소와 형태에 있어서 차이가 났기 때문이라고 생각된다.

『満済准后日記』永享 3년 8월 22일 조에는 「誠御會所常御所与震殿間垣等御沙汰可然旨申了」라는 기사가 보인다. 이것은 무로마치도노 조영 계획에 관한 것으로, 침전과 會所・상어소의 사이에는 담장을 설치해야 한다는 의견으로 보인다. 이것은 곧 저택을 공적 공간과 사적 공간으로 분할했다는 것을 의미한다.

상어소는 쇼군이 상주하는 곳이다. 침전 북쪽에 위치하며 여기에는 대옥(對屋 : 양쪽에 대칭으로 이어지는 회랑건물)・태소(台所 : 부엌)・소어소(小御所)・구(廐 : 마구간) 등이 배치되어 있다. 會所는 공가나 무가 상류층 사이에 사교와 유흥, 그리고 문예 모임의 장소로서 발생한 것으로, 당초에는 二棟廊나 중문랑(中門廊) 등을 임시로 만들어 사용했다고 생각된다. 요시노리의 무로마치도노에는 세 채의 會所가 있었다. 요시노리는 쇼군에 취임한 직후, 매월 날을 정해 렌가(連歌)나 와카(和歌) 모임을 열었다. 이러한 월례적인 행사를 위한 전용 장소가 필요했으며, 이러한 곳이 카이쇼로 불리게 된 것 같다. 會所의 座敷(실내장식)에는 唐絵・唐物(대륙의 그림이나 공예품), 三具足(향로, 촛대, 꽃병) 등 진귀한 물건이 진열되었다. 무로마치도노에 있어서 會所는 관음전・지불당(持佛堂)・천전(泉殿)・선실(禪室) 등과 함께 침전의 동쪽에 배치되었으며, 이곳들은 모두 연못에 면해 세워진 것임을 알 수 있다.

池庭은 一条兼良의 和歌并序에 나오는 「……左相府中名園. 水引鴨川支流. ……」처럼, 카모가와(鴨川)의 지류로부터 물을 끌어다 만든 아름다운 명원이었다. 연못 주변에는 (남향)會所, (북향)會所泉殿, 新造會所, 관음전, 지불당, 정(亭) 등이 세워져 있다. 여기에서 주목해야 할 점은 위에서도 언급했듯이 침전과 會所·소어소의 사이에, 즉 침전을 중심으로 하는 공적 공간과 사적 공간에 해당하는 會所·소어소의 사이에 담장을 설치했다는 것이다. 또한 이 정원은 다이고지(醍醐寺), 鹿王院 등의 정원을 만드는 데 사용된 任庵主의 설계도에 따라 만들어 졌으며, 실제로 정원공사를 담당한 자도 庭者虎 및 菊였다.

이상과 같이 정원은 침전, 상어소, 會所를 각각 중심으로 하는 세 개의 건물군에 대응하여 만들어져 있었다. 그리고 池庭은 쇼군의 접객 장소로서 사용되었으며 會所가 그 중에서도 중요한 접객 공간으로 활용되어 실내장식과 골동품의 진열이 이루어져 있었다.

요시마사의 무로마치도노에 있어서 會所·泉殿정원의 배치 및 공간구성

요시마사의 무로마치도노는 앞에서 언급한 요시노리의 무로마치도노가 조영된 上御所의 옛터에 조성되어 長禄 3년(1459년) 11월 16일부터 사용되었다. 무로마치도노에는 공적 시설로서 침전·공가좌(公家座)·전상(殿上) 등이 있고, 사적 시설로서는 관음전·會所·지불당·천전서전(泉殿西殿) 등이 마련되었다.

『벽산일록(碧山日録)』에 따르면, 「……既而自南面見所, 築山水之境, 置華亭於青松之塢, 繋画舫於白沙之洲, 奇花珍石, 鳬雁鴛鴦, 遊目之資, 不可以数……」라고 하여 아름다운 정원을 갖추고 있었으며 「……土木之工尽於此焉……」라고 하여 정교한 시공이 이루어졌음을 엿볼 수 있다. 이러한 기록으로부터 요시마사의 무로마치도노에는 수많은 전사(殿舎)가 세워졌으며, 정원에는 산수의 풍경이 만들어지고, 송림이 우거진 낮은 언덕 위에는 정자가 세워지고, 흰 모래가 깔린 연못가에서는 화려한 뱃놀이가 베풀어졌다고 생각된다. 더욱이 정원 앞을 진귀한 꽃과 돌로 장식하여 놓았다.

會所는 『음량헌일록(蔭凉軒日録)』과 같은 자료에 따르면, 귀족, 무사, 승려 등을 접대하는 장소로서 사용됨과 동시에 달구경이나 시를 읊는 등 다양한 연회의 장소였음을 알 수 있다.

이즈미도노(泉殿)는 會所가 건립된 지 약 1년 뒤인 長禄 4년(1460년) 12월에 완성된다. 泉殿은 헤이안 시대 후지와라 미치나가(藤原道長)의 東三条殿의 千貫泉에 부속하는 泉殿과는 다르게, 後小松院 仙洞의 會所泉殿 혹은 요시노리의 무로마치도노 泉殿(북향會所)과 같은 성격의 시설을 수반하는 건물이며, 이른바 會所에 준하는 것으로 간주할 수 있다. 泉殿에는 쓰케쇼인이 설치되어 있으며, 讃詩의 色紙를 붙인 障子(병풍)가 세워져 있고, 「凝香」이라는 편액이 걸려 있었다.

応仁 원년(1467년), 오닌의 난이 일어나자 호소카와 가쓰모토(細川勝元)는 後土御門帝, 御花園院을 이 무로마치도노에 이주시켜 이곳이 임시 皇居가 되었다. 이 때 院의 거처로서 배정된 곳이 泉殿으로, 건물의 성격에 있어서 옛날의 泉殿과는 상당히 다르다는 것을 알 수 있다.

요시마사는 泉殿을 위하여 정원을 세우고자 했다. 이 정원은 寛正 2년(1461년) 12월에 완성된다. 『蔭凉軒日録』에 의하면 이 정원의 시공은 南庭을 만든 당시의 泉石(정원시공)의 명수로 이름 높은 善阿弥가 했다고 한다. 12월에 마침내 완성된 泉殿의 정원을 요시마사는 이듬해 1월 御相伴衆에게 보인다. 이때의 정황은 『蔭凉軒日録』에 자세히 기록되어 있다(「御泉殿之御座并泉水. 以=春阿=被レ見=御相伴衆=也. 諸老不レ勝=手足蹈舞=也」). 즉 春阿弥의 안내로 泉殿을 시찰한 御相伴衆(쇼군을 따르는 근신)들은 御座敷와 이에 대응하는 정원의 훌륭한 모습에 감탄하였다고 한다.

이들 會所 혹은 泉殿의 정원은 寝殿 전면에 있는 南庭과 이에 연결되는 泉水와는 다른 기능을 가진 것으로 생각할 수 있다. 즉 會所·泉殿에서는 실내 공간만으로 완결되어 정원인 외부공간과는 동선이 분리되어 있는 반면, 침전 앞 南庭은 공식행사에 있어서 실내공간에 이은 일련의 동선으로 외부공간이 포함되고 있다. 이것은 이른바 침선의 南庭이 「用」의 공간으로서 사용되고 있는 반면, 會所·泉殿의 정원은 보는 공간(감상)으로 규정되고 있는 것을 의미한다. 즉 이 정원은 감상을 위주로 하는 정원이며, 그 중에서도 실내의 특정한 장소에 앉아서 보는 정원이라 할 수 있다. 요시노리나 요시마사의 무로마치도노는 신덴즈쿠리 양식으로 庭園이 만들어져 있으나, 실제로는 감상을 위주로 하는 정원으로서 근세 감상용 정원에의 과도기를 보여준다.

또한 무로마치도노 會所·泉殿의 정원에는 「기화진석(奇花珍石)」이 있다는 기술에서도 알 수 있듯이, 일상적으로 흔히 보이는 식물을 식재한 것이 아니라, 진귀한 수종 혹은 기이한 형태 등 보통 볼 수 없는 소재를 이용하고 있는 점이 주목할 만하다. 당시의 기록에는 과장된 표현이 많아 정원의 실제 모습이 어떠한지 기록만으로는 단정할 수 없으나, 신덴즈쿠리 정원에 있어서의 식재 및 감상 태도와 비교해 볼 때 이 시대 정원의 특징으로서 감상을 위주로 한다는 점은 신뢰할 수 있겠다. 더욱이 이러한 감상적 태도는 서원양식의 실내장식으로 히가시야마 메이부츠(東山名物)와 같은 대륙의 진기한 문물을 감상하는 태도와도 연결된다는 점에 주목할 필요가 있겠다.

이러한 정원 조성에는 젠아미(善阿弥)를 대표로 하는 사람들이 종사하였다. 이들은 가와라모노(河原者)라고 불리는 낮은 신분계급 출신으로, 정원을 만드는 기능을 인정받아 쇼군의 도보슈(同朋衆 : 다양한 기예를 가지고 쇼군에게 봉사한 집단)으로서 발탁되었으며, 任庵主와 같은 석립승(石立僧 : 정원을 만드는 승려)의 감독 하에 직업적으로 정원 조성에 종사했다.

감상용 정원의 작정 기술은 이들에 의해 대대로 계승되어 발전되어 갔다. 이러한 기능은 쇼인즈쿠리 정원의 계보에 속하는 수많은 정원의 조성에 있어서도 다양한 방식으로 활용되었다. 아시카가 쇼군에게 봉사한 도보슈는 카라에(唐絵 : 대륙의 그림)나 카라모노(唐物 : 대륙의 공예품)를 이용하여 會所의 실내 장식을 담당하였으며, 이러한 장식 수법이 마침내 쇼인즈쿠리 주택의 실내장식으로서 정착하여 발전한다. 가와라모노 역시 오랜 세월 동안 쇼인즈쿠리 정원에 커다란 공헌을 하였으며 결과적으로 쇼인즈쿠리 징원양식의 성립에 영향을 미치게 된다. 특히 賢庭은 고요제이

(後陽成) 천황의 칙령에 의해 그 이름을 하사받은 천하제일의 작정가로 유명하다. 무로마치 시대 이래 이러한 자들을 「정작(庭作)」이라고 부르게 되었다.

〈洛中洛外圖〉에 보이는 초기 쇼인즈쿠리 정원의 배치 및 공간구성

무로마치 말기에 제작된 〈洛中洛外(교토의 시내와 시외)屛風〉에는 당시 교토의 모습이 그려져 있다. 여기에서는 〈洛中洛外屛風〉에 그려진 초기 쇼인즈쿠리 정원의 배치 및 공간구성을 위주로 검토해 보겠다.

將軍邸 : 上杉本(도 2-17) 〈洛中洛外屛風〉에는 요시하루의 「무로마치도노」가 그려져 있다. 건축군의 지붕 너머 정문인 唐門과 四脚門이 보인다. 가라하후(唐破風)로 만들어진 중문과 이곳으로부터 이어지는 흙담이 엿보이며, 이것에 둘러싸인 주전 서측의 평정(平庭)에는 훌륭한 소나무가 중문을 강조하듯이 양쪽 처마 밑에 심어져 있다. 남정에는 연못이 커다랗게 만들어져 있으며, 연못 남쪽에서 조금 동쪽으로 치우쳐 주전의 남서쪽을 향해 갑(岬 : 연못을 향해 튀어나온 연못가 부분)이 있다. 그곳에는 연못을 향해 자란 소나무 옆에 白梅가 있다. 연못가 근처에는 아름다운 경석이 배치되어 있고 紅梅가 그 옆을 장식하고 있어, 전술한 白梅와 함께 좋은 대응을 이

도 2-17. 旧上杉本 「洛中洛外屛風」에 그려진 義晴의 「室町殿」

루고 있다.

주전(主殿)의 서남쪽에 이어지는 팔작지붕의 건물은 루이스 로이스의 기술에 따르면 마구간이었다고 한다. 이 마구간의 반쪽에는 다다미가 깔려 있어 종자가 대기하고 있었다. 가마쿠라 시대 말의 院御所(은퇴한 천황의 거처)나 아시카가 요시모치(足利義持)의 三条坊門殿에도 이러한 마구간이 보이며 일종의 유흥장소로도 사용되었다. 『満済准后日記』에는 上杉氏가 요시노리에게 83살의 말을 헌상했다는 기사가 보이는데, 이 노마에 요시노리의 영원한 치세를 기원한 것으로 보인다.

이 마구간을 둘러싸듯이 연못이 파져 있고, 정원의 남서쪽에는 높은 축산이 만들어져 있고 녹음이 우거져 있어 남정을 더욱 아름답게 하고 있다. 연못의 동북부에는 공적인 공간(晴)과 사적인 공간(褻)을 분리하듯이 담장이 세워져 있다. 『大館常興日記』에 보이듯이 쇼군의 실내거주공간으로부터 보이는 정원에 흙 담장을 설치하는 것은 전례가 없는 것이다. 이러한 새로운 수법을 채용하는 자세가 곧 쇼인즈쿠리 양식을 만들어내고 나아가 쇼인즈쿠리 정원을 성립시키는 원동력의 하나가 되었다고 생각한다. 또한 축지(築地)를 너머 그 바깥쪽에는 또 하나의 축지가 보이며, 그 사이에 몇 그루의 거대한 소나무가 심어져 있어 남정을 장식한다는 점이 주목된다.

호소카와(細川) 관령(管領 : 쇼군을 보좌하고 막부를 통괄하는 중책, 도 2-18)주택 : 남정에는 연못이 있고, 주전의 남쪽에는 넓은 광장이 있다. 주전의 동남쪽에는 팔작지붕이 서있고, 그 앞에 당파풍(唐破風)의 훌륭한 정교(亭橋)가 걸려 있다. 이렇게 중간에 건물이 서 있는 다리는 東山殿 정원에 만들어진 龍背橋 또는 요시마사의 烏丸殿에 있던 湖橋까지 거슬러 올라가는 것으로, 이로부터도 신덴즈쿠리 정원에 보이는 다리와 그 계열을 달리 하는 것임을 알 수 있다.

연못에 관해서 보면, 특히 북안은 굴곡지게 만들어져 있고, 주전 앞에서 북쪽으로 넓게 펼쳐지며, 연못가 곳곳에 아름다운 돌과 나무가 배치되어 있다. 섬에는 커다란 바위로 호안석조를 만들고, 늙은 소나무가 심어져 있어 정교를 더욱 아름답게 보여주고 있다.

정원의 서남부에는 높은 축산을 쌓고, 그 산자락에는 훌륭한 석조를 만들어 놓았다. 초기 쇼인즈쿠리(書院造) 정원은 중세 무가로부터 시작한 접객·대면의 풍습에 대응한 정원 공간으로서 성립하였다. 이러한 정원공간은 주객이 직접 연회를 베풀거나 산책을 하기보다는 주로 실내에서 감상을 하기 위하여 만들어진 것이다.

전술한 요시마사의 무로마치도노에 있어서 會所의 정원 조성 역시 서원의 실내공간에

도 2-18 旧上杉本 「洛中洛外屏風」에 그려진 「細川管領邸」庭園

서 카라모노를 상완(賞玩)하는 것과 같은 감상적 태도에 근거한 것으로 추정한 바 있다. 이 시기는 선승들에 의해 카라모노의 그림이나 공예품이 대륙으로부터 활발하게 유입되고 있었다. 이러한 카라모노에 대한 감상적 태도는 헤이안 시대의 왕조 미술과 같이 전체적인 장식적 조화를 통해 미적 효과를 발휘한 것이 아니라 일대일 이라는 개별적 감상태도를 통해 작품이 취급되는데 영향을 미쳤다.

上杉本에 보이는 호소카와 관령 주택의 정원 식재를 볼 때, 소나무나 홍매 및 백매 등은 신덴즈쿠리 정원에서도 자주 심어진 수종이다. 그러나 이러한 식물 하나 하나의 형태적 특징을 검토할 경우, 각각 강한 개성을 지니고 있어 개별적인 감상에 적합하도록 식재된 것임을 알 수 있다. 예를 들면 연못 속 섬에 심어진 소나무

는 노송으로, 주변과의 조화를 배제하더라도 개별적인 감상에 적합한 형태미를 자랑한다. 이러한 수목을 선택하는 것이 초기 쇼인즈쿠리 정원의 식재상 특징으로 생각할 수 있다.

호소가와 관령 주택의 정원에 있어서 매화의 식재를 검토해 보면, 먼저 건물 근처에 홍매를 배치하고 있다. 그리고 이에 대응하여 연못 동쪽 대안에 홍매가 있다. 한편 남쪽에는 섬에 심어진 소나무와 다리 너머에 백매가 심어져 있다. 또한 이러한 홍매와 백매의 대조를 더욱 강조하듯이 정원의 안쪽 깊숙한 곳에는 우거진 상록수를 배치하였다. 마구간의 남측은 주전으로부터는 보이지 않는 곳이지만, 여기에 커다란 바위와 백매를 더하여 놓았다. 종합해 보면 이곳에는 신덴즈쿠리 정원에 있어서 기능하던 장식적 조화를 중시하는 태도도 보이고 있다고 할 수 있다. 따라서 이 정원은 감상하기에 적합한 개성 강한 수종을 선택하는 등 개체를 중시하는 태도에 더하여 정원 전체의 장식적 조화를 존중하는 전통적 태도도 견지하고 있었음을 알 수 있다.

여기서 더욱 주목을 요하는 점은 호소카와 관령의 주택 정원에 한정되지 않고 〈洛中洛外屛風〉에 그려진 다른 초기 쇼인즈쿠리 정원에 있어서도, 수목이 다른 수목과의 조화뿐만 아니라 바위와 돌과의 조화를 이루도록 배려되어 배치된다는 점이다.

돌에 대한 감상태도에 관해서는 신덴즈쿠리 정원의 작정기법을 기술한 『작정기(作庭記)』가 자세하다. 또한 헤이안 시대 귀족들의 일기로부터도 이른바 「명석(名石)」을 수집하는 취미가 유행하고 있었음을 엿볼 수 있다. 단, 헤이안 귀족들의 감상태도는 명석의 산지와 연관하여 그곳을 상징하는 경물로서 취급한 것이다. 이에 비해 무가에 있어서 명석에 대한 애착은 아시카가 요시마사의 「석수(石狩)」에서도 알 수 있듯이, 자연의 경물로서보다는 권위의 상징이나 감상의 대상으로서 명석이나 거암거석을 다루는 것이 주류였다고 생각된다. 「등호석(藤戸石)」이라는 넝석에 관한 일화에서도 엿볼 수 있듯이, 이러한 태도는 「사석(捨石 : 일본 정원에서 분위기를 연출하기 위한 돌)」이라는 기법의 발전과도 관련이 깊다고 생각한다.

한편 건물로부터의 좌관(座観 : 실내의 특정한 곳에 앉아서 감상하는 것)에 대응한 정원 조형을 시공할 때, 정원을 구성하는 요소는 좌관의 시선으로부터 가장 훌륭하고 아름다운 배치가 선택된다. 이 경우 식물의 식재나 바위의 배치에 있어서도 정면과 뒷면이 고려된다. 초기 쇼인즈쿠리 정원에는 거암과 거석이 많이 사용되는 점은 무가가 이것을 권위나 권력의 상징으로 삼았다는 이유 이외에도 관좌로 인한 정면과 뒷면을 명확하게 구별하기 쉬웠다는 점도 작용했다고 생각한다.

아시카가 요시마사와 東山殿의 정원

권력(공가와 무가)의 정점에 선 요시미쓰는 지방 영주인 다이묘를 견제하기 위하여 직접 막부의 정치를 집행하고 있었으나, 점차로 관령·사무라이도코로(侍所) 등 3관 4직(막부의 관령·사무라이도코로에 임명된 7개의 가문)을 만들어 유력 다이묘에 의한 회의 중심의 집단의결체제로 이행한다. 그러나 6대 쇼군 요시노리에 의한 다이묘 탄압정책이 지방 영주 간에 세력균형을 붕괴시켜 정국은 혼란에 빠지게 된다. 가키쓰(嘉吉)의 난(嘉吉원년 : 1441년)에 의해 요시노리가 암살된 후, 요시카쓰(義勝)가 쇼군에 오르나 2년 만에 요절하고 만다. 따라서 요시카쓰의 동복형제인 요시마사가 8살의 나이로 8대 쇼군에 취임하기에 이른다. 그러나 요시마사를 지지하는 관령 호소카와 가쓰모토도 당시 겨우 16살에 불과하여, 생모인 日野重子나 유모인 今参局, 그리고 日野家로부터 시집온 도미코(富子)마저도 정치에 깊이 관여하게 된다.

이때 막부의 직할령이 유력 다이묘에 의해 분할 및 흡수되고, 도쿠세이 잇키(德政一揆 : 1441년에 일어난 민란)가 빈발함에 따라 막부의 재정은 크게 악화되었다. 마침내 성인이 된 요시마사는 적극적으로 정치를 재편하여 새로운 정책을 시행하지만 성과를 얻지는 못한다. 측근들은 권력다툼에 세월을 보내고 쇼군의 후계를 둘러싸고 논쟁이 일어났다. 정치에 절망한 요시마사는 결국 오닌의 난이 일어나자 文明 5

년(1473년)에 쇼군을 그만두고 학문과 예술에 세계에 은닉하기에 이른다(『古寺巡礼京都 銀閣寺』, 淡交社).

　　요시마사는 서화 감상, 와카, 렌카, 다도, 노가쿠(能楽) 등에 심취했다. 그 중에서도 정원 조영에 뛰어난 재능을 발휘하였다. 요시마사는 막부의 자금원인 선사(禪寺)를 자주 방문하였으며, 당시 선승들의 일기에는 이때 벌어진 정원에 관한 문답이 기록되어 남아있다. 요시마사는 매년 10월 15일에 北山殿(鹿苑寺)를 방문하여 요시미쓰의 초상에 분향하고 정원을 감상하였다. 특히 그가 좋아한 정원은 사이호지였다. 쇼군이었던 寛正 3년(1462년)부터 착수한 다카쿠라 어소의 정원 조성은 가와라모노로 작정에 유명한 善阿弥를 고용하여 사이호지의 정원을 그대로 모방하게 하였으며, 요시마사 역시 때때로 현장을 방문하여 직접 감독하였다고 한다. 이후 사이호지를 모델로 다시 한 번 정원을 조성한 것이 東山殿이며, 이곳이 현재의 지쇼지(慈照寺)(銀閣寺, 도 2-19) 정원이다.

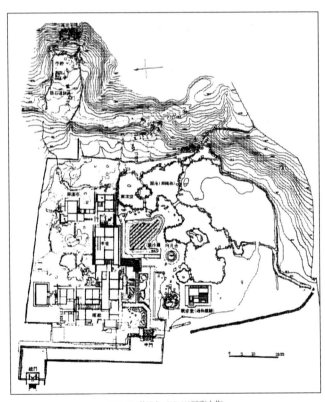

도 2-19. 慈照寺 庭園 実測図(森蘊)

　　현재 지쇼지는 교토 히가시야마(東山)의 죠도지야마(淨土寺山)에 위치하며, 한때 엔랴쿠지의 말찰이었던 죠도지(淨土寺)의 묘지가 있었다. 요시마사는 은둔의 장소를 찾아 일찍이 寛正 6년(1465년)에 산장에 적합한 곳을 선정하였으나 오닌의 난으로 조성이 중단되었다. 난이 진압된 文明 14년(1482년), 요시마사는 산장의 조영을 재개한다. 이때 선택된 곳이 정토사였다. 교토의 동쪽에 쓰키마치야마(月待山)·다이몬지야마(大文字山)를 등지고 맑은 계곡이 흐르는 등 도심 속에서도 한적한 곳으로 산장을 조성하기에는 안성맞춤이었다.

요시마사는 전란으로 피폐된 상황에서도 무리하게 이곳을 손에 넣어 延德 2년 (1490년) 1월에 병사할 때까지 8년 동안 조성공사를 강행했다. 작정에 있어서는 근기(近畿) 일대의 유명한 정원으로부터 명석(名石)·명목(名木)을 징발했다. 쇼군 거처인 花御所는 물론이고, 鹿苑寺나 남도(南都 : 나라)의 대승원(大乗院)·일승원(一乗院) 등으로부터도 가와라모노를 파견하여 징집하는 등 곳곳에서 분란을 일으켰다.

사이호지는 교토의 서쪽에, 히가시야마는 동쪽에 있다. 東山殿은 사이호지를 그대로 모방한 것이 아니라, 히가시야마라는 입지를 최대한 살려서 사이호지의 건물 구성이나 연못의 형태를 옮겨왔다. 東山殿과 사이호지와의 대응관계를 살펴보면, 산기슭의 평탄지에 판 연못은 사이호지의 황금지(黄金池)를 모방한 것이며, 연못가에는 사이호지의 서래당(西来堂)·유리전(瑠璃殿)에 대응하는 동구당(東求堂)·관음전(銀閣) 등 정원건축이 들어서 있다. 한편 동구당의 설계는 北山殿의 사리전을 참고한 것으로 보인다. 동북부에는 사이호지의 指東庵에 대응하는 西指庵이, 이곳에서 더욱 동쪽으로 가면 산 속에 縮遠亭에 대응하는 山上亭이 세워져 오솔길로 연결되어 있다.

東山殿은 사이호지와 같이 크게 상하 2단으로 나뉘는 구성을 하고 있다. 요시마사는 사이호지 하부 정원과 동일하게 산자락의 평탄지를 이용하여 정토 정원을 조성하였다. 자신의 실정으로 일어난 전란에 대한 참회와 진혼의 정원임과 동시에 자신의 극락왕생을 기원하는 정원이기도 하였다.

사이호지의 상부 정원은 洪隱山에 빗대어 선의 도장으로서 만들어졌다. 東山殿의 상부 정원에도 西指庵이 있었던 구역의 산중턱에는 암반에 경석을 더한 석조가 있다

도 2-20. 東山殿 復元図(川上貢)

(도 2-20). 산자락으로부터는 昭和 6년에 사이호지의 「竜淵水」와 비슷한 샘물 유구가 발견되었다. 그러나 산중턱의 석조는 사이호지의 洪隱山에 비하여 부드러우며, 샘도 「다정(茶井)」이라고 불리듯이, 요시마사는 이곳을 차도의 장소로서 삼았던 듯하다.

요시마사는 선의 수행도량인 사이호지의 상부 정원을 모델로 하면서도, 새롭게 다도를 위한 공간으로서 정원을 東山殿에 만들었다. 이러한 정원은 이후 와비차의 성행 속에 로지라고 하는 다정(茶庭)으로 발전하여 간다.

요시마사는 東山殿의 완성을 보지 못한 채 붕어하자, 이곳은 유언에 따라 선종 사찰로서 요시마사의 법호를 따라 지쇼지로 개칭된다. 이후 전란에 의해 절은 황폐하고, 명석인 구산팔해석(九山八海石)도 반출되어 버리지만, 慶長 20년(1615년) 宮城 丹波守의 豊盛에 의해 수복된다. 이때 연못과 정원이 개수되어 지금과 같은 모습으로 그 배치와 석조가 바뀌었다고 추정된다.

현존하는 東山殿 창건 당시의 건물로는 은각(銀閣 : 사리전)과 동구당이 있다(國寶). 宝暦 4년(1754년)『山城名跡巡行志』에는 동구당은 원래 방장의 남쪽, 은각의 동쪽에 있었다는 기록이 보이는데, 이곳은 지금의 向月台·銀沙灘이라고 하는 성사(盛砂 : 모래를 쌓아 올린 정원 의장) 부근에 해당한다. 현재의 방장은 寛永 연간에 건립된 것이며, 당초 이곳으로부터 銀沙灘에 걸쳐 연못의 북안에 會所·상어전(常御殿)이 세워져 있었다고 추정됨에 따라, 동구당의 위치는 역시 向月台 부근이었다고 보는 것이 타당하다.

제3절 사원과 枯山水

쓰케쇼인(付書院)과 정원공간의 전개

쇼인즈쿠리 정원은 앞에서 기술하였듯이 당시까지 이어져 오던 신덴즈쿠리 정원의 기법에 근거하면서도 여기에 새로운 요소를 추가하는 과정에서 성립되었다. 이때 새롭게 추가된 공간구성 및 기법을 이해하는데 중요한 것이 쓰케쇼인(出文机 : 書院造 건물의 실내장식으로 조명을 위해 실외로 조금 튀어나온 붙박이 책상과 창문)과 이것과 연결된 정원의 구성이다.

付書院은 중세 두루마리 그림(絵巻)에 자주 등장하는 것으로, 가마쿠라 시대에는 이미 완성된 건축형식이다. 그러나 이 시기의 付書院은『法然上人絵傳』卷17의 권두에서 보이는 付書院(도 2-21)과 같이, 일반 실내공간으로부터 외부로 조금 돌출되어 독서를 위한 공간으로서 실용적인 성격을 갖추고 있다. 그림은 고승인 聖覚이 머물던 安居院의 승방을 그린 것으로, 작은 지붕을 얹은 付書院(出文机)에서 聖覚이 집필하고 있다. 이 出文机의 양쪽 측면은 흰 벽으로 둘러싸여 있으며 정면의 벽면에만 2개의 작은 창문이 있어 채광과 함께 독서에 지친 마음을 창밖의 풍경으로 유도한다. 이렇게 볼 때 付書院은 독서하는 장소임과 동시에 창밖의 풍경을 감상하기 위한 공간이기도 하다. 이에 따라 밖의 정원풍경 역시 눈에 편안한 경치를 제공하

도 2-21. 出文机과 그 前庭

도록 조영되어야 함은 물론이다. 이 그림에서도 이러한 요건에 맞추어 지나치게 화려하지 않으면서도 단정하게 정원을 꾸미고 노송나무로 담장을 친 平庭을 만들어 놓았다. 이 작은 정원에는 한 그루 하얀 동백나무와 몇 개의 경석만을 배치하여 한적한 공간을 창출하고 있다.

枯山水의 정원

무로마치 중기의 선종사원의 정원은 대개 「가레산스이」로 불린다. 「가레산스이」라고 하는 명칭이 폭넓게 사용되기 시작한 때는 昭和시대로, 고대에는 「코센즈이」, 중세에는 「카라센즈이」, 근세에는 「코센스이」 혹은 「카라센스이」라고 불리고 있었다.[2]

---

2 吉川 需, 「枯山水の庭」, 『日本の美術』 61호, 至文堂, 1971; 森蘊, 「枯山水について」, 『建築史』 1권 1호.

『작정기(作庭記)』에서 말하는 枯山水는「연못도 없고 야리미즈도 없는 곳에 돌을 세우는 것」을 의미하지만, 무로마치 시대 중기 특히 오닌의 난 이후에 만들어진 枯 山水는 본래 있어야 할 곳에 물을 사용하지 않고 돌이나 모래로 물을 표현한 정원 전체를 가리키게 되었다. 이것은 앞에서도 언급한 무소 소세키 국사의 선(禪)적인 이념으로부터 발생한 자연관조의 태도가 더욱 발전한 결과 성립한 형식으로 볼 수 있다.

여기서는 枯山水 정원으로 대표적인 다이토쿠지 다이센인 정원과 료안지 정원을 예로 들어 설명해 보고자 한다.

다이센인 서원정원의 배치와 공간구성

다이센인의 방장은 객전(客殿)으로 불리지만 그 평면구성은 일반 방장과 동일하다. 「부츠노마(佛間)」와 「시추(室中)」의 동쪽에 각각 「쇼인(書院)노마(間)」와 「레(禮)노마」를 배치하고, 서쪽에 「이바츠(衣鉢)노마」와 「단나(壇那)노마」를 두고 있다. 객전의 전정(前庭)은 공식적인 의식 공간으로 흰 모래가 깔려 있다. 다이센인 서원정원은 이것과는 별도로 쇼인노마 북측에서 동측까지, 그리고 레노마 동측에 이르기까지 조성된 枯山水 정원이다(도 2-22). 이 정원은 송대 산수화와 같은 풍경을 재현한 것으로 전해진다. 쇼인노마에 앉아서 이 정원을 보면, 건물 주변에 두른 마루 근처에 끝이 평평한 침향석(沈香石)이 정원과 실내를 연결해주고 있어, 실내에 그려진 수묵산수화와 정원의 枯山水가 훌륭하게 조화를 이루고 있다. 쇼인노마는 주지가 거주하는 곳으로 서재를 겸한 사적 공간이다. 선승에게 있어서 독서의 장소이며 조용히 사색과 명상을 하는 곳이기도 하다. 「침향석」은 향로를 두고 향을 피우는 곳이라는 의미이다. 그러나 향로는 불사를 위한 것으로 감상의 대상이 아님을 유의해야한다. 즉 정원은 불사를 위한 공간, 사색을 위한 공간으로 구성되어 있다는 점이 특징적이다. 단나노마가 공식적인 접객 장소로서 사용됨에 비해, 쇼인노마는 사적인 접객공간이다. 그 당시 제자들은 레노마에서 사제 간의 의례를 지냈다. 이것은 이

도 2-22. 大德寺大仙院庭園

공간이 수행 장소로서 기능한 것임을 의미한다.

일설에 의하면 히데요시(秀吉)가 다이토쿠지에서 다회(茶會)를 열었을 때, 리큐(利休)가 침향석에 꽃을 장식해 두었다고 한다. 이것은 침향석을 장식대로 사용한 것이며, 이때의 정원은 불사를 위한 공간과는 다르게 사용되고 있었음을 알 수 있다. 이것은 다이센인 서원정원이 지니는 또 다른 성격을 드러내 준다. 즉 그것은 이 정원이 주지가 사색하는 장소로서, 제자들이 수행하는 장소로서뿐만 아니라 접객을 위한 연출 장소로서도 기능하였다는 점이다.

이 정원의 식재를 살펴보면, 瀑布石組의 배후에 동백나무와 떡갈나무가 눈에 띈다. 주변으로부터 이 폭포를 분리시켜 주는 역할을 하는 이러한 식재는 주지가 사색하는 공간으로서의 독립성을 유지시켜주는 기능을 하고 있다. 또한 이러한 수목이 정성스레 다듬어져 있는 점도 매우 특징적이다. 이러한 전지 방법은 사전(寺傳)에 따르면 먼 산의 풍경을 표현하기 위하여 고안된 것이라고 한다. 실제로 먼 산을 바라볼 때, 나무 하나 하나가 식별되는 것이 아니라 하나의 전체로서 인식된다. 이러한 원산(遠山)의 수목을 이곳에서는 폭포의 배후에 상록수를 배치하고 둥글고 촘촘하게 다듬는 것으로 표현하고 있다.

폭포의 석조에는 비쭈기나무를 심고 나뭇가지를 그대로 드러냈다. 이를 통해 폭포 배후에 있는 수목과 대조되어 원경과 중경이 성립하게 된다. 그리고 맨 앞에 바위로 표현한 섬에는 적송과 흑송 오엽송을 배치하여 근경을 만들었다. 현재 이러한 식재는 정원을 만들 당시의 것인지 아닌지 확인할 수 없으나 이 정원의 성격에 적합하도록 식재 및 관리가 세밀하게 이루어진 것만은 틀림없다.

료안지 정원의 배치와 공간구성

교토 시 서북쪽 기누가사야마(衣笠山)의 서남쪽 산기슭에 있는 료안지에는 옛날 엔유(圓融) 천황이 발원한 엔유지(圓融寺)가 있었으며, 헤이안 시대 말기에는 藤原實能의 별장인 도쿠다이지(德大寺)가 있었다. 이곳을 양도받은 관령 호소카와 가쓰모토(細川勝元)는 寶德 2년(1450년) 妙心寺 8世 義天玄詔를 초빙하여 료안지를 창건하였다. 오닌의 난으로 소실된 후에는 가쓰모토의 아들 마사모토(政元)에 의해 수복되었으나, 寬政 9년(1797) 또 다시 소실되어 버렸다. 현재의 방장(본당)은 그 이후 後西源院의 방장(慶長 11년 건립)을 이축한 것이다. 大正 13년 료안지 방장 정원이 사적 및 명승으로 지정될 때 지정근거가 된 것이 바로 가쓰모토가 眞相에게 명하여 방장 앞에 만든 사정(砂庭)이었으며, 寬政 9년의 화재에도 불구하고 현재까지 남은 무로마치 시대의 명원이다.

약 250m² 방형으로 모래를 깔았으며 그 위에 다섯 무더기로 나뉜 15개의 돌을 배치한 석정(石庭)이다(도 2-2). 매우 독창적인 것으로 그 성립에 관한 사료가 없기 때문에 누가 언제 무엇을 위해 만들었는지 불분명하다.

료안지 정원의 시공자에 관해서는 般若坊鐵舟라고 하는 설이 있다. 鐵舟는 寶德 2년(1450년)에 호소카와 가쓰모토에 초빙되어 이곳을 창건한 義天玄詔에 참선하였으나, 창건을 위한 토목공사에 불만을 품고 귀향해 버렸다. 따라서 이 설에는 정원의 조성연대와의 관계에 문제가 있다. 여기서 주목하고 싶은 것은 그가 文明 9년(1477년)에 쓴 『仮山水譜幷序』에서 「3만 리 정도를 寸尺에 드러낸다」라고 하는 기사이다. 그는 정원을 조성하는데 있어 훌륭한 재료를 돈을 들여 먼 곳에서 운반해 오지 않고, 근처에 있는 돌과 흙을 자신이 직접 날라 사용했다고 한다. 「庭을 만드는 것은 금전의 多少가 아니라, 그 사람이 가지고 있쭌 조형의 힘이다」라고 하는 말은 당시 선종 사찰에 있어서 枯山水의 정원이 지향해야 할 자세를 간결하게 표현한 것임과 동시에, 오늘날에 있어서도 마음에 새겨 두어야 할 원칙이라고 생각한다.

흰 모래를 깔고 다섯 군데에 15개의 돌을 배치한 이 정원을 어떤 이는 雲海로부터 고개를 내민 산악이라고도 하고, 어떤 이는 바다에 떠있는 섬이라고 하며, 또 어떤 이는 호랑이가 새끼를 물고 강을 건너는 전설에서 유래한 것이라고 한다. 어느 위치에서 보든 15개의 돌 전체를 보는 것은 불가능하므로, 이 정원을 인간의 인지 능력의 한계를 표현한 것이라는 사람도 있다. 료안지의 석정은 자연의 모습을 추상적으로 표현함으로써, 보는 자에게 각각 다른 의미와 이미지를 발신한다. 정원을 대면하는 것 자체가 자신과의 대화를 의미하는 枯山水의 정원은 선종 사원에 있어서 수행의 장소로서 가장 적합한 형식임에 틀림없다.

물을 사용하지 않고 흰 모래로 바다를 표현하며, 하나의 돌이나 작은 나무로 산을 표현하는 등의 기법은 정원에 있어서 자연의 표현을 획기적으로 넓히는 역할을 하였으며 작은 면적으로도 정원을 만들 수 있게 하였다. 이 때문에 선종 사원에 그치지 않고 다양한 공간에서도 이러한 枯山水가 지속적으로 만들어지게 되었다.[3]

소결

이 장에서는 현존하는 무로마치 시대의 정원을 중심으로 종류별로 배치와 구성을 살펴보았다. 여기서 소개한 정원 이외에도 사적이나 명승으로 등록된 정원이 많지만, 불행하게도 무로마치도노나 호소카와 관령 주택과 같이 무가(武家)문화의 중심이 되는 정원은 남아 있지 않으며, 다만 발굴조사나 기타 문헌자료 및 화적을 통해 그 잔영을 이해할 수 있을 뿐이다. 예를 들면 전술한 舊 上杉本 〈洛中洛外屛風〉

---

3 『指定庭園調査報告』(京都府) 第一輯, 內務省, 1928; 村岡 正・飛田範夫, 「竜安寺の石庭」, 太陽庭と家 シリーズ 『枯山水』, 平凡社, 1980;田中正大, 「龍安寺方丈前庭之圖」, 『建築史研究』, 1972.

에는 무로마치 시대 말기의 교토가 자세히 그려져 있어, 12대 쇼군 요시하루의 무로마치도노의 모습을 엿볼 수 있다.

그림을 포함한 사료에 따르면, 무로마치도노 정원이나 호소카와 관령 주택의 정원은 고대로부터의 전통을 계승하는 池庭이었다. 헤이안 시대의 신덴즈쿠리 정원이 연중행사를 집행하기 위한 공간임에 비해, 이들 정원은 「會所」라고 하는 접객공간에 대응하여 만들어졌으며, 복잡한 형태의 구성을 하고 입석을 중심으로 하는 다수의 석조가 세워져 있는 등 감상 위주의 정원이었다고 추정된다. 흥미로운 점은 쇼군의 거처나 관령의 주거지로 보이는 정원의 형식은 전국 각지의 다이묘 주택과 정원에도 하나의 모범으로서 수용되었으며, 이는 최근에 전국시대 다이묘 시설을 대상으로 시행되는 각종 발굴조사를 통해서도 확인되고 있다. 그 중에서도 특별사적인 이치조다니 아사쿠라 씨 주택유적(후쿠이 현)이나 사적인 오우치 씨 주택유적(야마구치 현), 사적 에마(江馬) 씨 주택유적(기후(岐阜) 현) 등에서는 발굴된 정원 유구가 복원 정비되었다. 이러한 다이묘 시설(집무공간, 거처, 정원)은 아즈치모모야마(安土桃山) 시대를 거쳐 에도(江戶) 시대의 특별사적 및 특별명승인 교토 니조성 니노마루(二の丸) 정원에 보이는 쇼인즈쿠리 정원에 계승 발전된다.

제3장 17~19세기의 일본 정원

일본에 있어서 17~19세기는 대략 아즈치모모야마 시대(1573~1603년)와 에도 시대(1603~1867년)에 해당한다. 오다 노부나가(織田信長)로부터 시작되어 도요토미 히데요시(豊臣秀吉)에 계승되어 꽃피는 모모야마 시대는 건축·회화·조각·공예 등 다양한 방면에 걸쳐 독창적인 문화를 창출한 시대이다. 정원문화도 그 예외는 아니어서, 이 시기의 양식이 에도 시대 초기인 元和·寬永 연간에 이르기까지 지속된다.

에도 시대 초기는 자주 왕조풍이라고 하는 헤이안 시대 이후의 전통적 池庭, 아즈치모모야마 시대에 발달하게 되는 호화찬란한 모모야마식 池庭과 枯山水, 그리고 선원(禪院)에서 발달하는 고담한 枯山水庭, 露地로부터 시작되어 쇼인즈쿠리 정원에 영향을 미치게 되는 茶庭 등이 다양하게 공존한 시대이며, 기술적으로도 뛰어난 발전을 이루었다. 또한 이러한 양식을 종합하여 집대성한 「카유시키(廻遊式) 정원」도 탄생하게 된다. 그 대표적인 곳이 가쓰라리큐(桂離宮)이다. 에도를 비롯한 각지의 다이묘 저택이나 별장은 별도로 「다이묘 정원」이라 부른다. 그러나 이 명칭은 정원의 양식을 가리키는 것이 아니며, 단지 소유자에 따른 분류에 지나지 않는다.

여기서는 아즈치모모야마・에도 시대 정원에 관해서, 그 유형별로 배치와 구성적 특징을 서술에 보겠다. 제1절에서는 쇼인즈쿠리 정원의 계보에 속하는 정원을, 제2절에서는 차테이(茶庭, 로지)를, 제3절에서 카유시키 정원을 검토해 보고자 한다. 에도 시대 중기 이후에는 서민 주택에도 이러한 정원이 만들어지게 되는데, 그 안내서로도 볼 수 있는 명소안내서나 작정전서(作庭傳書)의 배경과 내용은 제4절에서 다루고자 한다.

제1절 쇼인즈쿠리 정원의 배치와 구성

쇼인즈쿠리 정원의 특징

아시카가 요시노리(足利義教)의 쇼군 주택에는 寢殿・遠侍(침전으로부터 멀리 떨어진 중문 옆에서 설치된 경호무사용 임시거처)・會所・常御所 등 기능적으로 분화된 건물군이 세워지며, 접객・대면을 위한 새로운 정원 공간이 會所나 泉殿에 대응하여 만들어진다. 이렇게 會所의 기능 속에 포함되는 대면이 독립하여, 요시마사의 무로마치도노에서는 대면전용의 전사(殿舍) 「대면소(對面所)」가 나타나며, 호소카와 관령 등 상층 무가 주택에서는 대면과 일상생활 등 다양한 기능이 통합된 「주전(主殿)」이 세워지게 된다.

전국시대가 마침내 끝나게 되어 새로운 사회질서를 구축하려는 오다 노부나가는 천하의 권력자임을 상징하는 기념물로서 天守閣을 높이 쌓았으며, 도요토미 히데요시는 大廣間이라고 하는 대규모 대면소를 만들었다. 무로마치 시대의 쇼군 저택에서 행해지고 있던 대면(對面)은 신년인사(年賀)나 축의(祝儀) 등 이른바 사교적인 의식에 지나지 않았지만, 히데요시는 이 대면을 주종관계를 확인하고 맹약하는 정치적 의미로 이용하였다. 따라서 히데요시가 만든 쥬락쿠다이(聚楽第)의 大廣間은 엄청난 규모를 자랑하였다고 한다. 이러한 대면소의 계통을 이어 만들어진 것이 니조성의 니노마루 어전(御殿)이다.

대면을 할 때 실내의 좌석배치는 아주 중요하다. 자리가 고정됨에 따라 대면소에 대응하는 정원 역시 사전에 정해진 시선을 염두에 두고 만들어지게 된다. 따라서 실내에 고정된 한 장소에서 정원을 본다고 하는 원리,「일점좌관(一點座観)」을 가진 쇼인즈쿠리 정원이 성립하게 되는 것이다. 이러한 일점좌관의 공간구성과 그 성립은 전술한 會所나 泉殿의 정원, 그리고 선종사원에 있어서 성립한 付書院과 그 전정(前庭)의 공간구성이 크게 기여하게 된다.

쇼인즈쿠리 정원의 대표적 사례로서 히데요시가 慶長 3년(1598년)에 직접 설계에 참여한 다이고지 산보인(三宝院) 정원, 도쿠가와(德川) 가문이 교토에 상경할 때 거주한 니조성에 寛永 3년(1626년) 고보리 엔슈(小堀遠州)에게 개수하도록 한 니조성 니노마루 정원, 그리고 니시혼간지(西本願寺) 다이쇼인(大書院) 정원 등을 들 수 있다.

이 시기 쇼인즈쿠리 정원에 관해서 그 특징을 살펴보면, 먼저 지배자의 권력을 과시하기 위해 만들어진 것이 있다. 예를 들면 색상이 화려하고 광택이 나며 주름이 많이 잡힌 거대한 바위가 사용되거나, 명석·명목을 수집하고 종려나무나 소철 등 이국풍의 식물을 심는 등 매우 사치스러운 정원 의장을 채택하는 것은 모두 이러한 권력과시와 관련된다고 할 수 있다.

또 하나는 장군들이 주군을 영접하기 위해 건물을 세우고 정원을 만든다는 점이다. 쇼군이 무사의 저택에 행차하는 것은 무로마치 시대로부터 수행되어 온 무가들의 의식이었으나, 이 시기에 이르면 정치적 의미로서 보다 중요한 의미를 지니게 된다. 이때 중심이 되는 의식행사는 건물 내에서 이루어지게 되며, 정원은 감상을 위한 기능만을 수행하게 된다. 이러한 정원에서는 정석(庭石)을 학과 거북이(鶴龜)의 모습에 비유하여, 주군의 위엄과 장수를 노래하고 그 경사스러움을 표현한다고 하는 이른바 「오나리니와(御成庭 : 천황이나 쇼군의 방문을 위해 정비한 정원)」의 형식을 많이 채용한다(南禪寺 金地院 정원 등). 그러나 쇼인즈쿠리 정원은 각각의 형식적 차이나 용도의 차이에도 불구하고, 호화스러운 쇼인즈쿠리 건축에 부속되어 감상을 위주로 하는 정원이라는 점에서 공통된 특징을 확인할 수 있다.

니조성 니노마루 정원의 배치 및 공간구성

쇼인즈쿠리를 특징짓는 요소의 하나로 주실(主室)에 장식 시설(자시키 카자리, 座敷飾)이 만들어진다는 점을 들 수 있다. 이것은 床(押板 : 그림이나 향로 등을 장식해 두는 붙박이 장식 공간)을 중심으로 치가이타나(違棚 : 장식 선반)와 쓰케쇼인으로 구성되며, 때로는 帳台構(물건을 보관하는 장식공간)가 추가되기도 한다.

이러한 장식시설은 쇼인즈쿠리의 성립 이전, 예를 들면 延慶 2년(1309년)에 그려진 『春日權現驗記繪』 권15에 床(押板)으로 볼 수 있는 것이 그려져 있다는 점으로부터도 추측할 수 있다. 이처럼 床과 같은 장식 시설은 신덴즈쿠리에서도 보이나, 이 경우는 전술한 세 가지 장식 시설 중 하나 혹은 두 개가 적절히 설치되어 있어, 쇼인즈쿠리에서 보이듯이 세 가지 시설이 일정한 구성으로 특정한 장소에 배치되지는 않았다. 여기서 일정한 구성이라는 것은 床(押板)을 중심으로 그 옆에 違棚이 있고, 床과 직각방향으로 건물 주변을 둘러 친 마루 쪽으로 튀어나오게 付書院이 주실 상단 혹은 상상단(上上段)에 설치되는 것을 말한다. 그 이유는 무사가 봉건사회를 확립하고 주종관계를 건축공간에 도입하려한 결과, 방을 상상단, 상단, 하단으로 분리하여, 가장 신분이 높은 상상단을 장식하기 위하여 床, 棚, 付書院 등을 정형화하여 배치했다고 생각할 수 있다. 따라서 쇼인즈쿠리는 봉건사회의 확립, 즉 신분질서를 확립하고 주종관세의 규범화 및 의례화에 대응하여 성립된 건축양식으로 볼 수 있

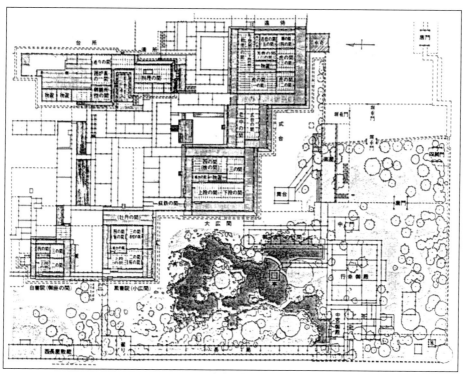

도 2-23. 二条城二の丸 現況 平面図

다(野地修左, 『日本中世住宅史研究』, 日本学術振興會).

니노마루 어전은 쇼인즈쿠리 건축의 유구로서는 가장 전형적인 것으로, 부속 정원도 거의 완벽하게 창건시의 구성과 배치를 전해주고 있다(도 2-23). 이렇듯 근세 초기 만들어진 주택에서 건축과 정원이 거의 완벽한 형태로 현존하는 예는 매우 드물다.

어전은 慶長 8년(1603년) 도쿠가와 이에야스가 정이대장군(征夷大将軍)에 임명되었을 때 세워졌으며, 정원도 당시에 함께 만들어진 듯하다. 寛永 3년(1626년) 쇼군 이에미쓰(家光)와 大御所 히데타다(秀忠)는 이곳에서 고미즈노 천황의 방문을 맞이하게 되는데, 그때 니노마루 어전과 정원이 개축되어 현재에 이르고 있다. 정원의 개축에는 고보리 엔슈가 종사하였다고 전해진다.

전옥(殿屋)은 池庭에 西面 혹은 南面하고 있으며, 車寄가 붙어 있는 遠侍, 式台, 大廣間, 黑書院, 白書院 등 다섯 채가 이른바 안행형(雁行型 : 기러기의 행렬처럼 건물이 배치되는 형태)으로 배치되어 있다. 이들 건물은 직접 연결되어 있거나 회랑으로 연결되어 있어 연속된 내부공간을 이루고 있다.

당시 무가에 있어서 접객·대면의 의례는 매우 복잡하였다. 이 때 사용되는 전옥, 즉 서원은 두 채 혹은 세 채가 필요하게 된다. 그것은 대면의 성격이나 상대의 신분 등에 따라 접객하는 의례에도 차이가 있으며 이에 따라 사용하는 건물이나 방 역시 다르기 때문이다.

쇼군의 공식적 대면의 경우에는 오히로마(大廣間)가 사용되었다. 이때 각 다이묘들의 動線을 보면, 먼저 唐門을 들어와 遠侍 옆에 있는 車寄로부터 일단 실내로 들어오게 된다. 이후로는 건물 내부를 따라 안쪽으로 가게 되며, 大廣間의 하단(下段의 間)에 자리를 잡게 된다. 이때 상단(上段의 間)에는 床·棚·付書院을 뒤로 하고 쇼군이 앉게 되며, 기본적으로는 쇼군과 다이묘가 서로 마주보며 대면하게 된다. 다이묘가 앉은 곳으로부터 왼쪽에 니노마루 정원이 펼쳐진다. 여기서 주목되는 것은 쇼군과 다이묘가 대면하는 축이 정원과 나란하다는 점이다. 이것은 초기 쇼인즈쿠리 정원에서 쇼군이나 천황이 정원을 향하여 앉는 것과는 매우 다르다. 즉 초기 쇼인즈쿠리 정원에서는 주인이 앉는 곳으로부터 정면에 정원이 펼쳐지게 되어 있었지만, 이 니조성 니노마루 정원에서는 측면에 정원의 경치가 펼쳐지고 있는 것이다.

또한 다이묘가 車寄로부터 일단 건물 안으로 들어서면 이후에는 정원을 밟지 않고 곧바로 大廣間에 이르게 된다. 즉 접객·대면을 위한 동선의 범위는 실내에 한정되어 있어 정원에 미치지는 않는다는 점이다. 이것은 실내와 정원을 의식 공간으로서 함께 사용한 신덴즈쿠리 정원과는 매우 다른 특징이다. 따라서 이러한 동선은 정원이 大廣間로부터의 감상을 주목적으로 만들어진 것임을 의미한다.

쇼인즈쿠리 정원은 건물 내부로부터 하나의 시점을 상정하고, 이에 대응하여 설계 및 시공이 이루어진다. 이러한 원리는 주인과 손님이 앉는 위치가 고정됨에 따라 성립할 수 있었다고 생각한다.

이 시기는 접객·대면의 행사가 이루어질 때 신분질서에 의한 좌석배치가 고정되어 가고 있었다. 내부 공간에 있어서 이러한 좌석배치의 구별은 정원을 보는 위치가 신분에 따라 달라지며, 이에 따른 정원의 모습도 서로 다르다는 것을 의미한다. 가장 신분이 높은 자가 가장 아름다운 정원을 보게 되며 가장 신분이 낮은 자가 정원의 정면으로부터 벗어나 경치를 감상하게 되는 것이다.

니조성 니노마루 정원은 大廣間으로부터의 감상을 의도하여 조영된 것으로, 최상위 시점은 쇼군이 앉는 상단(上段의 間)으로 생각된다. 상단으로부터의 시선은 서쪽에서 서남쪽으로 향한다. 이 방향에 일치하도록 연못은 서쪽의 약간 북측에서 시작되어 남쪽으로 펼쳐지게 되어 있다. 북서쪽 구석의 폭포와 섬에 배치된 험준한 호안 석조는 특히 빼어나 이곳이 정원의 주요 경관을 이룬다(도 2-24). 상단으로부터 정원에 이르는 시선을 연장해 보면 지금은 없어졌지만 니조성의 천수각이 보였을

도 2-24. 大広間으로부터 본 二条城 二の丸庭園

것이다. 연못의 폭포와 수면에 비치는 천수각과의 조화로운 경치는 장관을 이루었음에 틀림없다. 이러한 배치계획은 쇼인즈쿠리에 있어서 주인의 시점이 결정됨에 따라 비로써 가능한 것이었다.

니노마루 정원에 사용된 돌은 대부분 매우 크고 힘차게 세워져 있다. 특히 눈길을 끄는 것은 거칠고 주름이 많은 표면과 화려한 색채를 자랑하는 바위가 많이 사용되었다는 점이다. 그 이유로서 「大廣間은 쇼군과 여러 다이묘가 대면하는 장소이며, 때문에 건물도 크고 실내 장식도 화려하며, 정원에 있어서도 이에 상응하게 다이묘를 압도하는 장식적 의도」가 반영된 것이라고 생각된다. 감상적인 측면에서 볼 때, 한 면을 정면으로 쉽게 판정할 수 있는 바위만을 사용한 것을 알 수 있다. 이 점 역시 대면소에 있는 좌석배치에 따라 정원 경치에 차등을 두어 신분질서를 표현하고자 했던 의도가 반영된 것으로 볼 수 있다.

니노마루 정원은 하나의 池庭에 면하여 두 개의 서원, 즉 大廣間과 黑書院에 대응한다. 따라서 이 두 방향을 의식하여 만들어졌다고 한다. 大廣間은 공적인, 黑書院은 사적인 쇼군의 대면 장소였다.

이러한 대면의 성격적 차이는 정원 공간의 취향 역시 바꾸어 놓았다고 생각된다. 감상의 방향을 고려할 때, 동쪽을 향하여 만들어진 폭포나 섬은 大廣間에서 감상할 수 있도록 만들어졌으며, 연못의 북안은 黑書院에서 감상하도록 만들어졌다고 생각된다.

이후 寬永 3년, 연못의 남측에 고미즈노 천황이 행차할 때 사용될 어전이 세워졌으며, 정원 역시 이 어전에 대응하도록 개조되었다고 한다. 구체적으로 어떻게 개조되었는지는 자료가 부족하여 정확히 파악할 수 없다. 다만 한 가지 가설로서 들 수 있는 것은 행행어전(行幸御殿)의 터로부터 연못을 바라볼 때 정면에 보이는 바위가 있는데, 이것은 당초 大廣間 방향으로 세워진 것을 고쳐 세운 것이라고 하는 설이다(森蘊, 『日本史小百科 庭園』, 東京堂出版). 그러나 오늘날 연못을 볼 때, 경석이 너무 많아 보이기 때문에 고미즈노 천황이 행차할 당시 새롭게 추가되어 세워진 것으로도 볼 수 있겠다.

행행어전으로부터 연못을 감상할 때의 시점, 즉 고미즈노 천황의 좌석 배치는 이미 결정되어 있었다. 따라서 정원을 개조한다고 하면, 이 시점으로부터 정원을 보았을 때 가장 아름답게 보이도록 해야 할 것이다. 이로 인해 앞에서 언급했듯이 바위의 정면을 남쪽으로 향하게 고쳐 세웠다는 것이다. 이것은 하나의 가설에 지나지 않으나 경치에 질서나 위계를 부여하였다는 정황을 알려주는 중요한 예로서 주목된다.

또한 『東武実録』에 따르면 寛永 3년 5월 3일, 鍋島 信濃守의 가쓰시게(勝重)가 「니조성 어정(御庭)」에 심기 위한 소철을 헌상하는데, 이는 동년 9월에 열릴 예정인 고미즈노 천황의 행차를 준비하기 위한 것으로, 니노마루 정원이 정비되고 있음을 시사한다. 이 소철이 구체적으로 어떠한 모양을 하고 있었는지, 또 어디에 심어졌는지는 확실치 않으나 행차에 대비하고 이를 축하하기 위하여 심어진 것만은 분명하다.

다이고지 산보인 정원의 배치 및 공간구성

하나의 池庭에 몇 개의 서원이 면한다고 하는 쇼인즈쿠리 정원의 양상은 다이고지 산보인 정원에서도 보인다. 정원을 조영할 당시는 콘고린인(金剛輪院) 정원으로 불렸고, 조영배경에 관해서는 『義演准后日記』를 통해 알 수 있다. 여기서는 이 기록에 근거하여 金剛輪院 정원의 공간구성에 대하여 검토해 보겠다.

慶長 3년에 池庭이 만들어지고 정원에 면하는 건물로서 동쪽에서 서쪽으로 灌頂堂・護摩堂・寝殿・常御所・台所가 배치되었다. 오늘날의 건물배치는 동쪽에서 서쪽으로 본당(원래는 護摩堂)・純淨観(원래는 灌頂堂)・表書院(원래는 寝殿)・秋草間, 葵間, 繋之間・表玄関 순으로 되어 있어(도 2-25), 관정당과 호마당의 위치가 뒤바뀌어 있다. 이외에는 다소간 명칭의 변경과 증개축이 있었으나 위치는 예전과 같다.

池庭은 건물의 남쪽에 있으며 이것이 「寝殿(지금의 表書院)」에 대응하여 만들어졌다는 것은 『義演准后日記』로부터 확인할 수 있다. 그러나 동시에 灌頂堂과 護摩堂

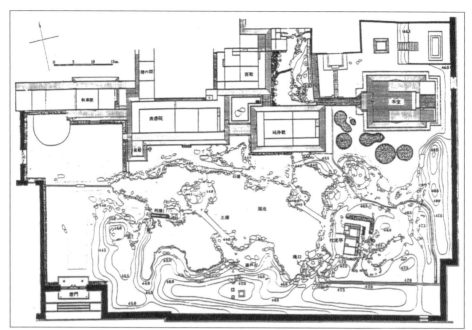

도 2-26. 醍醐寺 三宝院庭園 現況 実測図

도 2-26. 醍醐寺 三宝院庭園

에 대응한 것이라는 점에도 주의를 기울일 필요가 있다(도 2-26).

「寢殿(지금의 表書院)」의 모옥(母屋 : 처마 등을 제외한 본체)의 평면은 세 개의 방을 일렬로 나란히 배치하였으며, 동쪽에 있는 상단(上段一間)의 방은 정면에 床・棚을 갖추고 있다. 이 「침전」은 근세 원가객전(院家客殿 : 院家建築)이라 불리는 쇼인즈쿠리의 유구이지만, 남계(南階 : 건물 남쪽에 난 계단)를 지니고 있어 헤이안 시대의 침전을 상기시키는 외관을 보이고 있다. 연못은 건물 바로 밑까지 이르며 남계에 이어지는 남쪽 뜰은 매우 좁아, 여기서 의식이 행해졌다고는 생각할 수 없다. 그렇지만 남쪽 뜰(南庭)의 존재 자체는 이 건물이 침전으로서 세워졌다는 것을 의미하며 이에 대응하는 정원의 조영이라는 점을 시사한다. 즉 신덴즈쿠리 정원을 상징할 목적으로 감상 위주의 쇼인즈쿠리 정원이 만들어졌다고 생각할 수 있다(吉永義信, 『日本の庭園(日本歷史新書)』, 至文堂).

三宝院 정원은 복수의 쇼인즈쿠리 건물에 대응하여 만들어졌다. 각각의 건물 내에서 행해지는 접객・대면의 장소에 대응하여 경치가 설계되었다고 추정할 수 있다. 지금부터는 이러한 각각의 서원에 대응하여 만들어진 경관과 식재를 중심으로 고찰해 보겠다.

식재에 사용된 수목은 주로 金剛輪院의 옛 정원에서 옮겨지거나 각지에서 운반되어 왔다. 정원에서의 장소가 결정되면 알맞은 종류와 형태, 그리고 유서를 지닌 나무가 선택된다. 이시다(石田) 촌이나 宝地院으로부터는 매화가 운반되어 왔고, 光台院으로부터는 백일홍이 보내져 왔다. 이것들은 모두 유서 깊은 명목이어서 식재에는 많은 배려가 필요했다고 생각한다.

예를 들면 『義演准后日記』의 慶長 4년 2월 29일 조에는 「南庭ノ嶋仁梅古木植」라고 하는 기사가 나온다. 이것은 常於所 남쪽 뜰의 연못 섬에 매화 고목을 심었다는 것인데, 섬은 池庭에 있어서 가장 중요한 경관 요소이다. 여기에 단순히 매화나무가 아니라 매화 고목을 선택하여 심었다는 점이 주목된다. 즉 가장 눈에 띄는 섬에 의

도적으로 형태미를 자랑하는 매화 고목을 옮겨 심었다고 볼 수 있기 때문이다.

다음에는 慶長 13년 10월 11일 조에 「泉水, 東岸椿共, 梢枝ヲ刈テコミニツクリ畢, 大木松見越テ見事也, 自愛々々」라는 기사가 있다. 코미니쓰쿠리(コミニツクリ)는 아마도 나무의 둥근 전지를 의미한다고 생각된다. 따라서 연못의 동안에는 동백나무를 둥글게 전지하고 그 배후에 큰 소나무를 배치하여 매우 훌륭한 경관을 이루었던 것이다. 이러한 전지 작업은 다른 곳에서도 그 예를 쉽게 찾아 볼 수 있다.

慶長 20년 윤6월 21일 조에 나오는 「泉水ノ東大コミ今日悉ハサミ出来了, 景気見事也」라는 기사는 몇 년 동안 정원을 관리하지 못하여 연못의 동쪽에 있는 나무가 무성하게 자라 이 해에 전지를 하여 아름답게 다듬었다는 의미이다. 또한 慶長 20년 10월 18일 조에는 「東山檜コミ堀去リ東ノ大松大楓ヲ見ル様ニス, 諸人驚目」라는 기사가 보인다. 여기서 「東山」은 현재의 沈流亭 동측에 해당하는 장소에 있던 축산이다. 여기에 자라던 회나무를 큰 거목인 소나무와 단풍나무를 잘 보이게 하기 위하여 베어 버렸다는 것이다. 다음날의 기록에 따르면 너무나도 훌륭하고 빼어나 왜 좀 더 빨리 베어버리지 않았는지 후회하는 장면이 나온다.

慶長 17년 9월 20일 조에는 常御所 남쪽 뜰의 모란을 8개로 나누어, 침전의 남쪽 뜰과 서원의 동쪽 뜰에 옮겨 심었다고 하는 기사가 보인다. 常御所의 남쪽에는 화단이 있어, 慶長 4년 1월 18일에 처음으로 씨앗을 뿌렸다고 한다. 아마도 이 화단으로부터 옮겨 심은 것이라고 생각된다. 常御所는 일상적인 거처로 여기에서 매일 화단을 관리하며 꽃을 키웠던 것으로 보인다. 이 꽃이 잘 자라서 침전과 서원의 정원에 옮겨 공식적인 접객·대면의 장소를 장식하게 한 것으로 보인다. 이렇듯 손님을 맞이하는 과정에서 식재를 통해 공간을 조형하려는 것이 쇼인즈쿠리 정원의 한 가지 특색이라고 생각된다. 이러한 태도는 먼저 살펴보았던 니조성 니노마루 정원에서 천황의 방문을 환영하는 의미로 소철을 옮겨 심었던 조형태도와 동일하다.

다이고지 산보인 정원은 쇼인즈쿠리가 성립된 초기 양식을 반영하여 좌관식으로 만든 정원이다. 그러한 의미에서 니조성 니노마루 정원과 같은 계통에 속하는 정원이라고 할 수 있다. 다이고지 산보인 정원이 히데요시에 의해 계획된 것은 慶長 3년(1598년)이며 이로부터 2년 후 慶長 5년(1600년)에 완성된다. 이후 기엔 쥬고(義演准后)에 의한 개축과 보수가 寛永 3년(1627년)까지 이루어졌다.

쇼인즈쿠리 건축양식의 성립은 건물 안에 특정 시점을 고려한 정원의 성립에 직접적인 영향을 미친다. 따라서 쇼인즈쿠리 정원은 하나의 시점에 대응하여 정면성을 강조하게 되었다. 즉 보여주는 경관에 대한 의식을 제고하였다는 것이다.

그러나 전술한 두 가지 예에서와 같이 하나의 정원이 여러 개의 건물에 대응하는 경우, 정원에는 각각의 내부공간에 있어서 최상위의 좌위(座位)에 대하여 정면성을 추구하는 경향을 띠고 있음을 알 수 있다. 따라서 결과적으로 정원 전체를 보면, 하나의 정원에 여러 개의 중심 경물이 만들어지게 되는 것이다. 식재에 관해서 말하면, 『義演准后日記』 등의 기록으로부터 이러한 중심경물을 위해 식물의 종류나 형태를 세심하게 선택하고 배치하며, 전지 등을 통한 관리가 이루어졌음을 알 수 있다. 여기에서 발전한 기법이 이후에 다이묘 정원이나 회유식 정원의 조원에 반영되게 된다.

쇼인즈쿠리 정원의 전개

寛永 연간 중기에는 니시혼간지나 에도성에서도 알 수 있듯이, 하나의 서원에 하나의 정원이 전속하게 되는 쇼인즈쿠리 정원이 많이 등장하게 된다. 그것은 대면을 위한 건물이 히데요시의 대면소나 니조성 니노마루 어전과 같이 대규모일 필요가 없어졌으며, 그 내용과 성격에 따라 소규모의 서원을 다수 분산시켜 세웠기 때문이다. 하나의 서원에 대하여 하나의 정원 공간을 전속시키는 것은 건물 내의 공간질서가 정원공간에 보다 강하게 반영된다는 것을 의미한다. 나고야성(名古屋城)·도쿠시마성(徳島城)·와카야마성(和歌山城) 등 지방 각지의 다이묘 성곽에는 이러한 쇼인즈쿠리 정원이 지금도 남아 있다.

한편 에도 시대 말기에는 『築山庭造傳』을 비롯하여 다양한 정원 조영기술서가 출간된다. 여기에서는 진행초(眞行草 : 서예나 그림에서 출발한 양식으로 정형 중간형 비정형을 가리킴)로 분류되는 정원의 분위기에 따라 조영 기법을 기술하고, 「역목(役木)」이라고 하는 식재기법을 소개하고 있다. 이러한 기법은 건축과 정원이 일대일로 대응하는 쇼인즈쿠리 정원의 성립에 의해 점차로 성립되었으며 발전되어 갔다.

여기에서는 당시 가장 공식적인 정원이라고 보여지는 에도성의 혼마루(本丸) 및 니시노마루(西の丸)의 정원과, 비교적 이른 시기에 만들어진 니시혼간지 다이쇼인 정원을 예로 들어, 정원과 쇼인즈쿠리 건축과의 대응관계를 검토하기로 한다.

에도성 혼마루 및 니시노마루 정원의 배치[4]

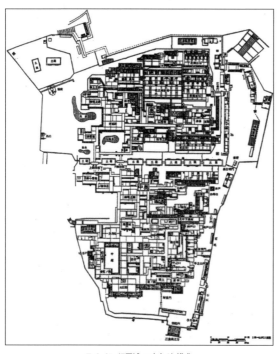

도 2-27. 江戸城 二之丸의 構成

에도성 혼마루에 세워진 수많은 건물은 모두 현존하지는 않지만, 寬永 17년(1640년)에 그려진 평면도에 따르면 혼마루어전(本丸御殿)의 大廣間·白書院·黑書院에 각각 대응하는 정원이 만들어졌음을 알 수 있다(도 2-27). 그러나 각각의 서원에 대응하여 만들어진 정원이나 식재의 구체적인 조형에 관해서는 알려져 있지 않다.

혼마루는 막부의 본부 관청으로 실무적 색채를 강하게 띠

---

4 內藤昌,『江戸と江戸城(SD選書)』, 鹿島研究所出版會.

126 일본의 정원

고 있는 장소이다. 혼마
루의 쇼인즈쿠리 정원도
이러한 혼마루의 특징을
반영하여 만들어졌다고
생각된다.

평면도에는 혼마루어
전의 정원에 연못이 나
타나지 않으며, 이 점으
로부터 혼마루의 쇼인즈
쿠리 정원은 평정(平庭)
형식이었다고 생각되며,
이것 역시 혼마루가 가
지는 성격을 반영한 것
이라고 할 수 있다. 단

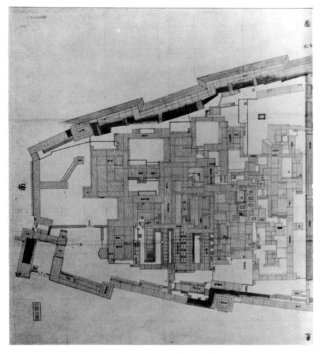

도 2-28. 江戸城 西丸指図(部分)

이 혼마루어전의 평면도에 그려져 있지 않다고 해서 실제로 혼마루에 연못이 없었다
고 단정지을 수는 없다. 이점에 관해서는 후술하겠다.

시대는 조금 내려가지만 에도 성에 관한 자료는 이외에도 元治 1년(1864년) 니시
노마루어전(西の丸御殿)의 평면도가 있다(도 2-28). 이 니시노마루는 大御所로서 때로
는 将軍嗣子가 사는 장소가 되었다. 어전은 크게 「表向」(公)과 「奧向」(私)로 나뉘져,
「奧」는 침소나 부인들의 거처, 그리고 사적인 대면소 등으로 사용되었다. 奧向의
서원에는 対面所·新座敷·御座之間·上之間의 남쪽에 각각 연못을 중심으로 하는
정원이 만들어져 있다. 이 연못은 저수지나 방화용수로 사용되었으며, 동시에 서원
으로부터 감상에 대응하여 경관을 꾸미기 위해 만들어졌다고 생각한다. 연못은 굴
곡이 심하며 건너편으로 비스듬하게 다리가 걸려 있다. 이것은 정원에 심오감을 부
여하기 위한 기법이라고 생각된다.

니시혼간지 다이쇼인 정원의 배치 및 공간구성

혼간지(本願寺)는 天正 19년(1591년), 교토 호리카와(堀川)의 현재 위치에 이축되었다. 慶長 7년(1602년)에는 烏丸 七条에 大谷本願寺(東本願寺)가 세워져, 이후 혼간지는 동서로 분립하게 되었다. 따라서 호리카와에 있던 혼간지가 본파본원사(本派本願寺 : 西本願寺)로 불리게 되었다.

元和 7년(1617년) 니시혼간지는 화재에 의해 「悉皆炎上」했다고 한다. 오늘날 가람은 이후 장기간에 걸쳐 수복 정비된 것이다. 니시혼간지 서원건물은 對面所(鴻의 間), 白書院, 菊의 間, 雁의 間 등으로 이루어지며, 御影堂의 서남쪽에 있는 虎의 間나 大玄関에 접속하도록 세워졌다.

西本願寺 大書院 정원은 일반적으로 「호계(虎渓)의 뜰(庭)」이라 하며, 서원(對面所)의 동쪽에 있다. 니조성 니노마루 정원은 하나의 池庭이 黑書院과 白書院이라고 하는 두 채의 서원에 대응하고 있으며, 또한 행행어전(行幸御殿)에도 대응하여 개조된 결과, 하나의 정원에 세 채의 건물이 대응하도록 되었다. 이에 비해 西本願寺 大書院 정원은 이 對面所에 전속하는 형태로 만들어졌다고 할 수 있다(도 2-29).

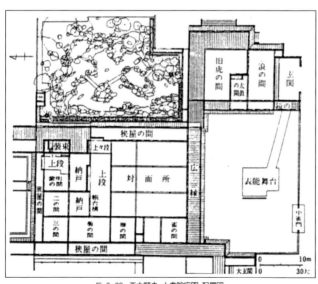

도 2-29. 西本願寺 大書院庭園 配置図

현재 이 호계의 뜰을 대면소로부터 바라볼 경우, 폭포 석조의 배후를 덮은 커다란 고목 너머 솟아있는 어영당의 모습이 눈에 띤다.

정원 너머로 어영당이 엿보이는 것은 처음부터 의도된 것이었을까? 이것은 정원의 공간구성과 그 의도에 관

한 문제로 조금 더 고찰
해 볼 필요가 있다. 우
선 대면소와 어영당과의
배치관계에 관해서 검토
해 보기로 하자.

西本願寺가 天正 19
년 현재의 위치로 이전
한 뒤, 지금의 대면소가
세워지기까지는 약간의
변천이 있었다. 먼저 제

도 2-30. 洛中洛外図에 그려진 西本願寺

1기 대면소는 慶長 13년 이전의 것이나 그 배치는 알 수 없다. 제2기의 대면소는
慶長 13년에 세워진 것으로 元和 3년 소실되기까지 존속해 있었다. 당시의 西本願
寺 모습은 〈池田家旧蔵洛中洛外圖〉를 통해서 확인할 수 있다(도 2-30). 중앙에 기와
지붕을 얹은 건물이 어영당이고 남쪽에 시즙(柿葺 : 나무판을 쪼개 덧붙인 지붕) 건물이
아미타당, 그리고 북쪽에 있는 것이 다소(茶所)이다. 여기에는 대면소가 보이지 않으
나, 『法流故実条々秘録』에 「元和3年丁巳12月20日ノ炎上マテハ(中略)御対面所ハ今
之所也」라는 기사가 있는 것으로 보아, 대면소의 위치는「今」, 즉 이 기록이 쓰여
진 寛文 9년의 위치로 현재의 위치와 같다. 따라서 〈洛中洛外圖〉에 보이는 어영당
서남쪽에 대면소가 세워져 있었던 것으로 보인다. 즉, 현재의 대면소와 어영당의
위치관계는 慶長 13년에 설정된 것이라고 생각할 수 있다. 또한「東之御庭作庭今同
前」이라는 기사로부터 정원도 현재와 같은 위치에 만들어진 것으로 짐작할 수 있다
(西和夫,「本願寺書院」,『日本建築史基礎資料集成17 書院Ⅱ』所収, 中央公論美術出版).

　그러나「元和3年丁巳12月20日ノ炎上マテハ(원화 3년 정사 12월 20일의 화재가 일어날
때까지는)」이라고 하듯이, 제3기 대면소는 현재와는 다른 장소에 세워진 것으로 생
각된다. 제3기 대면소는 어진영(御真影)이 옮겨진 가당(假堂 : 임시 건물)의 일부가 사

용되어, 어영당과 대면소와의 밀접한 관계가 엿보인다.

제4기 대면소에 관해서 『관영일기(寬永日記)』의 寬永 10년 4월 23일조에는 「(前略)御影堂再興ニ付, 御対面所西方ヘヒカレ候(後略)」라고 하여, 元和 3년에 소실된 후, 다음 해 임시로 만들어진 대면소는 어영당의 재건축과 함께 현재 위치로 이축된 것을 알 수 있다. 「西方ヘヒカレ(서쪽에 옮겨지다)」라고 하듯이, 제3기 대면소는 현재 위치보다 동쪽에 있었다고 생각할 수 있다.

이상과 같이 대면소를 어영당의 서남쪽에 세운다고 하는 배치 계획은 니시혼간지에 있어서 일관되게 지켜지고 있었다고 생각된다. 그리고 대면소의 동쪽에 정원을 만들고, 그 뒤에 어영당을 보이게 세워둔 것은 이미 慶長 연간에 성립된 것으로 추정된다.

그렇다면 이러한 배치 계획은 어떠한 이유에서 성립된 것일까? 그 이유를 직접적으로 밝혀주는 자료는 없지만, 대면소 동쪽 정원의 「虎渓의 庭」이라는 이름은 중요한 참고가 된다.

虎渓는 현재 중국 장시성(江西省)에 있는 여산(廬山) 동림사(東林寺) 밑에 있는 계곡이다. 진대(晋代) 이 절은 은일과 수도의 장으로서 유명하였다. 이곳은 특히 혜원(慧遠)의 일화로 유명한 「호계삼소(虎渓三笑)」라는 고사가 유래하는 곳이다. 이 고사로부터 「호계」는 성(聖)과 속(俗)의 경계라고 하는 관념이 성립한다.

대면소의 동쪽 정원에 보이는 폭포와 옥석으로 나타낸 계곡은 이 호계를 표현한 것으로 볼 수 있다. 따라서 이 대면소는 이미 성(聖)의 세계에 있는 것이다. 이곳에서 호계 너머 바라보이는 것이 바로 시조인 신란쇼닌(親鸞上人)의 초상이 모셔져 있는 어영당으로 여산 호계 위에 있는 동림사에 해당한다. 이렇게 볼 때, 호계의 뜰은 대면소에 앉아 있는 사람으로 하여금 자신이 지금 성스러운 공간에 있다는 점을 환기시켜 준다. 즉 대면소의 동쪽 정원은 이러한 환기작용을 위해 만들어진 것이다. 이 때문에 이 정원은 사원 정원으로서 정의될 수 있다.

한편, 「호계의 뜰」에 있어서 정원의 구성 및 식재를 논의할 때 참고가 되는 것

도 2-31. 都林泉名勝図会에 그려진 西本願寺 · 虎渓庭

이 『都林泉名勝圖會』이다. 원래 이것은 정원 제작 당시의 모습을 그린 것은 아니나, 이 지도의 성립시기인 寬政 11년(1799년)경의 식재를 보여주는 자료로서 귀중하며(도 2-31), 현재 대면소가 세워지는 寬永 연간으로부터 이 그림이 그려지는 寬政 연간 사이에는 커다란 개조 공사가 없었다고 추정된다. 물론 이 기간 동안 식재의 변화는 있었겠으나, 그 배치 자체에는 커다란 변화는 없었으며, 따라서 이 그림을 통해 당시 식재의 배치와 구성은 확인 가능하리라고 생각한다.

이 정원의 상부는 이미 검토한 대면소와 어영당의 배치 관계로부터, 동북 방향이라고 생각된다. 이 방향에는 호계를 모방한 마른 폭포 석조(枯滝石組)가 만들어져 있어, 이것이 정원의 주요 경관을 이룬다. 그림에는 그려져 있지 않으나 이 마른 폭포 뒤에는 울창한 숲 너머로 어영당이 보인다.

먼저 정원의 주변을 둘러싸고 있는 식재에 관해서 검토해 보겠다. 여기에는 거목이 심어져 있었다. 나무는 먼저 소나무가 눈에 띈다. 소나무는 가장 깊은 곳에 심어져 있었던 것으로 보인다. 이 외의 수종에 대해서는 잘 구별되지는 않지만, 상록수와 낙엽수가 섞여 있고, 침엽수과 활엽수도 혼재되어 있었던 것으로 추정된다. 현재는 적송과 참나무가 자라고 있으나, 寬政 연간에는 계절에 따라 다양한 변화를 주는 식재로 구성되어 있었음을 확인할 수 있다.

다음에 식재의 배치(配植)에 관해서 보면, 정원의 안쪽 즉 동쪽으로 갈수록 키가 큰 식재가 이루어져 있다. 현재 이 정원의 동쪽 끝은 흙으로 만든 둑이 있어, 이곳을 향해 지반이 조금씩 높아진다. 이렇게 높아지는 지반에 식재를 하게 되어, 계곡과 같은 분위기를 연출할 수 있었다고 생각한다. 이들 고목군(高木群) 앞에는 단정하게 전지한 나무군락을 배치하였다. 여기에서 주목되는 것이 식재의 밀도이다. 연못의 건너편 북쪽에서 동쪽, 그리고 남쪽에 걸쳐 넓은 범위로 전지한 식재가 이루어져 있다. 더욱이 이들의 높이를 고려해 볼 때, 키가 작은 나무가 아니라 중간 정도의 나무를 다듬은 것으로 보인다. 이러한 전지 나무군은 지금도 볼 수 있으며, 이러한 나무군락을 통해 원산(遠山)을 표현한 것으로 생각된다.

枯滝石組는 폭포를 모방하여 큰 바위를 세우고, 계류는 옥석으로 표현했다. 이 폭포 석조에는 구부러진 소나무가 심어져 계류를 향해 나뭇가지를 펼치고 있다. 이것이 이른바 「流枝 수법」이라고 하는 것으로 왼쪽에 있는 석교 북쪽에도 식재되어 있다. 대면소의 상좌(上座)로부터 이 소나무의 줄기나 가지를 통해 폭포를 볼 수 있다. 이러한 수법을 통해 폭포는 한층 깊은 정취를 자아내는 것이다. 그리고 뒤에 키 큰 나무를 식재하고 좌우에 펼쳐지는 전지 나무군락을 통해 원산의 경치를 더하여, 전체적으로 유현한 계곡의 분위기를 연출하고 있다.

『都林泉名勝圖會』에는 이 계류에 자연석의 석교가 걸려 있으나 지금은 없다. 폭포로부터 이어지는 계류는 이 석교를 돌아 좌우로 나뉘어 흐른다. 계류는 흰 모래를 깔아 표현하고 있으며, 곳곳에 사주(沙洲)를 표현하기 위해 옥석을 깔았다.

폭포 근처에서 왼쪽(북쪽)으로 갈라지는 계류는 화면 중앙에 보이는 섬(龜島)의 북안에서 사주를 형성하면서 돌아 흐르고, 대면소 근처에 이르게 되면 다시 오른쪽 (남쪽)으로 그 방향을 튼다. 이때에도 대면소 앞에서 사주를 형성한다. 한편 폭폭 근처에서 남쪽으로 갈라지는 계류는 龜島와 그 대안에 소철나무가 심어져 있는 곳(岬) 사이에 걸린 다리 밑을 통과하여 사주를 만들면서 남쪽으로 흘러가다 다시 다른 계류와 합류한다. 여기서 합류한 계류는 또 하나의 섬(鶴島)을 돌아 동서로 나뉘어 각각 남쪽으로 흘러간다.

정원의 구성에는 계류 상류와 하류, 뜰의 상부와 하부가 조화롭게 구성되어 있다. 뜰의 상부는 험준한 산악과 폭포를 표현하는 석조로 이루어져 있다. 하부는 수면을 표현한 흰 모래와 낮은 둔덕으로 만들어진 섬으로 구성된다. 이러한 상부와 하부의 차이는 구성뿐만 아니라 식재에 있어서도 구별된다. 식재에 특히 주목되는 것이 소철나무이다. 상부 폭포를 이루는 석조 옆에는 크고 굵은 소철이 심어져 있어 힘찬 주경을 연출한다. 하부에 심어진 소철은 크고 작은 것을 섞어 배치하여 재미를 더하고 있다. 이때 상부에 있는 소철나무는 하부의 그것보다 높은 지반에 심어져 있어 이러한 대비를 더욱 유효하게 한다. 상부에 심은 소철나무는 눈에 띠는 것만을 골라 심었다고 생각된다. 이에 비해 하부의 소철은 잎이나 줄기가 가지런하여 가까운 곳에서의 감상을 염두에 둔 것으로 보인다.

다음에는 섬의 식재에 관해서 살펴보자. 화면 거의 중앙에 그려진 龜島에는 조금 큰 전지 나무군락이 심어져 있다. 주위의 호안에도 작은 나무를 심고 다듬어 놓았다. 여기에서 주목되는 것은 중앙에 있는 나무군락의 높이가 억제되어 있다는 점이다.

한편 정원 하부에 있는 鶴島를 보면, 龜島와 동일하게 전지한 낮은 나무군락을 심어 호안의 석조를 견고히 하고 있으며, 섬 중앙에는 가지가 아름답고 잎이 작은 거목을 한그루 심어 놓았다. 이 거목 주변에는 작은 키의 나무를 세 그루 심었다. 가지가 아름답게 펼쳐져 있으며 작은 잎을 가진 것만을 골라 심은 듯하다.

鶴島 앞에는 또 하나의 섬이 만들어져 있다. 이 섬 역시 龜島와 같이 중앙에 낮은 키의 나무를 전지하여 심어 놓았다. 이러한 점으로부터 섬의 식재에 있어서 상부의 龜島는 낮은 전지가 중심을 이루며 소나무 등을 이용한 것에 비해, 하부의 鶴島는 중앙에 심은 키 큰 나무를 비롯하여 한 그루 한 그루 감상을 위하여 식재된 것으로 보인다. 이렇게 정원이나 식재에서 보이는 상부 하부의 구성은 서원 실내에 있어서 상좌(上座)와 하좌(下座)라고 하는 공간 구성에 대응하여 성립된 것으로 볼 수 있다.

정원에 만들어진 세 개의 다리(현재는 두 개)에 관해서도, 그 측면 장식이 각각「裝束 間」의 북측, 上上段 付書院의 하부 및 縁座敷의 최하부를 향하여 놓아져 있다. 이 구성은 남북으로 긴 서원의 어디에서나 정원의 정면을 감상할 수 있도록 고려된 것이다.

그러나 이러한 시점 각각에 대하여 전개되는 정원의 경치들 사이에는「격(格)」의 차이가 발생한다. 즉 대면소에 있는 최상위 자리는 말할 것도 없이 서원의 상상단이다. 이곳으로부터 정원을 바라볼 때, 付書院의 창문이 하나의 그림액자틀이 되어 호계의 폭포나 소철나무, 깊은 계곡을 포함하는 경관이 한 폭의 산수화처럼 보이게 되는 것이다.

西本願寺에 大廣間(鴻의 間)이 만들어진 목적은 쇼군의 방문을 위한 것으로 추정된다. 西本願寺는 도요토미 가와의 관계가 깊은 사원이므로, 도쿠가와 막부는 東本願寺를 창설하여 혼간지 세력을 억제하고자 하였다. 따라서 西本願寺 측은 3대 쇼군 이에미쓰(家光)가 교토에 올라올 때 막부에 순응하는 모습을 보여줄 필요가 있었다. 이러한 의도로부터 쇼군의 방문을 위한 시설로서 서원건축이 세워졌으며 정원도 함께 만들어진 것이다. 이 방문은 결국 실현되지 못했으나 만일 쇼군이 이곳을 방문하였다면 쇼군의 자리는 틀림없이 上上段이 되었을 것이다. 이 자리에 앉으려고 걸어오는 쇼군의 눈에는 아마도 付書院을 통해서 보이는 정원의 아름다운 경치가 비쳤을 것이며, 上上段에 앉았을 때는 이곳을 중심으로 하는 서원과 정원 구성이 쇼군에 대한 복종임을 감지하고도 남았을 것이다.

이 건축에는 인간의 사회적 지위를 공간적으로 표현하려는 조형의지가 엿보인다. 그리고 그것은 정원에 있어서도 명확히 투영되어 있다. 정원에는 상부와 하부라고 하는 공간적 차등이 반영되어 있으며 이는 식재에 있어서도 동일하다.

상술하였듯이 이 대면소의 정원은 慶長 연간에 이미 그 공간 배치가 성립되어 있었다. 이것을 개조하여 쇼군의 방문을 위한 정원으로 만드는 것에는 커다란 무리가 없었을 것이다. 예를 들면 이 정원에는 두 개의 섬이 있다. 이른바 鶴島·龜島로 이러한 시설을 기존의 정원에 추가함으로써 쇼군 이에미쓰를 영접하는 사원 측의 태도를 분명히 할 수 있었다고 생각한다.

제2절 로지(露地)의 배치 및 공간구성

「속세를 벗어난 길」

무로마치 시대 문화인들 사이에서는 草庵이 유행하고 있었다. 와비차(侘び茶)의 시조로서 여겨지는 珠光의 양자 宗珠가 교토의 下京에서 운영하던 数寄屋(다실)은 키 큰 소나무와 삼나무가 심어져 있었으며 붉게 물든 담쟁이덩굴이 이른바 「山居의 体」(深山풍경)를 자아내어, 「市中의 隱」이라고 평판이 높았다. 이러한 경관은 시내에 있으면서도 마치 깊은 산 속에 있는 듯한 착각을 불러일으키는 소박한 정경이 당시 새롭게 태동하던 와비차와 결합되어 있음을 알려준다.

그러나 당시까지 茶座敷(다실과 그 실내장식)는 쇼인즈쿠리 건축에 마련되었으며, 정원 역시 쇼인즈쿠리 정원의 계보에 속해 있어, 챠테이(茶庭)로서 특별한 공간이 성립되지는 못하고 있었다.

차를 위해 독립된 공간을 구성한 초기 사례로서는 다케노 쇼오(武野紹鴎)의 사첩반(四畳半) 다실을 들 수 있다(도 2-32). 이 사첩반(다다미 4개 반이 깔린 공간) 다실에는 건물 외곽으로 마루가 둘러있으며 이곳을 통해 출입하였다. 마루의 끝(북쪽)에는 「面

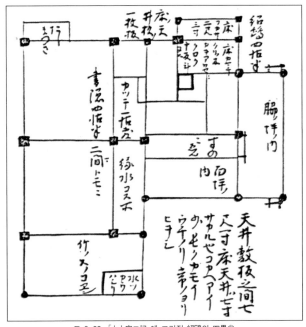

도 2-32. 「山上宗二記」에 그려진 紹鴎의 四畳半

坪의 内」가 있고, 측면에는 「脇坪의 内」가 만들어져 있었다. 여기서 「坪内」란 작은 뜰로서 해석할 수 있다.

『烏鼠集』에는 「四畳半の前には草木植えず, 石立てず, 砂まかず, 栗石並べず. その故は, 客の目うつらぬがよし(사첩반 다실 앞에는 초목을 심지 않고 돌이나 모래도 깔지 않는다. 때문에 손님에게 보이지 않는 편이 좋다)」

라고 하여, 이로부터 「面坪의 内」는 茶座敷에서 차에 집중할 수 있도록 나무나 돌로 장식하지 않은 텅 빈 뜰임을 추측할 수 있다. 단 건너편에는 크고 작은 소나무가 보이는 점으로 보아, 이 茶座敷는 「山居의 体」로 만들어진 것임을 알 수 있다. 복잡하게 선 시내의 건물들 사이로 茶座敷에 이르는 좁고 긴 길이 로지(路地)이며, 이 길은 「脇坪의 内」에 접속하고 있었다고 생각된다. 그러나 이것은 단순한 통로가 아니라 차에서 빼놓을 수 없는 「手水」(차를 마시기 전에 손을 정결히 씻는 것)를 위한 장소이다. 이러한 두 개의 작은 공간(坪内)이 로지의 원형이었다고 생각한다(堀口捨己, 『利休の茶室』, 岩波書店).

시대가 조금 내려가 天正 연간(1573~1593년)경에는 센리큐(千利休)에 의해 와비차가 완성된다. 리큐는 와비차를 위한 공간구성을 고안하여 좁은 내부공간으로서 다실과 이에 대응하는 로지(路地, 露地)를 만들었다. 교토 부 오야마자키(大山崎) 정에 남아 있는 다실 타이안(待庵)은 天正 11년(1584년)경 리큐가 만든 것으로 전해진다(도

2-33). 여기에서 보이듯이 리큐의 다실은 서원 건축과는 별도로 세워져 있으며, 정원 공간도 서원의 정원과는 별도로 만들어져 있다. 로지는 「부세(浮世)의 세계」(속세)인 서원 건축으로부터 다실로 옮겨 가기 위해 만들어진 좁은 통로에 해당하며, 이 로지를 센리큐는 「부세의 외도(外道)」라고 불렀다고 한다.

당시의 주택정원인 서원정원은 손님의 감상에 대응하여 특별히 선별된 나무와 돌을 이용하여 만들어져 있었지만, 초창기의 로지는 이들과는 정반대의 성격을 지닌다.

도 2-33. 待庵의 露地

통로에 까는 징검돌(飛石)에 관해서 센리큐는 「わたりを6分, 景気を4分(통로로서의 실용성을 6할, 경관을 4할)」로 보았지만, 센리큐의 제자 후루타 오리베(古田織部)는 「わたりを4分, 景気を6分」으로 생각하듯이, 로지가 실용성으로부터 미관을 중시하는 방향으로 변화해가는 모습을 엿볼 수 있다.

차를 즐겨하는 애호가에 따라 찻잔(茶碗)이나 다구(茶具)의 취향이 달라지듯이, 로지의 조형에도 일종의 취향이 있다. 그것은 차를 즐겨하는 사람의 생각이나 미감에 좌우된다. 한 예로서 여기서는 식재에 대하여 간단하게 검토해 보겠다. 전술한 武野紹鴎의 사첩반 다실에서 「面坪의 內」에는 一木一草도 심지 않았으며, 이는 차에 집중하기 위하여 주의를 분산시키는 식재를 하지 않는다는 점을 보았다. 일정 기간 센리큐도 이러한 입장을 고수한 것으로 보인다. 『烏鼠集』에는 다실의 「次의 間」이나 화장실이 있는 근처에는 공간의 협소함을 해소하기 위하여 초목을 조금 배치하는 것이 좋다고 기술하고 있다. 이러한 생각이 로지에 식재를 하도록 하는 계기가 되었다고 생각한다.

센리큐가 로지에 식재를 하게 되는 시기는 명확하지 않다. 그러나 天正 15년(1587년) 川崎 梅千代에게 보는 편지에서 초목에 물을 주는 방식, 징검돌의 배치, 다실 실내 구성 등과 함께 「木の植えよう(나무를 심을 것)」이라고 하는 대목을 눈여겨볼 필요가 있다. 이러한 점으로부터 그의 다실에 있어서도 식재는 불가결한 요소였다고 생각할 수 있다. 그가 구체적으로 어떠한 식물을 로지에 심었는지는 알 수 없지만, 『細川三斎御傳授書』나 『茶譜』 등에 따르면, 소나무 오동나무 산수유를 좋아했지만 낙엽이 지는 나무는 꺼려했다고 한다. 구체적인 이유에 관해서는 자세한 검토가 필요하지만 적어도 그에게 있어서 로지는 다실을 향하는 구도적 통로였기에, 마음을 혼란하게 하는 경관은 배제되었다고 생각하며, 이러한 이유가 식재에도 영향을 미쳤다고 볼 수 있다. 여기에는 「客の目うつらぬがよし(손님의 눈을 끌지 않는 것이 좋다)」라고 하는 기본적인 생각이 반영되어 있음은 말할 필요도 없다.

이에 비해 그의 제자 古田織部는 히데요시로부터 무가(武家) 스타일의 차와 그 의례를 창안하도록 명을 받았다고 한다. 그의 차는 한마디로 말하면 「客をもてなす道理を本意とする茶(손님을 잘 대접하는 의미로서의 차)」이며, 이러한 생각은 로지에 있어서도 「景」의 요소를 더욱 중시하는 자세로서 반영되었다. 織部에 관한 자료(傳書)에 따르면, 그가 로지에 심을 만한 수목으로서 17종 이상을 언급했다고 한다. 그 중에서도 종려나무나 소철나무, 전나무 등은 일반적으로는 로지에 사용되지 않는 것으로 흥미롭다.

織部의 제자 고보리 엔슈는 스승 織部가 지향한 차를 더욱 발전시켜 서원과 연결시킨 와비차를 확립하였다. 그것은 서원에 있어서 새로운 접객의례의 확립을 의미한다. 이 과정에서 遠州의 로지는 그 형태뿐만 아니라 취지에 있어서도 쇼인즈쿠리 정원과 융합하게 된다. 遠州가 도달한 조형은 서원다실로 불려지는 다이토쿠지 塔頭(일종의 말찰) 孤篷庵 忘筌 다실과 로지로부터 확인할 수 있다.

고호안(孤篷庵) 露地의 배치 및 공간구성

孤篷庵은 小堀遠江守政一(小堀遠州)에 의해 慶長 17년(1612년) 다이토쿠지 塔頭 龍光院에 세워졌다. 開祖인 고게쓰 소간(江月宗玩) 화상의 게(偈)에 의하면, 다이토쿠지 근처에 있는 후나오카 산(船岡山)을 봉주(篷舟 : 지붕이 달린 작은 배)에 비유하여, 이곳을 孤篷庵이라고 했다고 한다. 寬永 20년(1643년)경 현재의 위치로 이전하여 새롭게 건물과 정원이 조성되었다. 遠州는 유명한 다이묘 다인(茶人)으로서, 동시에 伏見 奉行(막부의 직할령으로서 후시미(伏見)에 두어진 지방 관청 및 그 관료)·作事奉行(막부의 토목공사 관련 관청 및 그 관료)으로서 각 방면에서 활약하였으며 수많은 건축과 정원 조영에 재능을 발휘하였다. 그 중에서도 孤篷庵은 만년의 은거처이자 보리소(菩提所)로서 그의 작풍이 가장 잘 드러난 곳이다.

이후 寬政 5년(1793년) 화재에 의해 소실되자, 당시 주지였던 환해(寬海)가 마쓰다이라 후마이(松平不昧)의 도움을 얻어, 寬政 8년부터 12년까지 재건한 것이 현재의 孤篷庵이다(도 2-34). 석조물은 타지 않았기 때문에 그대로 남아 있어 조영당시 遠州의 의장을 볼 수 있다. 예를 들면 表門 앞 수로에 놓인 석교, 현관과 唐門으로 이어지는 돌바닥 길 등 깨끗하게 자른 돌의 의장이 특징적이다. 안뜰은 객전(客殿), 茶座敷(다실)인 忘筌, 서원인 直入軒 및 茶座敷(다실) 山雲床에 각각

도 2-34. 孤篷庵 忘筌의 室内

도 2-35. 孤蓬庵 忘筌의 露地

대응하는 네 개의 뜰로 구성되어 있다.

객전 남쪽의 정원은 붉은 흙을 깐 평정(平庭)으로, 이중으로 다듬어진 식물군을 이용하여 울타리로 삼아 남쪽에 있는 묘지와 구분하였다. 묘지에 들어가는 편립문(編笠門) 옆에는 회나무가 심어져 있다.

忘筌은 객전 「단나(檀那)노마(객전 안에 있는 주실)」 북측에 이어져 있으며 차를 위한 전용다실이다. 忘筌의 서측에는 넓은 마루가 둘러쳐져 있고 그 끝부분에 창문을 달아 놓았다. 창문은 윗부분만을 달아 놓고 아랫부분은 터놓는 등 독특한 구성을 보인다. 이러한 표현은 여름에 서쪽으로 기운 햇빛을 차단하기 위한 것임과 동시에, 마루 끝에 있는 手水鉢(일명 露結로 불리며, 손을 씻기 위해 돌을 깎아 만든 貯水鉢)나 燈籠 등이 배치된 로지경관을 액자에 있는 그림같이 아름답게 보이게 하기 위한 고안으로도 볼 수 있다(도 2-35, 中村昌生,『茶室の研究』, 河原書店). 또한 경내에 깔린 징검돌(飛石)을 따라 忘筌에 들어섰을 때, 트여진 창문은 마치 와비다실에 만들어 놓은 작은

출입구(にじり口)와 같은 역할을 하게 되며 手水鉢은 로지에 만들어 놓은 蹲踞(手水鉢에 바위를 조합하여 정취를 강조한 것)의 기능을 하게 된다. 이러한 忘筌의 실내 공간 구성과 정원의 모습은 창건 시와 거의 동일하게 복원되어 있음이 고지도를 통해서도 확인되었으며, 手水鉢이나 낙연(落緣 : 한 단 낮게 만들어 붙여진 마루) 끝에 배치되어 있는 沓脫石(신발을 벗고 건물에 오르기 위한 디딤돌) 등에는 寬政 5년의 화재로 인한 흔적이 여전히 남아 있다.

直入軒의 남쪽 정원에는 좌우에 배치된 식물 사이로 징검돌을 깐 길이 나타난다. 도중에 정면으로 보이는 석교는 매우 낮게 걸려 있고, 이곳을 지나면 붉은 흙이 전면에 깔려 있어 수면을 표현하고 있음을 느낄 수 있다. 안쪽으로는 15층 석탑이 있고, 동쪽으로는 雪見燈籠이 있어 경관이 매우 아름답다. 직입헌의 북측에는 다실인 山雲床이 있고, 서측에는 그것에 부속하는 로지가 이어진다. 이들은 모두 화재 이후에 재건된 것으로, 여기에 「布泉」이라고 불리는 手水鉢과 오리베의 등롱(燈篭)이 세워져 있다.

한편, 이러한 다실과 로지의 공간구성과 디자인을 완성하기까지 遠州는 다양한 습작을 남기고 있다. 이들은 오리베가 만들었다고 하는 本国寺의 로지를 기본으로 하여, 옥석을 까는 수법, 다실로부터 좌관(座観)하는 공간구성, 마루 근처에 세워지는 蹲据의 배치 등에 창안을 거듭하여 완성한 로지였다. 遠州의 로지에서는 특별히 정해진 식재가 이루어지지는 않은 듯하며, 다양한 수종을 이용해가면서 그 조합을 통한 경관의 연출에 신경을 쓴 듯하다. 이것은 그가 차 도구를 선별하여 사용하는 방법과도 일치하는 특징이다. 이러한 로지에 있어서 경관연출의 전개과정은 서원정원으로부터 이탈하여 구도적 정원 공간으로서 태어난 로지가 또 다시 「浮世(속세)」적 접객공간으로 변모하는 과정을 보여준다.

로지에 있어서 실용과 경관

차에 대한 취향과 생각에 따라 다양한 로지가 성립할 수 있지만, 기본적으로는 차를 위한 공간임에는 다름이 없다. 징검돌(飛石)은 그러한 다실로 건너가기 위한 시설로서 돌의 크기나 형태, 돌과 돌 사이의 간격은 사람이 걸어가기에 적합하지 않으면 안 된다. 또한 蹲踞는 물을 사용하기 위한 장치로 쉽게 손이 닿을 수 있도록 배치돼야 한다.

그러나 다른 한편, 이러한 로지의 시설은 단순히 실용을 위한 것만은 아니다. 수발(水鉢)도 석등롱(石燈籠)도 징검돌도 모두 로지만의 독특한 시설은 아니다. 예를 들면 석등롱은 예부터 사원에서 献燈하는 데 사용되었으며, 징검돌도 일반 가정이나 시설에서도 흔히 사용되어 왔다. 그러나 다인(茶人)들은 이러한 일상적인 것으로부터 차를 마시는 공간에 적합한 것을 선택하고 그것을 교묘하게 배치하여 와비차의 공간을 연출하였다. 이것을 「미다테(見立て : 일정한 관점으로부터 그 유사성에 착안하여 대체하는 것)」라고 하며, 이러한 사용이 본래의 다도 정신에 어긋날 경우 가차 없이 비판을 하게 된다.

따라서 로지의 공간구성은 이러한 「용(用)」을 충족시키면서도 동시에 경관을 연출할 수 있는 것, 즉 「用과 景」을 적절히 안배하여 창의를 발휘해야 하는 것이다. 예를 들어 蹲踞의 구성에 관해서 보도록 하자. 와비차의 초창기에는 주로 나무로 만든 물통을 마루 근처에 두고 사용했다. 「脇坪의 內」라고 하는 로지의 원초적 공간이 성립하게 됨에 따라 水鉢을 고정하여 설치하게 되며, 이때 水鉢 앞에 평평한 돌을 놓아 이곳이 다실에 오르기 전에 손을 씻고 입을 헹구는 위치가 되었다. 이러한 공간과 그에 연관되는 행위 및 의식이 점차로 배수시설의 정비나 밤에 이루어지는 다회에 대응하여 사용되는 行灯(휴대용 등), 겨울철에 이용되는 湯桶(더운물을 담은 통)을 두기 위한 바위 등과 더불어 기능상 미관상 포인트가 되었다. 동시에 蹲踞 주변의 돌이나 식물 역시, 선택 및 그 배치에 있어서 다양한 미관상 기능상의 문제가 고려되어 오늘날과 같은 정형이 성립하게 되었다.

이러한 정형화는 곧 보급을 촉진한다. 이러한 水鉢의 구성에 있어서 전개된 정형화는 원래 로지의 아주 작은 부분에 불과했던 단순한 구성만으로도 정원의 성격을 충분히 표현할 수 있게 됨에 따라 주택정원에도 폭넓게 채용된다. 예를 들면 교토에 지금도 다수 남아있는 전통적인 마치야(町屋)의 坪庭(한 평에 지나지 않는 작은 정원)에서도 쉽게 볼 수 있다. 이것은 와비차가 생활문화에 기여한 커다란 공적이며 눈에 보이지 않는 다양한 분야에 대신해서 와비차의 영향을 대표하는 상징물이기도 하다.

그러나 이렇게 정형화를 통해 주택정원에 수용된 와비차 문화는 그 본연의 구도적 정신이 퇴색해가면서 장식적인 차원에서 계승되게 되었다는 점도 부인할 수 없다.

제3절 廻遊式 정원의 배치 및 공간구성

회유식 정원의 특징

에도 시대에 있어서 새롭게 태어난 정원양식이 이른바 회유식 정원이다. 슈카쿠인 리큐(修学院 離宮)이나 히가시혼간지(東本願寺) 쇼세이엔(涉成園) 등 이 시기에 있어서도 교토에는 수많은 명원들이 계속해서 세워지지만, 에도나 각지에도 다이묘에 의해 아름다운 정원이 조영된다. 특히 다이묘의 江戸屋敷(에도의 임시 거주지)나 영지에 있는 池庭은 대부분 회유식 정원이다.

가쓰라리큐(桂離宮) 정원은 八条宮 초대 도시히토 친왕(智仁親王)이 가쓰라가와(桂川)의 서안에 조영한 별장이다. 公家의 전통적인 舟遊池와 더불어, 쇼인즈쿠리 정원·챠테이·枯山水 등의 요소를 통합한 대표적인 회유식 정원이다. 3채의 서원 건축을 안행형으로 배치하고, 전면에 펼쳐지는 연못 주위에는 松琴亭·賞花亭·笑意軒·月波楼 등의 다정(茶亭) 및 기타 정원 건축을 배치하며, 이들을 배나 원로(園路)로 연결하고, 축산, 섬, 入江, 州浜 등 다양한 경관을 조성하여 놓았다(도 2-36, 森蘊, 『桂離宮』, 東都出版). 초기 조영은 元和 6년(1620년)부터로 후지와라 씨의 桂殿이나 白樂天의 『池亭記』에 근거하여 도시히토 친왕이 구상하고, 『源氏物語』의 경관을 모방하여 古書院의 전면에 펼쳐지는 池庭을 만들었다. 2차 조영은 2대 도시타다 친왕이 寬永 19년(1642년) 9월 가

도 2-36. 桂離宮 実測図

가(加賀) 번주 마에다 도시쓰네(前田利常)의 딸 도미코(富子)와의 혼례를 위해 시작하여, 中書院을 증축하고 정원도 확장하였으며 연못에도 새롭게 섬을 쌓았다. 또한 첩석(畳石 : 넓은 바닥돌), 연단(延段 : 통로 바닥에 까는 바닥돌), 징검돌(飛石)에 보이는 직선적인 디자인이나 연못 주변의 호안에 사용되는 가공석 등에도 도시타다 친왕 시대의 의장이 보이고 있다. 寛文 3년(1663년) 後水尾院의 행차를 맞이하여 「楽器의 間」·新御殿이 증축되고, 8대 야카히토(家仁親王) 역시 적극적으로 정원을 정비하였다. 明治 14년 이후에는 宮内省에 의해 주위에 桂穂垣 담장이나 원로(園路) 등이 정비되었고, 昭和 51년부터는 대대적인 수리가 이루어져 건축 조영의 역사적 배경을 이해하는 데 큰 도움이 되었다. 식재경관은 昭和 9년 室戸태풍에 의해 크게 변하여 현재에 이르고 있다.

이렇듯 廻遊式 정원에는 公家의 전통적인 舟遊池와 함께 쇼인즈쿠리 정원·茶庭·枯山水 등의 요소가 다양하게 채용되고 있다. 그러나 마쓰다이라 후마이의 大崎園에는 연못이 없으며 다양한 다실을 露地로 연결하는 형식을 취하고 있다. 이렇듯 회유식 정원도 다양한 형식을 가지고 있다.

한편 海洋의 풍경은 고대 이후 정원의 주요 모티프였으나, 산악 경관은 万葉歌人에 의해 애호되었음에도 불구하고 정원에는 직접적으로 영향을 미치지 않았다. 그것은 나라와 교토 모두 주위가 산으로 둘러싸인 분지였기 때문에, 바다 경관과 같이 적극적으로 채용할 필요 없이 자연 그대로의 풍경을 이용했다고 추측된다.

중세에 있어서 산악은 자연의 상징적 존재로서 적극적으로 도입되었지만, 이것이 특정의 산악 조형과 연결되는 것은 에도 시대의 다이묘 정원에 이르러서이며, 그 대부분이 후지산(富士山)이었다. 오와리번(尾張藩) 江戸下屋敷의 戸山荘, 奥州 白河城主 松平定信의 浴恩園, 熊本藩의 成趣園 등은 그 대표적인 사례이다.

大名 정원에서는 자연풍경뿐만 아니라 창포밭이나 야츠하시(八ッ橋 : 일본 고대의 특징적인 다리), 논과 같은 人文的 풍경을 수용한 것도 많다. 특히 参勤交代(지방의 藩主, 즉 다이묘가 일정 기간 에도에 올라와 머무는 제도)에 따라, 교토에서 에도로 이어지는 東海道 五十三次는 전국의 大名에 있어서 친숙한 풍경이 되었다. 오와리번 江戸下屋敷의 戸山荘에는 13만 6천 평에 이르는 정원에 小田原宿의 거리풍경을 그대로 옮겨놓았다고 한다.

명승을 정원에 옮겨놓는 것은 헤이안 시대에 발달한 것이었으나, 竜田山의 단풍나무, 宮城野의 싸리나무, 三保의 소나무 등 장소와 식물이 연결되어 성립된 명소에 근거하여 특정 식물을 정원에 심고 그 식물에 의해 연상되는 정취를 즐기는 수법은 특히 에도 시대에 발달하게 된다.

제4절 서민주택의 정원 배치 및 공간 구성

마치야와 쓰보니와(坪庭)

주택에 복수의 건물이 세워질 경우, 주위가 건물로 둘러싸인 작은 정원(小庭)이 성립하게 된다. 이 정원은 신덴즈쿠리에 있어서는 츠보니와(壺庭)로 불려, 그곳에 싸리를 심은 女御(뇨고, 후궁)를 「하기츠보(萩壺)」라고 부르는 등 인명에도 사용되었다.

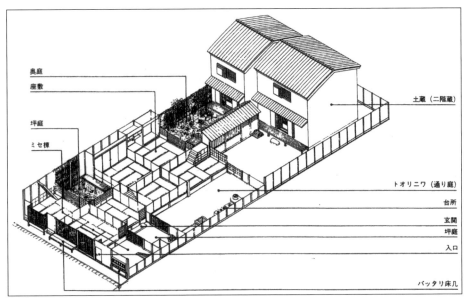

奥庭
座敷
坪庭
ミセ棟

土蔵 (二階蔵)

トオリニワ (通り庭)
台所
玄関
坪庭
入口

バッタリ床几

도 2-37. 京都 町屋 槪念図(日向進)

도 2-38. 町屋 坪庭의 事例

무로마치 시대 후기 교토나 사카이(堺)에서는 「町家(마치야)」라고 하는 도시형 주택이 밀집해 있었다. 「市中의 山居」라고 하는 초기 茶人의 거처도 이러한 도시형 주택으로부터 성립되었다. 町家는 비록 입구는 좁지만「鰻寢床(장어 침상)」이라고 하여 안쪽으로 긴 공간에 세워져 있으며, 여기에 채광과 통풍 기능을 위한 오픈공간이 마련된다(도 2-37). 에도 시대에는 수많은 정원관련 서적이 출판되고 있어, 당시 시민들의 풍부한 경제력과 문화를 바탕으로 이러한 공간에 자연의 정취를 채용하여 건물을 만들었음을 엿볼 수 있다. 이러한 건물에 채용된 오픈공간이 쓰보니와이며, 여기에는 枯山水나 露地에서 발전된 자연의 표현수법, 특히 飛石, 石燈籠, 手水鉢 등을 이용하여 세련미 넘치는 디자인으로 장식하게 된다(도 2-38). 바로 이 쓰보니와에 일본 정원이 걸어 온 역사와 문화가 응축되었다고 할 수 있다.

作庭傳書와 정원

에도 시대 중기 이후로 접어들면, 서민주택에도 광범위하게 정원이 도입된다. 이에 따라 정원을 만드는데 도움이 되는 각종 지침서가 편집 출판된다. 이러한 서적을 통해서 당시의 정원 모습이나 조원 기술을 이해할 수 있다.

에도 시대까지 쓰여진 作庭傳書는 히다노리오(飛田範夫) 씨에 따르면 약 30종에 달한다고 한다. 그 중 가장 오래된 것이 헤이안 시대에 성립한 『作庭記』이다. 저자는 후지와라 요리미치(藤原頼通)의 서자 橘俊綱으로 여겨지고 있다. 이 책은 秘傳書로 직접 읽을 수 있었던 자는 매우 소수였지만, 安永 8년(1779년)에 편찬이 시작된 塙保己一에 의한 『群書類従』에 수록됨에 따라 일반에게 넓게 보급되었다.

이 책은 신덴즈쿠리 정원에 관한 지침서이지만 오늘날에 있어서도 정원의 조영 관계자를 위한 필독서이다. 그것은 이 책이 시대를 뛰어넘어 정원을 만들 때 갖추어야 할 기본적인 자세와 보편적 미를 창출하기 위한 원리를 구체적으로 제시하고 있기 때문이다. 이러한 신덴즈쿠리 정원에 관한 지침서로는 『山水并野形圖』도 있다. 이 책은 옛날부터 仁和寺에 전해져 오던 것으로 에도 시대에는 가가(加賀)의 마에다(前田) 家에 소장되었다. 昭和 5년에는 복제본이 만들어졌으며 현재에는 활자본도 출판되어 있다.

에도 시대에 새롭게 편찬된 정원관련 서적에는 『諸国茶庭名跡圖會』(1693년), 『余景作庭圖』(1691년) 등이 있지만, 享保 20년(1735년)에 간행된 北村援琴의 『築山庭造傳』은 에도 시대까지의 秘傳書를 정리한 것으로 구체적인 조원 기법을 설명한 정원 조영의 가이드북으로서 널리 보급되었다. 또한 文政 12년(1829년)에 籬島軒 秋里가 저술한 같은 이름의 책은 援琴의 책을 전편으로 삼고 자신의 책을 후편으로 한 베

스트셀러이다. 이 책의 후편에는 정원을 築山과 平庭으로 나누고, 각각의 정원구성을 真·行·草로 구분하는 등 築山이나 樹木 그리고 石組 등에 관하여 구체적이면서도 상세한 기술을 제공하고 있다.

이 책에 영향을 받아 이후에도 수많은 作庭傳書가 만들어지게 된다. 비록 간행되지는 않았지만, 寬政 9년(1797년)에 紀州의 東睦和尚은 『築山染指録』을 저술하였다. 그는 17년 후인 文化 11년(1814년)에 교토 妙心寺塔頭·東海庵의 서원정원을 만들고 「東海一連의 庭」라고 부른 것이 東睦 자신이 세긴 판화로부터 확인된다. 이 정원에는 『築山染指録』에서 서술한 조영기법이 곳곳에서 확인되는 등 흥미로운 점이 많다.

한편 에도 시대에는 「名所圖會」(일본 각지의 명소를 그림과 글을 곁들여 편찬한 서적)도 활발히 간행되었다. 安永 9년(1780년) 『都名所圖會』는 그 대표적인 것이다. 「名所圖會」는 중세 絵巻로부터 발전한 것으로 근세에는 仮名草子(일본 가나문자의 초서)에 그림을 곁들인 명소 안내가 성립하게 된다. 寬政 11년(1799년)의 『都林泉名勝圖會』는 교토 정원을 비롯하여 다양한 교토의 명소를 소개한 것이다. 이 책을 들고서 현재의 교토를 산책해 보는 것도 흥미로울 것이다. 『都林泉名勝圖會』의 그림은 그 스케일에서는 조금 문제가 있지만 정원에 있어서는 사실성이 비교적 높은 것으로 에도시대 정원의 분포조사나 옛날 정원의 복원에도 유용한 자료가 된다.

나카 다카히로(仲隆裕)

03

일본 정원의 구성요소와 기법

제1장 구성요소와 기법

이곳에서는 제2부에서 논의한 일본정원의 배치 및 공간 구성을 기초로 해서 구체적인 구성요소와 그 기법에 대해서 고찰하고자 한다. 정원의 구성요소와 기법은 공간구성에서 정원의 특징을 이루며 정원의 양식에 깊게 관여한다. 이 점에 대해서는 일본정원을 다음과 같이 세 가지 분류로 나눠, 각각의 특징적인 구성요소와 기법을 논의하기로 한다.

A 「池庭」에서는 명칭 그대로 물을 이용한 연못(샘) 정원으로 「연못」이 중요한 구성요소가 된다. 예로부터 정원에는 큰 바다(大海)를 모티프로 한 것이 있고 특히 그 표현 중에는 섬이나 스하마(洲浜), 유수인 야리미즈(遣水) 등이 등장한다.

B 「枯山水」에 있어서는 池庭과는 대조적으로 그 구성에 있어서 물을 사용하는 것이 아니고 연못을 대신해서 하얀 모래를 이용해 넓은 바다나 하천을 만들어 낸다. 이 때 중요한 구성요소가 되는 것이 「하얀 모래와 모래 문양」에 의한 표현이

다. 이 하얀 모래와 모래 문양에 의한 표현이 다른 양식에는 보이지 않는 枯山水 고유의 특징이다.

C「露地(茶庭)」에 있어서는 정원의 목적이기도 한 차를 마시는 공간이므로 실용(用)과 경관(景)이 중요하다. 그 때문에 園路에 飛石과 延段·포석(敷石 : 현관 앞의 통로나 정원 등에 깔아 놓은 납작한 돌)이 실용과 관상을 겸한 구성요소로서 중요한 것이 된다.

일본의 정원 연구에서 이러한 구성요소나 기법에 관해서는 많은 선행 연구가 있는데, 예를 들면 정원에 관한 용어를 정리한 것으로서는 오카자키 후미아키(岡崎文彰)에 의한『조원사전(造園事典)』(1974년)이나 우에하라 케이지(上原敬二)에 의한『조원대사전(造園大事典)』(1978년)이 있고, 일본 정원의 양식이나 기법에 관한 해설서로는 근래에 오노 켄키치(小野健吉)가『일본정원사전(日本庭園事典)』(2004년)에서 일본 정원에 관한 용어를 정리하고 있다. 이러한 용어 해설을 중심으로 하지 않고 도면 설명을 더해 체계적으로 정원의 구성요소를 정리한 것으로는 카와하라 타케토시(河原武敏)의『일본정원의 전통 시설-감상과 기법의 기초지식(日本庭園の伝統施設-観賞と技法の基礎知識)』(2001년)이나 교토린센교카이(京都林泉協會)에서 만든『일본정원 감상편람-전국정원 가이드 북(日本庭園観賞便覧-全国庭園ガイドブック)』(2002년)이 있다.

『일본정원 감상편람』에서는 정원의 구성요소를 石造(수미산, 거북이와 학, 봉래石造, 삼존石造, 폭포石造, 다리石造)나, 園路와 담장(징검돌, 포석, 담장), 石造 미술품(석등, 석탑류, 죠즈바치), 다실과 露地(다정)로서 분류하고 도면 설명을 더해 정리하고 있다.

이에 반해『일본정원의 전통 시설-감상과 기법의 기초지식』에서는 한층 더 상세한 분류가 되어 있어 일본 정원의 구성요소의 전모를 파악할 수 있다. 구체적으로는 다음과 같이 분류되고 있으며 본론에서도 이를 참조하고자 한다.

1. 石造, 2. 언덕과 섬, 3. 폭포, 4. 물의 흐름 5. 築山·누스지(野筋·길의 이치를 본 따 정원에

만든 길), 6. 징검돌, 7. 연단·포석, 8. 즈쿠바이(つくばい : 다실의 뜰 앞에 손 씻는 물을 담아 놓은 곳), 9. 죠즈바치(手水鉢), 10. 석등, 11. 정원담장, 12. 다정의 시설, 13. 정원의 다리, 14. 정원 건축, 15. 그 외 시설.

이와 같이 정원의 구성요소를 분류하고 있어 정원의 세세한 부분까지 잘 이해 할 수 있게 만들어 놓았다. 이러한 분류 및 해설에서는 작정 비법에 관한 고문헌을 참조한 흔적이 곳곳에 보인다. 예를 들면 헤이안 시대에 편찬 되었다고 여겨지는『作庭記』의 첫머리에「돌을 세우는 일은 먼저 개략적인 근본 목적이나 의도를 이해하는 것이다」라고 하여 石造를 가장 먼저 언급하고 있어, 정원의 구성요소에 있어서 石造가 가장 중요하다는 견해를 이 책과 공유하고 있다.

이러한 구성요소의 분류는 시대와 함께 그리고 정원의 양식과 함께 변화되어 왔다는 점은 쉽게 추측할 수 있다. 그렇다면 본론에서 대상으로 하는 14~19세기에 있어서 그 변화는 어떠한 것이었을까? 먼저 각 시대별 구성요소나 기법을 이해하기 위해서 여기서는 전통적인 작정비법(作庭秘法)을 고찰하고자 한다.

제2장 작정전서(作庭傳書)에 보이는 구성요소와 기법

14~19세기에 있어서 정원의 구성요소와 기법을 밝히기 위해서는 각 시대의 정원에 관한 생각을 이해하는 것이 지름길이다. 그러기 위해서는 당대의 작정전서를 옆에 두고 깊게 고찰하는 것이 중요 한 것은 물론, 그 전승에 따라 현존 하는 정원과의 관련을 해석할 필요가 있다.

일본의 정원은 자연의 풍경을 본떠 자연의 소재인 돌·물·수목 등을 인공적으로 재구성한 것이기 때문에 그 형태나 의장을 글로 전승하는 것은 쉽지 않다. 여기서 말하는 자연이라는 것은 일본의 풍토에 기인한 산천초목이며 사계절에 따라 바뀌는 아름다운 경치이다. 자연의 모습을 표현하기 위해서 자연의 소재를 공교하게 다루어 유기적 자연의 전체 모습을 만들어내 온 것이 일본의 정원이다. 즉, 정원의 구성요소란 자연의 풍경으로부터 얻은 이미지를 기초로 해서 정원의 전체상을 만드는 과정에서 구체적인 부분을 창출해 내는 표현수법이자 그 기법이라 할 수 있다. 자연을 표본으로 하고 자연의 풍경을 그보다 더 자연스럽게 정원 안에 표현하는 것을 목표로 해 온 일본의 정원에 있어서, 어떻게 그 구성요소나 기법이 전승되어 왔을까? 그것을 분명히 이해하기 위해서 작정전서를 두루 고찰하여 일본 정원의 구성요소가 변천하는 과정을 검증해 나가야 한다.

따라서 여기서는 우선 일본에 있어서 최고의 작정전서라고 여겨지는 『作庭記』를 참조하는 것으로부터 시작하고 싶다. 왜냐하면 앞에서 말한 것처럼 『作庭記』에는 현재까지 정원의 규범이 되는 기술이 많이 실려 있고, 과거의 정원이 어떠한 생각을 기초로 해서 만들어졌는지를 고찰할 수 있는 자료로서 가장 중요시되고 있는 문헌 중의 하나이기 때문이다.

한편으로는 『作庭記』 시대(헤이안 시대)의 정원이 어떠한 생각을 기초로 어떠한 구성요소에 의해서 성립되었는지를 이해하고, 또 한편으로는 본연구의 대상이 되는 『作庭記』이후의 시대, 즉 14~19세기에 만들어진 정원에 대해서도 『作庭記』를 원형으로 하는 구성요소와의 비교를 통해, 각 구성요소가 각 시대에 있어서 어떠한 변천을 이루어 왔는지를 살펴보고자 한다. 이 때 주의해야 할 점은 14~19세기에 만들어진 정원이 작정 당시의 모습으로 존재하고 있는 것이 아니라는 것이다. 앞에서 말했듯이 정원을 구성하는 요소는 모름지기 자연적 소재이다. 그것들은 말할 것도 없이 성장이나 고사, 풍화 등 자연의 섭리에 따라 시대를 거쳐 온 것이다. 또 옥외라는 점으로 인해 자연재해를 입게 되며 그때마다 수복하거나 개수하는 과정을 반복하게 된다. 이 이외에 사회적인 요인도 정원의 변천이나 변모에 영향을 주는 중요한 요소임을 고려해야 한다.

본장에서는 현존하는 정원의 상태를 근거로 14-19세기에 기록된 작정전서를 아울러 고찰하고자 한다. 여기서 다루는 작정전서는 히다 노리오(飛田範夫)에 의한『조원 고서의 계보』(『조원 잡지』47(5), pp. 49~54, 1984년) 중에서 연대를 확실히 알 수 있는 것을 대상으로 한다. 본장에서 고찰하는 각 시대의 작정전서는 다음과 같다.

『作庭記』(11세기 말 무렵)-헤이안 시대

일본 최초의 造園書로서 여러 가지 설이 있지만 헤이안 시대에 타치바나 토시아미(橘俊網, 968~1094년)에 의해서 편찬되었다고 여겨지고 있다. 사본으로서는 1289년 본이 확인되고 있다. 이번 연구 대상의 시대 범위와는 다르지만 후세의 정원 조성 및 조원서에 많은 영향을 미쳤다.

『山水并野形圖』-가마쿠라 시대

죠엔(增円) 찬. 사본으로서는 1466년 본이 확인되고 있다. 내용은 石造로부터 植材에 걸쳐 해설하고 있으며 수목이나 돌의 명칭을 그림과 함께 나타내고 있다.

『嵯峨流庭古法秘傳之書』-무로마치 시대 무렵

저자 불명. 사본으로서는 1395년 본이 확인되고 있다. 내용은 정원의 기원과 역사, 정원의 관상 방법 등에 대한 해설. 진행초(眞行草 : 일본의 다도·정원·서화에 보이는 세 가지 스타일. 진: 정격, 초: 파격의 자유 형식, 행: 그 중간을 뜻함)의 구성, 돌과 다리, 석등 등에 대해서도 기록하고 있다.

『余景作り庭の圖』(1680년)-에도 시대

저자 불명, 히사카와 모로노부(菱川師宣) 그림. 내용은 정원의 삽화에 정원의 특징을 붙여 해설한 것이다. 구체적으로는 「가로수의 뜰」, 「봉래정원」, 「정토정원」, 「청람의 정원」등이 기록되어 있다.

『築山庭造傳』(1735년)-에도 시대

기타무라 엔킨(北村援琴) 저, 후지이 시게요시(藤井重好) 그림. 내용은 정원의 양식이나 구성요소에 관해 항목별 해설이 있으며 당대에 유명했던 정원의 그림 등이 정리되어 있다.

『築山庭造傳後編』(1828년)-에도 시대

아키사토 가고시마(秋里籠島)가 北村援琴의 『築山庭造傳』을 계승하여 편찬하였다. 내용은 정원의 분류를 진행초에 근거해서 그림으로 설명하고 있으며, 구성요소에 대한 해설 외에 각 지역의 정원 그림을 정리하고 있다.

『石組園生八重垣傳』(1827년)-에도 시대

秋里籠島에 의해 편찬되었다. 내용은 정원 공간의 구성요소인 石造, 담, 다리, 飛石, 手水鉢 등의 그림과 해설이다.

제1절 13세기 이전의 작정전서

1) 『作庭記』(헤이안 시대 무렵)

『作庭記』는 헤이안 시대에 편찬되었으며 당시의 건축 양식인 「寢殿造」의 정원에 대해 기술되어 있다. 그 내용은 대체로 다음과 같이 나뉘어진다.(참조 : 타나카 마사히로(田中正大)의 『作庭記』(『조원 잡지 53(4)』, pp. 271~282, 1990년)

1. 「돌을 세울 때는 먼저 근본 목적이나 의도를 이해해야 한다」
2. 「돌을 세울 때는 여러 가지 모습으로 세워야 한다」
3. 「연못, 개울의 여러 가지의 모습」

4. 「섬의 여러 가지 모습」

5. 「폭포를 만들 때 생각해야 할 것」, 「폭포가 떨어지는 여러 가지의 모습」

6. 「遣水에 대해서」

7. 「立石에 대한 구전」, 「금기」

8. 「나무에 대해서」

9. 「샘에 대해서」

10. 「기타 부분」

1. 「돌을 세울 때는 먼저 근본 목적이나 의도를 이해해야 한다」

헤이안 시대에 「돌을 세우는 것」은 곧 정원을 만드는 것을 의미한다. 이곳에서는 정원을 만드는 데에 있어서의 마음가짐이나, 정원을 만드는 데에 있어서 자연스러운 절차를 적고 있다. 이러한 마음가짐으로서는 「생득(生得) 산수를 생각하면서 만드는 것」이라고 생각된다. 그것은 정원을 만드는 자가 정원의 대상지형에 따라 그 장소의 자연 상태를 감지하고, 자연의 풍경이 가지는 본래의 모습을 지형에 따라 위화감 없이 체현하는 것을 의미한다. 「생득 산수」는 현재의 「자연의 풍경」에 대응하는 말로서 이해하면 좋을 것이다. 이 자연의 풍경에 「여러 곳의 명소를 생각하면서 흥미로운 곳을 자기의 것으로 삼는다」라는 생각이 더하여 현재의 일본 정원을 창출해 냈다.

이러한 생각을 근본으로 해서 만든 정원에 관하여 구체적으로 그 기술을 예로 들면 다음과 같이 정리할 수 있다.

池庭

「먼저 지형을 보고 그 형태에 따라서 연못을 파고 섬을 만들고 연못에 들어가는 물의 흐름과 입수구와 출수구의 방위를 정해야만 한다.」

一. 지형을 이해한다.

一. 건물과 정원과의 관계를 결정한다.

一. 연못의 형태를 결정한다.

一. 섬을 만든다. 「또, 섬을 만드는 것은 지형에 따르고 연못의 넓고 좁음에 따라야 한다.」

一. 연못과 遣水의 흐름과 출입(방위)을 결정한다.

一. 산과 노스지를 만든다.

　「산과 野筋를 만드는 것은 지형이나 연못의 형태에 따라서 만든다.」

一. 연못과 섬 가장자리의 세세한 부분을 만든다.

一. 폭포, 섬, 산의 세세한 부분을 만든다.

枯山水

「연못도 없고 遣水도 없는 곳에 돌을 세우는 경우가 있다. 이것을 枯山水라고 한다.」

一. 片山과 野筋를 만든다.

一. 높은 산 옆에 건물이 오도록 배치한다. 이때는 산자락을 조금 허물어 파내고 돌을 세운 뒤에 그 위에 작은 기둥을 세워야 한다.

一. 작은 산의 앞이나 나무 옆, 작은 기둥 부근에 돌을 배치해야 한다.

一. 단, 뜰 전면에는 돌을 세우고 화초를 심고, 임시로 사용할 공간을 준비해두어야 한다.

여기에서 보이는 「枯山水」는 현재 사용되는 일반적 의미의 枯山水와는 다르다. 초기의 「枯山水」로는 무소(夢窓) 국사가 만든 西芳寺 정원(무로마치 시대)을 들 수 있으며, 『作庭記』에서는 정원의 일부분에 물을 이용하지 않는 기법으로서 구성된 것을 가리키는 것으로 여겨진다. 이에 반해 현재의 枯山水는 선종 정원으로 대표되듯이 정원 전체에 물을 이용하지 않고 구성하는 수법으로서 이해되고 있다.

2. 「돌을 세울 때는 여러 가지 모습으로 세워야 한다」

「돌을 세우다」라고 하는 것은 앞에서도 언급한 대로 정원을 만드는 것을 의미한다.

> 「큰 바다와 같이 큰 강과 같이 산의 계곡 같이 늪과 같이 葦手(헤이안 말기에 유행한 유희적 그림문자)와 같이.」

이러한 기법으로부터 당시 이미 자연 풍경을 분류하고 이것을 정원에 표현하기 위한 이미지가 완성되어 있음을 알 수 있다.

3. 「연못, 개울의 여러 가지의 모습」

이곳에서는 池庭에 있어서 연못이나 개울의 모습에 대해 말하고 있다. 그것은 대략 다음과 같다.

> 「가래나 괭이 같은 모양. 연못이나 개울가 시라하마(白濱)는 구불구불하게 해야 한다. 이 모양을 만들 때는 돌은 물가에 놓지 않고 안쪽으로 들여 놓아야 한다. 연못이 바다를 표현 할 때는 반드시 돌의 밑 부분을 물 쪽으로 해서 놓아야 한다.」

4. 「섬의 여러 가지 모습」

이 시대의 정원에 있어서 섬은 중요한 위치를 차지하고 있었다고 생각할 수 있다. 그것은 앞서 말한 정원의 전체적인 이미지가 「큰 바다같이」라고 하는 점이나 현존하는 정원을 고찰할 때에도 정원의 주된 테마가 큰 바다였음을 알 수 있기 때문이다. 여기에서는 그 「큰 바다같이」나 「산하(山河)같이」 등의 이미지를 표현하기 위해 자연 풍경 속에 보이는 섬의 여러 가지 모습을 분류하고 있다.

「山島 野島 杜島 磯島 雲形 霞形 州浜形 片流 干潟 松皮」

山島는 「연못 안에 산을 만들어 산등성이가 이어지는 듯한 모습을 만들고 나무를 심어 숲과 같이 한다. 앞쪽으로는 하얀 모래사장을 만들고 그 주변에 돌을 세운다」. 또 雲形은 「구름이 바람에 날려서 높이 치솟은 형태로서 돌도 없고 식물도 없고 하얀 모래만 가지고 만들어야만 한다」라고 해서 구름과 같은 모습의 모래톱이 연상된다. 이러한 자연의 풍경을 표본으로 한 섬의 분류는 현존하는 정원에서도 엿볼 수 있다.

5. 「폭포를 만들 때 생각해야 할 것」, 「폭포가 떨어지는 여러 가지 모습」

폭포도 섬과 같이 정원에 있어서 중요한 요소이다. 일본과 같은 평지가 적고 기복이 심한 산악 지형의 풍토에 있어 강의 상류에는 폭포가 다수 존재하여 각지에서 여러 가지 모습의 폭포를 볼 수 있다. 여기에서 기술되고 있는 폭포의 떨어지는 모습은 다음과 같이 분류되고 있다.

「向落 片落 傳落 離落 稜落 布落 絲落 重落 左右落 橫落」

6. 「遣水에 대해서」

遣水란 정원에서 물의 흐름(流水)이다. 헤이안 시대에는 중국의 풍수사상 등의 영향으로, 물의 흐름은 사신(四神)과 상응하여 땅의 이로움을 얻을 수 있도록 고려되었다. 順流는 동쪽에서 남서쪽으로 흐르게 하는 것이며, 서쪽에서 동쪽에 흐르는 것을 逆流라고 한다.

寢殿造 정원에서 遣水는 특히 중요시되고 있었다. 침전(寢殿 : 귀족 저택의 중심 건물)과 다이노야(對屋 : 침전의 좌우 또는 뒤 쪽에 침전에 대응하여 별도로 세운 건물)를 연결해 주는 스키와타도노(透渡殿 : 침전과 다이노야를 연결해 주는 벽이 없는 회랑)는 침전과 다이

노야의 사이에 흐르는 遣水 위에 가로로 놓여져 시냇물소리를 의식시키는 공간 구성을 이루고 있었다. 그리고 遣水의 방향은 순류를 기본으로 해서, 遣水의 세세한 부분에 대해서는 자연스러운 흐름이 되도록 돌을 배치하는 방법에 주목하고 있다.

遣水의 특징도 여러 가지가 있어, 타니가와(谷川 : 계류)로부터 흐르는 것이나, 오가와(小川) 같은 작은 시냇물 같은 것이 있다. 이 遣水를 잘 보이게 하는 수법으로서 遣水 부근의 植材는 가지가 많지 않은 수종인 도라지(PlAtycodon grAndiflorum A. DC), 마타리(PAtriniA ScAbiosAefoliA), 오이풀(SAnguisorbA officinAlis), 옥잠화(HostA plAntAgineA) 등을 선택해 심은 것으로 추정되고 있다.

7. 「立石에 대한 구전」 및 「금기」

정원을 만드는 데 있어 돌을 세우는 것의 중요성은 앞에서도 언급했지만 여기에서는 보다 구체적으로 돌을 세우기 위한 수법과 그 취급상 금기에 대해 기술하고 있다. 우선 돌을 세우기 전에 돌 각각의 특징을 파악해 둘 필요가 있다고 한다. 즉 어떤 형상인지, 어떤 재질인지, 어떤 색인지 등등을 판별하는 것이다. 그러한 판별을 한 다음 정원이 지향하는 이미지에 맞춰 돌을 조합해 가는 것이 중요하다고 한다.

구체적인 수법으로서 다음과 같은 것이 기술되어 있다. 「벼랑 곁의 돌은 병풍과 같이 세워야 한다. 또 산기슭이나 野筋의 돌은 모아서 개가 엎드리고 있듯이 세워야 한다. 그리고 돌을 세울 때에는 도망치는 돌이 한두 개 있으면 쫓는 돌이 일곱 개 여덟 개 있어야 하며, 삼존불(三尊佛)의 돌은 세우고, 品자형 돌은 누이는 것이 바람직하다」라고 하는 등 정원의 이미지에 상응한 구성 수법이 기술되어 있다.

한편 돌을 세울 때의 금기에 대해서도 언급하고 있다. 이 금기 중에는 현재 미신으로 여겨지는 내용도 있다. 이러한 입석에 대한 구전과 금기가 이 시대 이후의 정원에 있어도 중대한 영향을 미쳤음은 후대 정원의 배석(配石)을 볼 때도 분명하다.

8. 「나무에 대해서」

遣水와 같이 여기에서도 四神과 상응하는 관념이 기술되어 있다. 구체적으로는 대략 다음과 같다. 「부지와의 관계에 있어 집에서 동쪽으로 흐르는 물을 청룡으로 하며, 만약 이러한 유수가 없으면 버드나무를 9그루 심어 이를 대신한다. 서쪽에 대로가 있는 것을 백호로 삼고, 만약 이러한 대로가 없으면 대추나무를 7그루 심어 대신한다. 남쪽 앞에 연못이 있는 것을 주작으로 하고, 만약 연못이 없으면 계수나무를 9그루 심어 대신한다. 북쪽 뒤에 있는 언덕을 현무로 삼고, 만약 이 언덕이 없으면 노송나무 3그루를 심어 대신한다. 이러한 배치를 통해서 관직에 오르고 복되고 영화로운 삶을 누리며 무병장수하게 된다. 이러한 배치를 갖추고 있으면 이외에 어느 나무를 어느 방위에 심어도 무방하다.」

금기에 대해서도 대략 다음과 같이 말하고 있다. 「문의 중심에는 나무를 심지 말아야 하는데 이는 심었을 경우 閑의 글자가 되기 때문에 좋지 않다. 뜰 중심에는 나무를 심지 말아야 하는데, 이는 심었을 경우 困의 글자가 되기 때문에 좋지 않다. 아울러 집에도 부지의 중심에 나무를 심는 것은 囚의 글자가 되기 때문에 금기」라고 하고 있다.

또 『古人傳』에서는 동쪽에 꽃나무를 심고 서쪽에 단풍드는 나무를 심어야 한다고 한다. 이것은 야마토에(大和繪)에서 보이는 것처럼 사계절의 풍치를 즐기기 위한 구성 수법이라고 할 수 있을 것이다. 덧붙여 연못이 있는 경우 섬에는 소나무나 버드나무를 심고, 즈리도노(釣殿 : 연못에 면해서 동서에 만들어진 건물) 부근에는 단풍나무와 같이 여름에 시원스러운 나무를 심어야 한다고 한다. 소나무나 버드나무는 흰 모래사장과 푸른 소나무 숲, 혹은 강의 호반 풍경을 정원에 도입하는 표상이다.

이와 같이 수목에는 두 개의 측면이 있음을 알 수 있다. 하나는 돌을 세우는 것과 같이 정원의 큰 골격을 만든다는 것(하드웨어)이며, 다른 하나는 일본 풍토의 상징으로서 사계의 변화를 표상하는 것(소프트웨어)이다. 이와 같이 하드웨어와 소프트웨이의 역할을 담당하는 수목의 위치설정이 바위의 배치와 함께 당시에 매우 중요하게 고려되었음을 알 수 있다.

9. 「샘에 대해서」

여기에서는 샘을 만드는 의미와 수법을 기술하고 있다. 샘은 냉수를 가득 채워 더위를 잊게 하는 기능을 갖춘 것으로서 정원에서는 불가결한 요소로서 고려되었다. 또 용수지로부터 얼마나 많은 물을 끌어들여야 할 것인가, 우물 주위를 어떻게 만들어야 할 것인가 등의 수법을 해설하고 있다.

10. 「기타 부분」

여기에서는 건축물에 대해 말하고 있는데 그 대략은 다음과 같다. 「건축물에는 누와 각이 있는데, 그것은 헌(軒 : 처마)이나 庇(건물의 본체 주위에 햇빛이나 비를 막기 위해 둘러친 부분)의 길이에 따라 분류된다. 누각은 헌(軒)이 짧아 달을 감상하기 좋으며, 각은 庇가 길어 여름에 시원하고 겨울에 따뜻한 구조를 이루고 있다.」 이로부터 달구경이라고 하는 풍치를 즐기는 감상용 공간과 생활을 쾌적하게 보내기 위한 건축물을 상황에 따라 구분하여 사용하고 있었다는 것을 알 수 있다. 건축물과 정원에 있어서의 용(用)과 경(景)이 융합한 결과라고 할 수 있을 것이다.

2) 『山水幷野形圖』(가마쿠라 시대 무렵)

『山水幷野形圖』의 저자는 增円이며 1466년의 사본이 남아 있지만, 增円이나 편찬년도에 관해서는 불분명하다. 본서는 『作庭記』에 가까운 시대의 작정전서로서 자주 취급되어 비교 고찰되고 있다.

이 책의 내용에는 신선사상이나 음양오행설이 여기저기 보이며 이들이 정원의 구성에도 많은 영향을 주었음을 알 수 있다. 또한 이러한 사상을 바탕으로 연못, 野筋, 폭포, 돌, 수목 등의 구성요소에 대한 구체적 기술을 볼 수 있다. 『作庭記』와 같이 구성요소 별로 정리한 것은 아니지만 공통되는 내용 역시 적지 않다. 예를 들면 연못 만드는 방법으로 『作庭記』와 같이 「연못의 형태는 큰 바다의 모습을 따라 할 것」이라고 하고 있다. 여기서는 내용의 중복을 피하기 위해 항목별 내용은 생략하고 본서의 특징에 주목해 고찰하려 한다.

본서의 특징으로는 서문에 「먼저, 평평한 정원, 산의 정상, 폭포나 개울을 만들 때는 돌이나 나무를 기본으로 할 것」이라고 하고 있듯이, 정원의 주된 구성요소로서 특히 돌과 수목을 중요시하고 있으며 이를 다루는 방법을 자세히 서술하고 있다. 정원의 구성요소 중 정원의 골격을 만드는 것이 돌과 수목으로, 특히 돌에 대해서는 『作庭記』에서는 볼 수 없는 다양한 명칭과 역할을 상술하고 있다.

總持石立 鏡石臥 成就石立 禮石立 兩界石立 明王石立 船隱石立 忌石立 屛風石立 眷屬石臥 霞懸石立 三尊石立 水通石立 鳥居石臥 龍居石臥 水打石立 風雨石臥 水分石臥 關石立 流石臥 敬愛石立 蝦蟆石臥 流波石臥 水落ノ石臥 橋引石臥 君石立 臣石立 不老石立 万却石立 神王石立 鳥遊石臥 連石臥 官石立 水常石臥 中障石臥 人形石立

(※立은 서 있는 돌 돌, 臥는 누워 있는 돌, 斜는 경사진 돌을 의미함)

이러한 명칭은 현존하는 정원에서 보이는 石造(石組)의 명칭이 아니라, 돌 하나하나의 역할이나 배치에 대한 명칭으로 이러한 돌의 배치에 의해서 정원의 전체상이 확립된다. 이 중에서 후대에도 그 명칭이 계승되고 있는 것으로는 삼존석(三尊石), 수락석(水落石), 수분석(水分石) 등이 있으며, 특히 삼존석은 중요한 石造의 하나로서 계승되어 현존하는 대부분의 정원에서 볼 수 있다. 또 수락석이나 수분석은 각각 폭포 石造를 구성하기 위한 중요한 배석으로서 폭포 石造를 가지는 정원에서 흔히 볼 수 있다. 그리고 본서에서 불로석이나 만겁(영겁)석으로서 다루어지는 돌은 거북이 모습으로 봉래를 나타내며, 후대의 龜島(거북이 모양을 한 섬)나 龜石組(거북 모양을 한 石造)에 계승된 것으로 생각할 수 있다. 그 외에 본서에 기술되어 있는 돌의 명칭은 상당수 그 형상이나 배치 장소의 역할에 따라 붙여진 것으로, 현재는 景石 이나 役石(징검돌이나 石造와 같이 정원 내에서 역할을 가지고 있는 돌)으로서 다루어지고 있으며 모두가 전승되고 있지는 않다. 또 천지인이라고 하는 돌의 편성에 대한 생각도 특징적이다. 하늘은 세로로 세울 수 있는 돌이며, 땅은 옆으로 눕힐 수 있는 돌이고, 사람은 기울어진 형태를 가진 돌로 이들을 조화롭게 배석하는 것이 좋다고 여겨졌다. 이 생각은 정원의 구성뿐 아니라 화도(花道 : 꽃꽂이) 등의 표현에 있어서도 중요한 것으로 일본 문화 속에 침투한 자연에 대한 조화로운 인식에서 유래한다고 할 수 있다.

한편 수목에 있어서는 「나무와 풀을 심을 때는 원래의 모습에 따라야 한다. 깊은 산의 나무는 깊은 산에 있듯이, 야산의 나무는 야산에 있듯이, 물가의 초목은 물가에 있듯이, 바닷가의 초목은 바닷가에 있듯이 초목을 심는데 고민하지 말아야 한다. 곧 산수(정원)는 산을 옮겨놓아야 하며, 모두 이러한 자연의 植材를 본 따 만들어야 한다.」 이러한 개념은 곧 초목을 각각의 자연 식생에 맞추어 식재를 하는 것이 정원에 자연스러운 수목을 구성하는 비결임을 지적한 것이라고 할 수 있다. 이에 더하여 「모든 나무를 한 눈에 볼 수 있게 하라는 말이 있다. 비록 나무의 모양이 좋다고 해서 건물 가까이에 심으면, 멀리 있는 작은 나무가 안보이게 된다는 말이다.」 이것은 한눈에 정원내의 모든 수목을 바라볼 수 있도록 식재하라는 것으로, 형태가 좋은 나무라고 해서 건물 근처에 심으면, 그 건너편에 있는 작은 나무가 숨어 버리게 되어 풍경이 답답하게 된다는 의미로 해석할 수 있겠다. 이러한 생각은 많은 수목으로 구성된 정원에 있어서는 어려운 일처럼 생각되지만, 실제로는 다양한 전지 기술에 의해서 가능하다. 즉 나뭇가지를 솎아내어 뒤에 있는 나무를 보이게 하는 것이다.

일본 정원의 공간 표현에 있어서 중요한 것이 오행감(奧行感)이다. 오행감은 공간 안에서 느끼는 깊이감으로 좁은 공간을 넓고 깊게 느끼도록 하는 기법이기도 하다. 나뭇가지를 솎아내어 뒤에 있는 나무가 보이도록 하여 오행감을 표현하고 있다.

그리고 종류별로 나무의 취급 방법이 기술되어 있다. 구체적인 수종으로서는 특히 소나무가 중시되고 있었다. 소나무는 「산에도 봉우리에도 들에도 집 가까이에 심어도 모두 무방하다. 다만 산수의 경관에 맞춰서 자연스럽게 심어야 한다」라고 하여 어떠한 구성에도 대응할 수 있는 수목으로 적혀 있다. 이로부터 당시 소나무가 일본 정원의 중요 구성요소임을 이해할 수 있다. 그 외의 수종으로서는 동백나무, 매화, 벚꽃, 버드나무, 복숭아, 배, 단풍나무, 대나무 등이 언급되어 있어, 현재 일반적으로 알려져 있는 수종의 대부분이 당시의 정원에 이용되고 있었던 것을 알 수 있다. 그중에서도 특히 매화에 대한 기술이 흥미롭다. 「매화는 향기가 좋으므로 집 가까운 곳이나 풍치가 좋은 곳에 심어 바람에 향기가 전해 질 수 있어야 한다」라고 해서, 매화꽃의 향기를 정원의 구성요소로서 파악하고 있다. 이러한 기술은 이외의 작정전서에서는 별로 보이지 않는 것으로, 정원의 구성요소로서 후각이 이해되고 있었음을 추측할 수 있다.

또 나무의 모양에 대한 기술이 있는 것도 흥미롭다. 형태의 분류를 돌의 경우와 같이, 세로가 긴 나무와 폭이 넓은 나무, 그리고 기울어진 나무로 나누어 정원에 植材할 때에 그것들이 조화를 이루도록 심어 나누는 것이 기술되어 있다.

도 3-1. 돌과 나무의 形狀(出典 : 上原敬二 編 『解説 山水並に野形圖・作庭記』 1972. 加鳥書店)

이와 같이 본서에서는 돌과 수목에 대한 구체적인 취급 기술이 많이 등장하며, 그림으로 돌과 수목의 배치 및 이들의 모양을 나타내고 있는 점이

도 3-2. 構成圖(出典 : 同上)

『作庭記』에는 보이지 않는 특징이다.(도3-1, 3-2)

전술한 두 책에서 보이는 구성요소는 후대 정원으로 계승되었고, 정원 조영에 대한 기본적인 태도 역시 『作庭記』나 『山水幷野形圖』의 시대에 이미 그 원형이 완성되어 있었음을 알 수 있다. 지금부터는 순서에 따라 각 시대의 작정전서를 살펴보기로 한다.

제2절 14~16세기의 작정전서

1) 『嵯峨流庭古法秘傳之書』(무로마치 시대 무렵)

『嵯峨流庭古法秘傳之書』는 저자 불명으로 편찬된 연대도 분명하지 않지만, 1395년 사본이 확인되어 무로마치 시대의 것으로 추정되고 있다.

본서의 특징으로서는「부지의 넓이는 비록 다르더라도 도면을 그려 만들 것. 진행초에 따라 산과 섬을 만들 것. 돌을 세울 때도 도면을 보고 만들고 옆으로 얼마나 넓은지 안으로 얼마나 깊은지 도면을 참고할 것」이라고 하여, 도면을 통해 정원의 구성을 나타내고 있는 것을 들 수 있다. 이러한 도면은 진행초에 따라 달라서, 「진(眞)」은 조밀한 구성을 나타내고, 「초(草)」는 드문드문한 구성, 「행(行)」은 진과 초의 중간정도의 구성을 나타내고 있다. 여기에서 보이는 진행초는 정원에 적용된

도 3-3. 真의 真体圖(出典：上原敬二 編『解説 余景作り庭の圖·他三古書』2006, 加島書店)

도 3-4. 真의 草体圖(出典：同上)

168 일본의 정원

도 3-5. 行体圖(出典：上原敬二 編『解說 余景作り庭の圖·他三古書』2006, 加島書店)

도 3-6. 行의 草体圖(出典：同上)

도 3-7. 草体圖(出典 : 上原敬二 編 『解説 余景作り庭の圖 · 他三古書』 2006, 加島書店)

도 3-0. 草의 草体圖(出典 : 同上)

가장 초기의 사례로서 후술할 『築山庭造傳後編』에 진행초의 축산도(築山圖)와 평정도(平庭圖)에 계승되었다고 할 수 있다(도3-3부터 3-8).

지금부터 본서의 내용을 살펴보기로 하자. 간단하게 내용을 정리하면 다음과 같다.

1. 정원을 만드는 방법
2. 정원에서 돌을 세울 때 세 가지 금기와 다섯 가지 안 좋은 일(禍)
3. 정원 구성에서 두 가지 상서로운 것과 세 가지 길한 것
4. 정원 구성의 나무와 돌의 배치에 대해서
5. 정원의 구성(돌, 築山, 섬, 봉래산 ,폭포, 개울, 다리, 연못, 초목, 석등)
6. 정원을 보는 방법

1. 정원을 만드는 방법

전술한 것처럼 본서는 도면을 참고하여 작정하는 방법을 기술하고 있다. 또「정원을 만드는 방법은 공가(公家), 무가(武家), 절과 신사(寺社)가 모두 똑같다. 그렇지만 무가정원에는 전하는 바가 있는데, 그것은 돌을 4개는 세우고 5개는 옆으로 놓아 9자의 마음을 이룬다」라고 하여, 이것도 도면을 실어 그 만드는 방법을 기술하고 있다. 이러한 기술들은 전술한 『作庭記』나 『山水幷野形圖』에서는 볼 수 없는 것이다.(도 3-9부터 3-11)

2. 정원에서 돌을 세울 때 세 가지 금기와 다섯 가지 안 좋은 일

이것은 『作庭記』에도 나오는 기술이다.

3. 정원 구성에서 두 가지 상서로운 것과 세 가지 길한 것

「정원에서는 두 가지 상서로운 것과 세 가지 길한 것이라는 말이 있는데, 두 가지 상서로운 것 중 하나는 동쪽 남쪽 서쪽에 있는 정원, 두 번째는 폭포의 입구 뒤

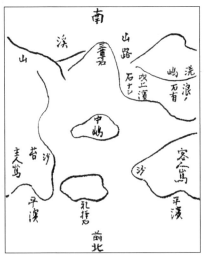

도 3-9. 九字의 心石圖(出典：上原敬二 編 『解説
余景作り庭の圖・他三古書』 2006, 加島書店)

도 3-10. 庭坪地形圖(出典：同上)

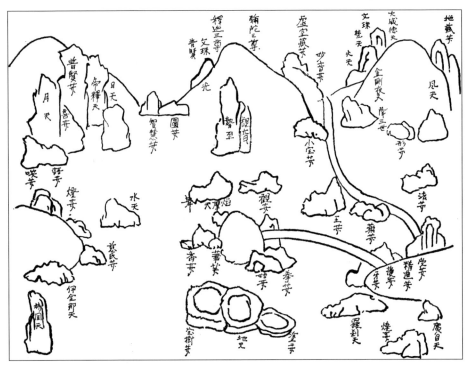

도 3-11. 仏菩薩의 御名配当圖(出典：上原敬二 編 『解説 余景作り庭の圖・他三古書』 2006, 加島書店)

에 높은 산과 큰 나무가 있는 것이며, 세 가지 길한 것 중 그 하나는 주인도(主人島)에 안거석(安居石)을 세우고 그것을 감상하는 것, 두 번째는 모래를 까는 것, 세 번째는 섬 또는 주인도에 소나무를 심는 것」이라고 되어 있다. 여기에서 보이는「모래를 까는 것」이라는 기술은 선종의 枯山水 정원에 이용되는 시라카와(白川) 모래를 가리키는 것으로 볼 수 있다.

4. 정원 구성의 나무와 돌의 배치에 대해서

「네 개의 돌과 네 개의 꽃, 돌 하나 나무 한 그루 풀 한 포기는 피해야 한다. 네 개의 돌이란 돌 네 개를 한 번에 세우는 것, 네 개의 꽃이란 꽃 피는 나무 네 그루를 심지 않는 것, 돌 하나라는 것은 가령 형태가 좋은 돌이라도 한 개만은 세우지 않고 반드시 다른 돌과 함께 세운다는 뜻이다. 작은 정원이라도 나무 한 그루와 꽃 한 포기는 심지 않는다. 다만 정원이 큰 경우에는 여러 돌들이 많으므로 하나만 세워도 된다」라고 해서, 4라는 숫자를 기피하고 정원 구성 속에서 돌이나 초목을 개체로 취급하는 것을 꺼려했다는 점을 알 수 있다. 일본 문화에 있어서는 짝수보다 칠, 오, 삼이라는 홀수가 선호되었고 특히 4는 피해야 하는 숫자였다. 그것이 정원의 구성에도 나타나 있는 것이다.

또「본성을 잃어버리는 것도 피해야 한다. 깊은 산속에서 자라야 하는 것을 물가에 심지 않을 것, 물가에 자라야 하는 것을 깊은 산속에 심지 않을 것」이라 하고 있다. 이것은 『山水幷野形圖』에서도 볼 수 있는 기술로, 일본의 정원에 있어 자연의 식생에 맞추어 식재하는 것이 이 시대에 있어도 지켜지고 있었던 것을 알 수 있다.

5. 정원의 구성(돌, 築山, 섬, 봉래산, 폭포, 개울, 다리, 연못, 초목, 석등)

돌

三尊石을 비롯하여 다수의 명칭이 등장하고, 그 배석에 대하여 기술되어 있다.

예를 들면 삼존석은 「정원의 정면 안쪽에 세우며, 이것을 주인수호석(主人守護石)이라고 한다」라고 해서 중요한 돌로서 취급하고 있다. 또한 「정원의 정면에 삼존석이 있고, 그 앞에 반드시 예배석(禮拜石)이 있어야 한다」나 「정원에 돌을 세울 때는 음양이 있어야 한다」고 하는 기술도 보인다. 예배석에 대해서는 『山水幷野形圖』에도 같은 내용이 있고 음양에 대한 기술도 볼 수 있다. 그 외에 「음률적으로 돌을 배치하는 방법」이 있는데, 율려(律呂)는 중국에서 온 음률을 가리키는 것으로 일본에서도 나라 시대부터 전통 음악의 음률로서 이용되어 온 것이다. 여율(呂律)이라고도 하며 돌을 조화롭게 세우는 방법을 의미한다.

築山

「돌(삼존석) 뒤에 築山을 만들고 나무를 심는다」라고 해서, 산을 築山이라고 칭하고 있다. 築山의 명칭은 다음에 살펴볼 『築山庭造傳』에 계승되며 지금도 산을 쌓아 올리는 것을 築山이라고 하여 정원의 중요 구성요소로 삼고 있다.

섬

「산수섬의 이름에는 취상도(吹上島), 파기(波寄)의 섬, 打寄의 浜(퇴적되어 만들어진 바닷가를 표현한 것), 중도(中島), 객인도(客人島), 주인도(主人島) 등이 있으며, 浪洗島에는 돌이 있다」라고 하여, 취상도나 객인도, 주인도 등 『作庭記』에서는 볼 수 없는 섬들이 등장하고 있다. 취상도에 대해서는 「정원의 취상도, 유수, 시오하마(汐浜 : 썰물로 드러난 바닷가)를 표현하기 위해서는 각진 돌을 세우면 안 되고, 또 이끼를 눕혀 심고 모래를 통해 유수를 만들어 바닷가의 정경을 표현해야 한다. 이 바닷가에는 텅 비어 바위도 없으며 오직 주변에 갈대, 제비붓꽃, 창포 등을 심었다」라고 한다. 이렇게 장소의 특징이 명칭이 된 것은 『作庭記』와도 통하는 바이다. 또한 객인도와 주인도는 「정원의 좌우에 반드시 두 개의 섬이 있어, 오른쪽에는 객인도가 있고, ……왼쪽에는 주인도가 있다고 한다」에서도 알 수 있듯이 당시 정원의 중요 구성

요소였음을 알 수 있다.

봉래산

「정원의 중앙에는 봉래산이 있어야만 한다. 봉래산은 거북이 형태이기 때문에 거북이 머리 돌(龜頭石), 양 손 돌, 양 다리 돌, 꼬리를 나타내는 돌이 있어야 한다. 그 섬을 나카지마(中島)라 하고 반드시 소나무를 심고 만약 소나무가 없으면 거북이 모양의 돌을 놓아야 한다」라고 하고 있어, 봉래산의 구성에 대해 상세히 적고 있다. 이러한 봉래에 대한 이미지는 『山水幷野形圖』에도 보이지만, 귀두석(龜頭石), 귀수석(龜手石), 귀각석(龜脚石), 귀오석(龜尾石)이라고 하는 각 부분별 명칭은 볼 수 없다. 이 봉래산이 거북이 형태의 中島이며 거기에 반드시 소나무를 심었다는 점은 현존하는 정원의 龜島나 龜石組를 통해서도 확인할 수 있다.

폭포

「폭포의 입구(瀑口 : 폭포 물이 떨어지기 시작하는 곳)에는 반드시 움직이지 않는 돌이 놓아야 한다. 그 돌을 폭부(瀑副)의 돌이라고도 하며 좌우에는 동자석을 세워야 한다.」「폭구(瀑口)에는 폭부석(瀑副石), 수청석(水請石), 수분석(水分石) 등이라고 하는 돌이 있어 모두 분별해서 세워야 한다. 瀑口는 정원에서 제일 중요한 것」이라고 하고 있다. 비록 『作庭記』와 같은 상세한 기술은 아니지만, 이 시대에 있어서도 폭포가 여전히 정원에서 아주 중요한 구성 요소임을 엿볼 수 있다.

개울

「정원에서 강 하류가 바다와 만나는 지점에 수계석(水雞石), 파수석(波受石), 수수석(水受石), 수어석(水禦石) 등이 있어, 모두 잘 분별하여 세워야 한다」라고 한다. 즉 정원의 이미지에 맞추어 개울의 형태를 만들 때, 각각의 돌을 역할에 따라 배석 해야만 한다고 적고 있는 것이다.

다리

「정원의 中島인 봉래에는 다리를 놓으면 안 된다」, 「개울에 다리를 놓을 때는 반드시 하류 중간 정도에 놓을 것, 폭포에는 다리를 놓지 않을 것, 예외로 큰 정원에 있는 폭포 위에는 마른 나무 등으로 다리를 놓을 것」이라고 쓰여 있다. 또 「정원 돌다리에는 받혀주는 돌이 네 개가 있어야 한다. 단, 장소에 따라서 3개 혹은 2개인 경우도 있다」라고 하며, 이것은 『山水幷野形圖』에서 보이는 교인석(橋引石)과 같은 것이라고 생각된다.

연못

「정원의 연못에 있어서도 瀑口나 물이 솟아나는 모습을 만들어야만 한다. 정원을 만드는 사람에게는 아주 중요한 것이다」라고 하고 있지만, 이밖에 구체적인 연못의 형태나 모습을 나타내는 기술은 보이지 않는다.

초목

「식목의 종류, 떡갈나무, 단풍나무, 산외자(山椏子), 여랑화(PAtriniA scAbiosifoliA)는 산에 있어야 하고, 빈랑(ArecA cAtechu L), 남천, 나한송(PodocArpus mAcrophyllus vAr.), 측백나무, 잣나무, 부용, 은행나무, 향나무, 황매화나무, 진달래는 섬에 있어야 하고, 동백나무, 단향(SAntAlum Album), 삼나무, 종소(柊欋), 석남화(石南花, Rhododendron hybrids -철쭉 종류), 구실잣밤나무(CAstAnopsis cuspidAtA vAr. sieboldii)는 산기슭에 있어야 하고, 잔디와 난초, 개미취(Aster tAtAricus), 국화, 작약, 털머위(FArfugium jAponicum) 등은 골짜기에 있어야 하며, 만년청(大本-RohdeA jAponicA Roth. et Kunth), 정향나무(Syzygium AromAticum), 서향(DAphne odorA), 백합, 등나무는 산길에 있어야 한다」라고 되어 있어, 초목의 식생과 정원의 植材를 연결하여 기술하고 있다.

석등

「석등은 장소를 정해서 놓는다. 높이에 따른 규율도 있지만 억지로 치수에 연연하지 않으며, 정원의 넓고 좁음에 맞추고 불빛은 물에 비치게 하며, 석등에 4각 기둥이 있으면 정면으로 놓지 않고 조금 돌려놓아 보기 좋게 한다.」 그 중에서도 「불빛은 물에 비치게 하며」라는 기술로부터 정원의 수면에 석등의 불빛이 흔들리는 광경이 머릿속에 떠오른다. 또 「석등에 사각 기둥이 있다면 정면으로 놓지 않고 조금 돌려서 보기 좋게 한다」라는 것도 일본의 전통적인 미의식의 하나인 비정면성을 나타내며, 정원 구성에 있어서도 이러한 미의식은 많은 영향을 주고 있음을 알 수 있다.

6. 정원을 보는 방법

정원의 구성요소와는 직접 관계가 없지만, 정원을 감상하는데 있어서의 행동지침이 기록되어 있다. 「정원을 보는 방법은 먼저 손님이 구경할 때는 객인도를 보고 주인도를 순서대로 본 다음 예배석을 보고 中島에서 수호석(守護石)을 본다. 그리고 폭구 등을 순서대로 둘러보고 나서 다시 객인도로 돌아오면 끝난다.」 이처럼 객인도로부터 감상이 시작되어 주인도를 거쳐 예배석과 수호석, 폭구 등을 보고 다시 객인도로 돌아간다고 하는 흐름이 기술되어 있다. 정원의 감상에 대해서는 『山水幷野形圖』에도 같은 기술을 볼 수 있다.

이상에서 살펴본 본서의 내용에 따르면, 본서와 가까운 시대의 것으로 여겨지는 『山水幷野形圖』와 공통점이 많다. 구성요소에 있어서는 『作庭記』로부터 계승되었다고는 볼 수 없지만, 이 시기 석등이 정원의 중요 구성요소로서 새롭게 등장하였음을 알 수 있다.

제3절 17~19세기의 작정전서

1) 『余景作り庭の圖』(에도 시대 초기 무렵)

『余景作り庭の圖』는 저자 불명으로 菱川師宣의 삽화와 함께 1680년에 편찬 된 것으로 생각된다.

본서의 내용은 다른 작정전서와는 다르게 화가에 의해서 그려진 정원의 삽화에 대하여 저자가 정원의 특징이나 구성 등을 해설하는 형식을 취한다. 구성 순서는 다음과 같다.

「나미키(竝木 : 가로수) 정원」, 「잔디 정원」, 「중국 양식 정원」, 「정롱(庭籠 : 정원에서 작은 새들을 기르던 새장) 정원」, 「봉래 정원」, 「축국(蹴鞠 : 헤이안 시대에 유행했던 경기) 정원」, 「하세(初瀬)의 벚꽃 정원」, 「오토와(音羽)의 폭포 정원」, 「스미다가와(隅田川) 정원」, 「유명한 봄의 정원(등나무 정원)」, 「적벽 정원」, 「국화와 물의 정원」, 「아침 해와 산의 정원」, 「사계절 화단의 정원」, 「정토 정원」, 「(늦가을부터 초겨울에 부는) 찬 바람 숲의 정원」, 「청람의 정원」, 「소나레(磯馴れ : 바람에 의해 나무들이 바닥에 기어가듯 자라는 것) 산의 정원」, 「소철의 정원」, 「이와야(岩屋)의 폭포 정원」, 「상생의 정원」 등이다.

이와 같은 정원에 대해서 각각 그 구성적 특징이 기술되어 있다. 여기에서는 몇 개의 정원을 예로 들어 살펴보기로 한다. 내용 설명은 우에하라 케이지가 정리한 『解說 余景作り庭の圖』(加島書店, 2006년)의 해설을 참조했다.

나미키(竝木) 정원

본서에서 먼저 등장하는 것이 이 竝木 정원이다. "문 안쪽으로 펼쳐지는 정원에 연못을 파고, 그 연못가 좌우에는 사계절 나무를 심고 잔디를 덮었다. 징검돌을 놓아 수키야(數寄屋)에 이르는 길을 만들거나 사계절의 경치가 전부 볼 수 있도록 만든 소박한 정원을 竝木 정원이라 한다. 연못이나 유수에는 柴橋, 舟板橋, 朽木橋, 竹橋

도 3-12. 並木의 庭圖(出典 : 上原敬二 編 『解説 余景作り庭の圖 · 他三古書』 2006, 加島書店)

등과 같은 와비(侘び)식 다리는 만들지 않으며 築山도 만들지 않는다."

이 문장이나 삽화로부터 並木 정원의 모습을 살펴보면 대략 지금까지 봐 온 정원의 기본적인 요소가 모두 포함되어 있는 것을 알 수 있다. 구성 요소로서는 유수나 연못이 있으며 멀리 떨어져 한적한 곳에 이르는 징검돌이 놓여있고 유수 부분에는 다리를 걸어 놓고 있다. 그 안에 계절에 따른 풍치를 즐길 수 있도록 나무들을 심어 놓은 정원임을 알 수 있다. 또 「築山도 만들지 않는다」라는 것으로부터 지형의 기복이 별로 없는 평평한 정원임을 알 수 있다(도 3-12).

봉래 정원

"봉래 정원은 먼저 築山을 쌓고 그 주변에 연못을 파고 다리를 놓는다. 산 정상에는 「두암(頭岩)」이라는 모난 돌을 놓고, 양쪽으로 「족암(足岩)」이라는 낮은 돌을 연못 가까이에 놓는다. 뒤에 물풀을 심고, 봄의 경치를 만들기 위하여 벚꽃과 동백

도 3-13. 蓬莱의 庭圖(出典 : 上原敬二 編 『解説 余景作り庭の圖・他三古書』 2006, 加島書店)

나무 등을 심는다. 연못 밖을 빙 둘러 잔디를 심는다. 꽃이 필 무렵에는 여기에 양탄자, 꽃 돗자리 등을 깔고 주연(酒宴)을 한다. 봄 산이기 때문에 초목은 화려한 것을 심어 경사스러운 정원을 만든다."

여기서 봉래라는 것은 지금까지 살펴본 작정전서에 나오는 봉래산과는 달리, 경사스러운 정원이라는 의미이다. 삽화에는 봄에 꽃놀이를 하고 있는 풍경이 그려져 있어 정원에서 사계의 풍치를 즐기는 모습을 엿볼 수 있다(도 3-13).

정토 정원

「먼저 다다미방을 방형으로 만들고 툇마루를 붙여 화두구(火頭口 : 그림 3-14의 건물에 보이는 창문의 형태를 말함)를 검게 칠한다. 툇마루 한쪽 옆에 손 씻는 물을 담는 돌을 두고 정원의 돌을 이용해 세 개의 봉우리를 만든다. 이것을 삼존석이라 한다. 그 밑에 앉을 수 있는 돌을 놓고, 산 옆에 나무를 심는다. 산기슭에 유수를 흘려보내고

도 3-14. 来迎의 庭圖(出典 : 上原敬二 編『解説 余景作り庭の圖・他三古書』2006, 加島書店)

가지가 처지는 소나무를 심는데 이것을 「엿보는 소나무(覗き松)」라고 한다. 그 앞에 나다레이와(雪崩岩), 테가케이시(手掛石), 레하이세키(禮拜石) 등 여러 가지 이름의 돌을 놓는다. 그 산의 형태는 미에 현 스즈카(鈴鹿) 시에 있는 세 개의 작은 산을 본떠 만든 정원이다.」

여기에 삼존석이나 예배석이라고 하는 명칭이 나온다. 이러한 구성이 앞에 나온 작정전서로부터 계승된 것임은 말할 필요도 없다. 또 툇마루 끝에 설치되는 手水鉢의 등장도 에도 시대 이후 정원의 특징을 잘 나타내고 있다(도 3-14).

晴嵐 정원

「다다미방에서 보게 되는데 산을 희미하게 보이게 만든다. 마루 바로 앞에 작은 산을 만들고 점점 높게 하며 계곡 사이에 좁은 길을 만든다. 산 옆에 코시가케이와(腰掛岩 : 앉아서 쉴 수 있는 바위)를 만들고 산 속에는 갈석(葛石 : 신사나 궁전의 기단에 있는

도 3-15. 晴嵐의 庭圖(出典：上原敬二 編『解説 余景作り庭の圖・他三古書』2006, 加島書店)

돌)을, 고개 너머에는 석등을 세운다. 수목에는 밤나무, 감나무, 소귀나무 등 여러 가지 열매를 맺는 나무를 심는다. 산 밑에 샘을 흐르게 하고 수문석(水門石)을 놓아 그 뒤로 물을 내 보낸다. 낡은 다리를 걸쳐 놓고 산은 잔디와 돌을 적절히 섞어 만든다.」

청람이란 맑은 날 산에 피어오르는 안개로, 여기에서는 산을 점점 높게 쌓아 청람의 효과를 만들어 내고 있다. 또 고개 너머로 보이는 곳에 석등이 있는데, 석등은 에도 시대 정원을 구성하는 중요한 요소가 되었음을 알 수 있다(도 3-15).

이와야(岩屋)의 폭포 정원

「이 정원을 岩屋의 폭포라고 한다. 앞에는 不動石이라고 하는 모난 바위를 세웠다. 산 전체를 바위로 만들고 골짜기 사이에 물을 떨어뜨린다. 다다미방의 울타리에는 볏짚을 이은 초가지붕을 한 복도를 붙였다. 앞에는 여러 가지 나무를 심고 수

도 3-16. 岩屋滝의 庭圖(出典 : 上原敬二 編 『解説 余景作り庭の圖 · 他三古書』 2006, 加島書店)

키야를 남향으로 세운다. 골짜기 사이에 돌을 세우고 폭포를 하얀 실이 흩날리는 것처럼 떨어뜨린다. 수목은 산에는 심지 않고 다다미방과 복도 사이에 나한송, 후 피향나무, 동백나무 등을 심었다. 정원은 모두 작은 돌과 자갈을 섞어 만들 것. 울 타리의 처마 밑에 소나무 잎을 둘 것.」

폭포 石造에 의한 정원이라고도 할 수 있으며, 부동석이 있는 것으로 보아 앞에 언급한 삼존석이나 예배석과 동일하게 전통적인 폭포의 구성요소를 계승한 것으로 보인다. 또 정원은 모두 작은 자갈을 깔아야 한다고 하는 점은 시라카와의 모래나 이끼 등과 같은 의미에서 전통적인 요소를 계승한 것으로 보인다. 한편, 처마 밑에 솔잎을 깔아 두라고 한 점은 그 의미가 불명확하지만, 현재도 행해지고 있는 것으 로 정원에 까는 마른 솔잎이라고 하는 기법과 연결된다. 이것은 겨울철에 이끼가 손상되는 것을 막기 위해서 이끼 위에 솔잎을 깔아 이끼에 서리가 내리는 것을 막 는 것이다(도 3-16).

상생(相生)의 정원

「이 정원을 상생의 정원이라고 한다. 주로 안채에 만들어지는 정원이다. 완만하게 유수를 만들고 사이사이에 돌을 세우며, 연못의 중심에 분산석(盆山石)이라는 모양이 좋은 바위를 배치하며 그 바위 옆에 나무를 심는다. 물 건너편에 나무를 심어 숲과 같이 만들고, 분산석에는 매화 등을 심으며 물가에는 근세(PleioblAstus chino)를 심는다. 마루 앞에는 울타리를 세우고 담장 밑에는 큰 나무인 소나무를 심는다. 그렇게 해서 상생의 정원이라고 이름 붙이고, 겨울 하늘에서 눈이 내리면 운치가 더욱 좋은 정원이 된다.」

여기서 주목되는 것이 소데가키(袖垣 : 건물에 잇대어 짧게 친 울타리)의 등장이다. 지금까지 살펴본 작정전서에는 이에 대한 기술이나 그림 등은 나오지 않는다(다만 살아 있는 식물 울타리(生垣)에 대해서는 헤이안 시대 이후의 두루마리 그림 등에 간혹 보인다). 아마도 이러한 소데가키는 에도 시대 초기에 등장하는 것으로 무로마치 시대로부터 아

도 3-17. 相生의 庭圖(出典 : 上原敬二 編 『解説 余景作り庭の圖 · 他三古書』 2006, 加島書店)

즈치모모야마(安土桃山) 시대에 걸쳐 성립한 다정(露地)의 영향이라고 생각할 수 있다. 대나무 등을 이용해 만든 울타리로 정원을 구획하고, 둘러싸고, 멀리 보이게 하는 등의 수법은 이 시대부터 정원의 구성요소로서 중요시 되어 온 것이며, 이는 다음에 살펴볼 『築山庭造傳』이나 『石組園生八重垣傳』에 상세하게 서술되고 있다(도 3-17).

기타 정원에 관해서는 자세한 설명은 생략하겠지만, 몇몇 특징적인 정원의 삽화를 들어 보기로 한다. 「잔디 정원」, 「유명한 봄의 정원(등나무의 정원)」, 「찬바람 숲의 정원」, 「소철의 정원」이라고 한 것은 정원의 구성이라는 측면에서 매우 흥미롭다(도 3-18부터 3-21). 이러한 정원의 삽화가 실제로 존재하는 정원을 바탕으로 해서 그려진 것인지는 확실하지 않지만, 지금까지 살펴본 다양한 정원의 구성요소가 여기저기에 계승되고 있는 것만은 확실하다. 또한 그림 속에 인물이 그려져 있어, 이

도 3-18. 잔디 庭圖(出典：上原敬二 編 『解說 余景作り庭の圖・他三古書』 2006, 加島書店)

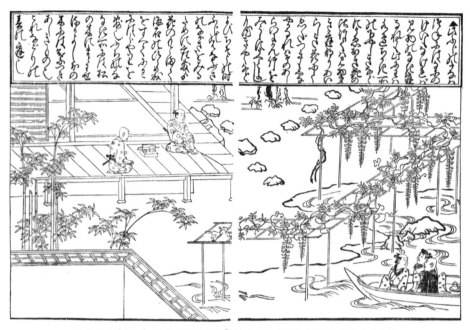

도 3-19. 名殘春의 庭圖(出典：上原敬二 編 『解説 余景作り庭の圖・他三古書』 2006. 加島書店)

도 3-20. 木枯森의 庭圖(出典：上原敬二 編 『解説 余景作り庭の圖・他三古書』 2006. 加島書店)

도 3-21. 蘇鉄의 庭圖(出典：上原敬二 編『解說 余景作り庭の圖・他三古書』 2006, 加島書店)

시대의 정원을 무대로 한 풍속을 엿볼 수 있는 귀중한 자료로서 주목된다.

2)『築山庭造傳』(에도 시대 중기 무렵)

『築山庭造傳』은 北村援琴이 편집하고 삽화는 藤井重好에 의한 것으로 1735년에 편찬되었다. 에도 시대 후기에 들어서면 많은 작정서가 간행되지만, 후술하는『築山庭造傳後編』을 비롯한 당시의 작정서에 본서가 준 영향은 매우 컸다고 생각된다. (참고문헌 : 上原敬二『築山庭造傳(前篇) 解說』, 加島書店, 1967년)

본서 내용을 정리하면 작정(作庭)의 마음가짐에 대한 것, 정원의 형식에 대한 것, 돌에 대한 것, 폭포에 대한 것, 물에 대한 것, 景物에 대한 것(다리, 석등, 죠즈바치), 수목에 대한 것, 담장에 대한 것, 作庭 기법에 대한 것 등의 내용으로 분류할 수 있다. 이러한 내용의 상당수는 앞에 나온『嵯峨流庭古法秘傳之書』에 유래하는 것으로 당대까지 이어져 온 작정전서를 정리한 것임을 알 수 있다. 그 때문에 중복되는 내용 및 정원의 구성요소와 직접 관계가 없는 것에 대해서는 생략하고 특징적인 것만을 예로 들어 고찰해 가기로 한다.

一. 정원의 원근법에 대해서

「먼 산은 낮게, 가까운 산은 높게 한다. 멀리 있는 물은 높게, 가까운 물은 낮게 만든다. 이렇게 築山과 遣水를 공교하게 만들어야 한다.」 이것은 산수화의 원근법에서 유래하는 것으로 생각할 수 있으며, 정원에 오행감이나 깊이감을 창출하기 위한 기본적인 방법 중의 하나이다.

一. 멀리 있는 경치를 정원 앞에 옮긴다

「자연의 지형을 이용해서 정원을 만드는 일에는 작정자의 창조적 고안이 필요하다. 서원 객실(손님을 접대하는 자리)의 마루에서 보이는 정원 내의 산을 낮추고, 또한 수목의 가지를 잘라서 멀리 있는 경치를 조망할 수 있도록 하여 한다.」 이것은 借景과 통하는 표현이라 생각된다. 지금까지 살펴본 작정전서에서는 기록되지 않았지만 본서처럼 에도 중기에 들어서면 널리 보급된 것으로 보인다.

一. 다인(茶人 : 다도를 하는 사람) 정원을 만드는 방법에 대해서

「다인의 정원은 인위적으로 보이지 않도록 만들어야 한다. 집이 도시 속에 있으면서도 깊은 산속에 있는 것처럼 만들어야 한다.」 이것은 센리큐(千利休)가 말하는 「속세의 밖의 길」로서 露地를 의미하며, 지금은 「市中의 山居」로서 이해되고 있다.

一. 물이 없는 정원에 대해서

「물이 없는 정원은 산이나 섬이 없는 곳에 강을 대신해 하얀 모래를 사용한다. 폭포도 물이 없는 폭포로 만든다.」 이것은 선종사원의 枯山水에서 유래하는 것으로, 그 구성으로서 물 대신에 시라카와 모래를 이용해 강을 표현한다.

一. 이끼를 심는 방법에 대해서

「이끼를 심는 것은 땅 밑을 다듬어 부드럽게 하고 그 위에 이끼를 놓고 잘 눌러주고, 그 위에 흙을 덮어주어 햇빛이 들지 않을 때 물을 주면 잘 자란다.」 이와 같이 이끼의 취급 방법을 구체적으로 소개하는 것으로부터 地被의 소재로서 이끼가 일반적으로 사용되고 있음을 알 수 있다.

一. 담장에 대해서

「담장은 치수가 있어 정해져 있는 것과 치수가 변하는 것(식물담장)이 있다. …… 또 대나무 울타리의 경우는 대나무 마디가 가지런히 하도록 만들어야 한다.……」 이것은 담장의 치수나 비율을 설명하는 것이다. 정원의 구성에 있어 담장이 중요시 되고 있음을 엿볼 수 있다.

一. 담장을 만들 때의 마음가짐에 대해서

「담장을 만들 때의 마음가짐. 그 마음이라는 것은 정원의 담은 반드시 수카시(透し : 나뭇가지를 전정할 때 요구되는 개념으로, 정원 내의 수목이 모두 잘 보이도록 가지를 치고 잎을 제거하는 기법) 담장을 만들어야만 한다. …… 담장에는 두 가지 종류가 있어서 하나는 가리코미(인공적으로 나무를 가다듬는 방법) 담장이며 또 하나는 수카시 담장이다. 가리코미 담장은 속에 있는 가지를 잘 보이게 하고 나중에 밖을 정돈하는 것. 수카시 담은 처음부터 밖을 정돈해서 안쪽으로 손질을 하는 것.……」

이것은 담장을 만들 때의 마음가짐이며 정원의 구성과 동일하게 공간을 비운다는 생각에 근거한다. 수카시 담장은 정원에 심오감을 만들어내기 위한 중요한 구성 요소이다.

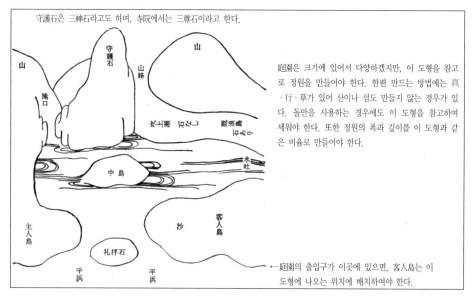

守護石은 三神石라고도 하며, 寺院에서는 三尊石이라고 한다.

庭園은 크기에 있어서 다양하겠지만, 이 도형을 참고로 정원을 만들어야 한다. 한편 만드는 방법에는 真·行·草가 있어 산이나 섬도 만들지 않는 경우가 있다. 돌만을 사용하는 경우에도 이 도형을 참고하여 세워야 한다. 또한 정원의 폭과 깊이를 이 도형과 같은 비율로 만들어야 한다.

←庭園의 출입구가 이곳에 있으면, 客人島는 이 도형에 나오는 위치에 배치하여야 한다.

도 3-22. 庭坪地形圖(出典：上原敬二 編『築山庭造伝(前編) 解説』1967, 加島書店)

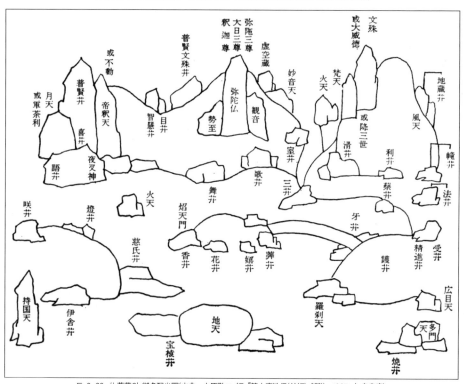

도 3-23. 仏菩薩의 御名配当圖(出典：上原敬二 編『築山庭造伝(前編) 解説』1967, 加島書店)

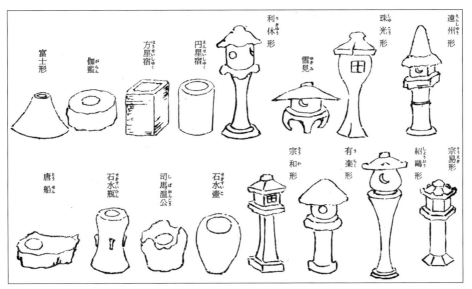

도 3-24. 石灯籠 및 手水鉢圖(出典：上原敬二 編『築山庭造伝(前編) 解說』, 1967, 加島書店)

도 3-25. 西芳寺庭園圖(出典：上原敬二 編『築山庭造伝(前編) 解說』, 1967, 加島書店)

도 3-26. 天龍寺庭園圖(出典：上原敬二 編 『築山庭造伝(前編) 解説』 1967, 加島書店)

도 3-27. 銀閣寺庭園圖(出典：上原敬二 編 『築山庭造伝(前編) 解説』 1967, 加島書店)

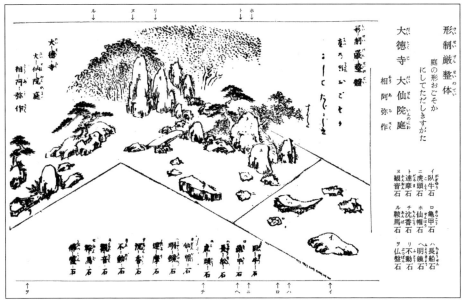

도 3-28. 大德寺大仙院庭園圖(出典 : 上原敬二 編『築山庭造伝(前編) 解説』1967, 加島書店)

이 외에도 전술한 『嵯峨流庭古法秘傳之書』와 같이 「佛菩薩御名配當圖(바위나 石造에 여래나 보살의 존명을 붙이는 것)」나 「庭坪地形圖」가 기재되어 있는 점도 흥미로우며 본서가 이 계보를 계승한 것이라고 생각할 수 있다. 또 지금까지의 작정전서에서 볼 수 없었던 석등의 그림이나 죠즈바치를 그린 그림이 나타나고 있어 이들의 구체적인 형태를 이해할 수 있다. 한편, 당대에 유명한 정원의 그림 등이 아울러 정리되어 있기 때문에 당대 정원의 양식이나 구성요소를 이해 할 수 있는 귀중한 자료가 되고 있다(도 3-22부터 3-28).

3) 『築山庭造傳後編』(에도 시대 후기 무렵)

『築山庭造傳後編』은 秋里籠島가 北村援琴의 『築山庭造傳』을 이어서 1828년에 편찬한 것이다.

내용은 정원의 모습과 구성 요소를 그림으로 나타낸 다음 해설하고 있다. 그 중에서 정원의 기본적인 양식을 츠키야마(築山)와 히라니와(平庭 : 등고 차이가 별로 없는 정원) 및 다(茶)정원으로 분류하고, 築山과 平庭에서는 다시 眞行草 별로 해설을 더하고 있다. 이외의 정원도 그림으로 나타내어 정리하고 있지만, 여기에서는 築山, 平庭, 茶정원의 구성요소에 대해서만 고찰하기로 하겠다.

一. 眞 築山

진·행·초 가운데 眞 築山 정원의 구성에 대해 적고 있다. 이 정원의 골격을 구성하는 요소로 돌과 수목과 산을 들어, 각각 그 기본적인 구성을 그림으로 타나내고 있다. 돌에는 수호석, 배석(拜石), 청조석(請造石) 등이 있고, 수목에는 정도목(正圖木), 경양목(景養木), 그리고 소나무 등이 있다. 산은 특별히 명칭을 붙이지 않았지만, 1~5개의 산으로서 각각의 특징을 해설하고 있다.

『築山庭造傳』과 다른 점은 배석의 배치 장소이다. 배석은 예배석으로 보이며 본서에서는 그 배석을 中島에 배치하도록 하고 있다. 그러나 종래의 예배석은 그림

圖 3-29, 眞이 築山全圖(出典 : 上原敬二 編 『築山庭造伝(後編) 解説』 1984, 加島書店)

도 3-30. 行의 築山全圖(出典：上原敬二 編 『築山庭造伝(後編) 解説』 1984, 加島書店)

3-22의 〈庭坪地形圖〉에서 보이듯이, 中島의 아래쪽, 즉 가옥의 툇마루 끝 가까운 곳에 있는 것으로 나타나 있다(도 3-29).

一. 行 築山

行 築山의 정원은 眞 築山과 기본적인 구성이 같다. 그 구성으로부터 돌과 수목과 산 등의 요소를 조금 간략화한 것이 行 築山이며, 「石造를 단순화해서 산의 모양이 좋게 한다」(도 3-30).

一. 草 築山

草 築山의 정원도 眞 築山과 같은 구성이며, 行 築山보다 한층 더 간략화된 구성요소를 지니고 있다. 산은 하나가 되며, 연못은 흐름을 나타낼 뿐이다. 또 담장도 눈에 띈다(도 3-31).

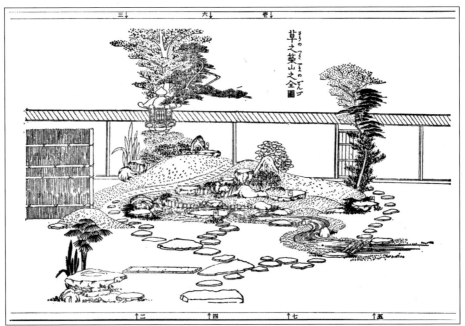

도 3-31. 草의 築山全圖(出典：上原敬二 編『築山庭造伝(後編) 解説』1984, 加島書店)

도 3-32. 真의 平庭全圖(出典：上原敬二 編『築山庭造伝(後編) 解説』1984, 加島書店)

도 3-33. 行의 平庭全圖(出典 : 上原敬二 編 『築山庭造伝(後編) 解説』 1984, 加島書店)

一. 眞 平庭

築山 정원이 주로 심산유곡을 나타내듯이 만들어져 있던 것에 비해, 平庭에서는 주로 바다의 풍경을 나타내는 경우가 많다. 眞 平庭은 「서원의 정원, 사원 방장의 정원 등이다.」 모래로 바다나 연못을 나타내듯이 만든다고 하는 기술로부터, 枯山水 정원과도 통한다. 그 구성에는 築山이나 징검돌은 없고, 石造 및 기타 배석을 사용하여 전체 모습을 만들고 있다. 또 이 平庭에서는 진행초 모두에 우물이 설치되어 있는 점이 흥미롭다(도 3-32).

一. 行 平庭

行 平庭은 眞 平庭과는 정취를 바꾸어 징검돌이 있는 구성을 하고 있다. 그 외는 眞 平庭과 같은 구성요소에 의해서 만들어져 있다(도 3-33).

도 3-34. 草의 平庭全圖(出典：上原敬二 編『築山庭造伝(後編) 解説』1984, 加島書店)

도 3-35. 定式茶庭全圖(出典：上原敬二 編『築山庭造伝(後編) 解説』1984, 加島書店)

一. 草 平庭

草 平庭은 行 平庭보다 더욱 간략하게 만든 것이다. 여기에서는 行 平庭과 같이 징검돌을 배치하고 수호석이나 배석 등도 놓아두었다(도 3-34).

一. 정식 茶정원

정식다정, 또는 眞 茶정원이라고도 한다. 茶정원을 현재는 로지(露地)라고 하지만, 그 구성은 다도의 작법에 의거한 것이다. 이 그림은 이중 露地를 나타내고 있는 것으로 생각되며 바깥쪽의 露地와 안쪽의 露地 공간을 나누는 담장이나, 바깥 露地와 안쪽 露地를 이어주는 중문 등을 볼 수 있다. 그리고 茶정원 특유의 대기소, 변소, 징검돌, 츠쿠바이 및 죠즈바치 등은 그림과 같다(도 3-35).

一. 眞 石造정원

眞 石造정원, 또는 七五三 石造 정원이라고도 한다. 이 그림을 보면 알 수 있듯

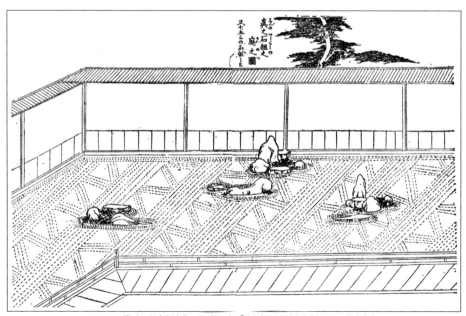

도 3-36. 真의 石組庭圖(出典 : 上原敬二 編 『築山庭造伝(後編) 解説』 1984, 加島書店)

이 선종사원으로 보이는 枯山水 정원의 구성을 나타내고 있다. 중앙에 일곱 개의 石造, 그 오른쪽으로 다섯 개의 石造, 왼쪽으로 세 개의 石造로 구성되어 있고, 하얀 모래가 있는 평지나 그 모래 문양은 龍安寺의 방장 정원과 같은 의장을 떠올리게 한다(도 3-36).

이와 같이 에도 시대가 끝나갈 무렵에는 정원을 築山, 平庭, 茶정원으로 분류하고 있었으며 정원의 기본적인 구성요소 또한 형식화되어 있었음을 알 수 있다.

4) 『石組園生八重垣傳』(에도 시대 후기 무렵)

『石組園生八重垣傳』은 앞에 나온 『築山庭造傳後編』과 함께 秋里籠島가 1827년에 편찬한 것이다.

내용은 『築山庭造傳後編』과 같이 정원 전체를 해설한 것이 아니라, 그 구성요소에 대해서 개별적으로 예를 들고 있다. 구체적으로는 이 책의 제목으로부터도 알 수 있듯이, 石造와 담장에 대해 주로 적고 있으며 아울러 다리, 징검돌 등의 설명도 더해지고 있다. 여기에서는 상세한 해설은 생략하고, 각 그림의 특징적인 부분만을 정리해 보기로 한다.

一. 石造 그림

본서에서는 몇 개의 石造 수법이 나온다. 그 중에서 세 개의 돌을 조합하는 수법인 삼석조팔상(三石組八相)이 주목된다(도 3-37).

一. 담장 그림

담장에는 살아 있는 나무를 이용한 생울타리도 있지만, 본서에서는 대나무 울타리나 판자 울타리, 시바가키(柴垣 : 섶나무로 엮은 울타리)나 소데가키(袖垣 : 건물에 잇대어 낮고 짧게 친 울타리) 등이 보인다. 이들은 소재나 용도에 의거해 이름이 붙여졌고 정

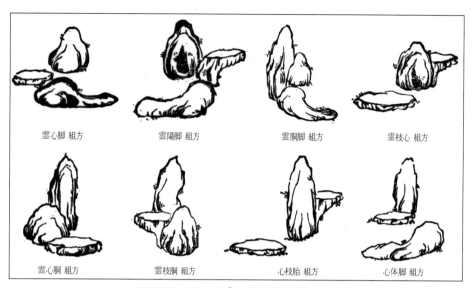

霊心脚 組方　　　霊陽脚 組方　　　霊胴脚 組方　　　霊枝心 組方

霊心胴 組方　　　霊枝胴 組方　　　心枝胎 組方　　　心体脚 組方

도 3-38. 袖垣圖(出典：上原敬二 編 『石組園生八重垣伝 解説』 1969, 加島書店)

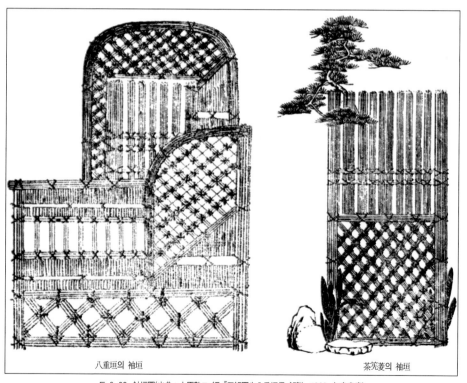

八重垣의 袖垣　　　　　　　　　　　茶筅菱의 袖垣

도 3-38. 袖垣圖(出典：上原敬二 編 『石組園生八重垣伝 解説』 1969, 加島書店)

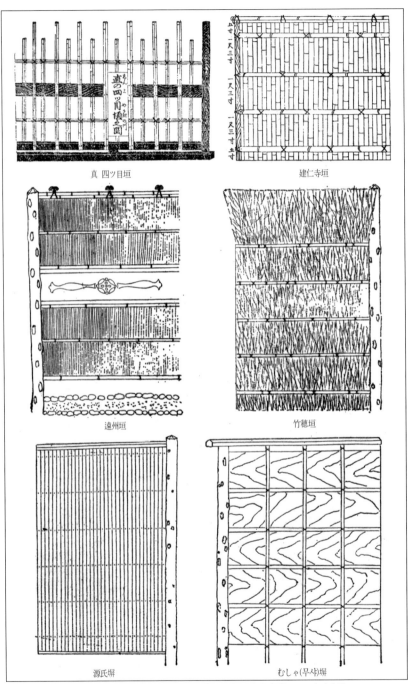

真 四ツ目垣

建仁寺垣

遠州垣

竹穂垣

源氏塀

むしゃ(무샤)塀

圖 3-30. 垣 및 塀圖(出典：上原敬二 編『石組園生八重垣伝 解説』1960, 加島書店)

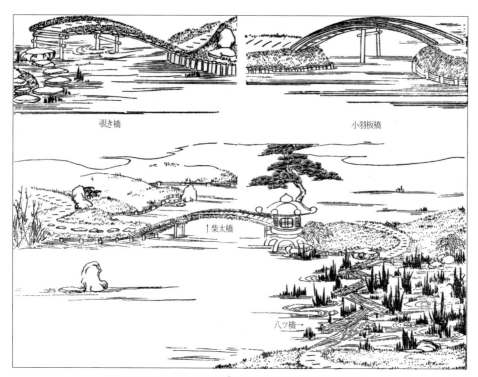

도 40. 橋の圖(出典：上原敬二 編『石組園生八重垣伝 解説』1969, 加島書店)

원의 구성에 따라 구별하여 사용되고 있다(도 3-38과 3-39).

ㅡ. 다리 그림

다리에는 소재에 의한 명칭으로서 돌다리나 흙다리, 판자 다리 등이 있다. 또한 주제나 모양 등에 따라 다양한 명칭이 붙는다. 여기에서는 그 중 일부를 도시해 둔다(도 3-40).

제4절 작정전서-맺음

이상은 14~19세기까지의 작정전서로부터 정원의 구성요소에 관한 변천을 살펴보았다. 정원의 구성요소에는 일관된 흐름을 엿볼 수 있었으며 이러한 흐름은 기본적으로 『作庭記』의 시대에 성립하여 후대까지 계승된 것으로 보인다. 『作庭記』가 편찬되었을 무렵의 정원 양식은 寢殿造庭園이나 淨土式庭園이었으며, 이는 池泉式庭園이라고도 한다. 그러한 양식의 성립을 거친 후, 가마쿠라 시대로부터 무로마치 시대에 걸쳐 선종의 영향 아래에서 성립한 새로운 정원 양식이 枯山水庭園이다. 枯山水는 물을 이용하지 않고 큰 바다나 큰 하천을 표현하는 공간 구성이다. 이때 나타난 구성요소나 기법으로서는 흰 모래를 부지에 까는 것과 모래문양, 그리고 전지를 통한 수목을 들 수 있다.

다음으로 무로마치 시대로부터 모모야마 시대에 걸쳐 발전한 다도 문화 속에서 만들어진 정원 양식인 露地(茶정원)가 있다. 露地는 건물 밖에서 다실에 이르는 도입 공간으로서, 원래는 길을 의미하였지만 센리큐의 와비차가 널리 보급되었을 무렵부터 와비차 정원을 露地라고 부르게 되었다. 露地가 성립된 이후 정원의 구성요소는 그 이전의 정원 양식과 목적에 있어서 크게 다르게 된다. 그것은 露地가 다과회를 위한 접객공간이며 동시에 다실에 손님을 유도하기 위한 공간이기 때문이다. 따라서 지금까지의 정원에서는 거의 사용되어 오지 않았던 징검돌이나 석등, 죠즈바치나 츠쿠바이, 담장이나 대기소 등이 露地가 성립된 이후에 넓게 보급되게 된다.

한편 에도 시대가 되면 다이묘 정원이라고 하는 대규모 回遊式庭園이 각 지방을 통치하는 다이묘에 의해서 조영되게 된다. 여기서는 전통적으로 계승되어 온 정원의 구성요소나 기법이 곳곳에 사용된다. 또한 각지에서 그 지방만의 특유한 정원이 만들어 지게 되는데, 그 중에서도 바다의 간만을 이용한 시오이리(汐入 : 바닷물을 정원으로 넣었다 뺐다가 하는 것) 정원인 큐시바리큐(舊芝離宮) 庭園이 유명하다. 이 시대에 등장하는 다이묘 정원들을 통해 정원의 전통적인 구성요소나 기법이 집대성되게 된다.

이와 같이 일본 정원의 구성요소는 시대마다 새롭게 성립된 정원 양식에 깊게 관련되고 있는 한편, 만들어지는 장소의 특성(지형이나 기후)이나 그 지역에서 얻을 수 있는 소재(돌이나 수목) 또한 그 구성에 크게 영향을 미치고 있었다.

그것은 일본의 정원이 각 시대를 통해 일관되게 자연의 풍경을 모델로 삼아 자연스러운 정원을 목표로 해 왔던 것에서 유래한다.

제3장 현존 정원에서 보이는 구성요소와 기법

앞에서는 작정전서로부터 구성 요소와 기법에 대해 고찰하여 왔다. 지금부터는 전술한 문헌적 고찰에 이어 현존하는 정원으로부터 구체적인 구성 요소와 기법을 살펴보도록 한다. 대상은 14~19세기까지 각 시대를 대표하는 정원으로, 그 정원들을 구성하는 특징적인 요소를 살펴보고자 한다. 구성 요소의 분류는 다음과 같다. 1) 石造, 2) 池泉과 州浜, 3) 中島, 4) 築山과 野筋, 5) 流水, 6) 地被, 7) 景物, 8) 園路, 9) 植材, 10) 가코이(囲い), 11) 정원 건축, 12) 그 외.

1) 石造

石造는 전술한 바와 같이 각각의 작정전서에 관련된 기술이 많고, 『作庭記』가 「돌을 세우는 일(石をたてん事)」로 시작하듯이, 그 중요성은 어느 정원을 보아도 명백하다. 그러한 사실로부터도 石造가 정원의 공간 구성 요소의 골격을 이루고 그 전체상을 특징짓는다고 할 수 있으며, 그 구성도 시대별로 다종다양하다. 이 石造 중에도 특히 타키(瀧) 石造는 예부터 주요한 구성 요소로서 정원 속에 도입되어 왔다.

1. 타키 石造

이 石造는 『作庭記』에서 상세하게 기술되고 있듯이 예부터 정원의 주요한 구성 요소로서 만들어져 왔다. 실제로 물을 떨어뜨리는 경우는 자연의 사실적인 폭포를 나타내는 石造가 이루어졌고, 枯山水 정원과 같이 물을 사용하지 않는 경우는 자연의 폭포를 추상화한 石造가 표현되었다.

A. 무카이오치(向落)

向落는 두 개의 낙수(落水)가 서로 마주보고 떨어지는 폭로를 말한다.

B. 카타오치(片落)

片落는 낙수 중간에 돌을 배치하는 것으로 물의 흐름을 받아들이고, 그 흐름을 옆으로 젖히어 떨어뜨리게 하는 폭포를 말한다.

C. 츠타이오치(傳落)

傳落는 떨어지는 물이 배치된 돌의 표면을 따라 흘러내리는 것을 말한다.

D. 하나레오치(離落)

離落는 물이 떨어질 때 돌의 모서리를 예리하게 하여, 그 돌 위를 물이 기세 좋게 흐르도록 하는 것으로, 낙수가 돌을 타지 않고 떨어져 흐르는 폭포를 말한다.

E. 소바오치(稜落)

稜落는 낙수를 정면에서 보여주지 않고, 다소 비스듬한 방향에서 보이도록 돌을 배치한 폭포를 말한다.

F. 느노오치(布落)

布落는 물이 한 장의 천을 걸어 놓은 것처럼 떨어지는 폭포를 말한다. 여기에서는 폭포 상부의 물이 떨어지는 곳에 평평한 돌을 배치하고, 그 앞에 물이 괴는 웅덩이를 만드는 것으로, 물을 완만하게 흘려보내는 것이 중요하다.

G. 이토오치(絲落)

絲落는 물이 수많은 하얀 실이 늘어져 내려오는 것같이 떨어지는 폭포를 말한다. 여기에서는 물이 떨어질 때에 깔쭉깔쭉한 모서리를 가지는 돌을 배치하여 물의 흐름을 몇 갈래로 나누어 떨어뜨리는 것이 중요하다.

H. 카사네오치(重落)

重落는 물을 떨어뜨리는 돌을 겹겹으로 배치하는 것으로, 낙수가 이중으로도 삼중으로도 될 수 있도록 만들어진 폭포를 말한다.

이외에 사유오치(左右落), 요코오치(橫落)에 대한 기술도 있지만, 그 의미는 말 뜻 그대로이므로『作庭記』에서도 해설되지 않고 있다.

2. 삼존(三尊) 石造

이 石造는 세 가지 돌을 조합하여 삼존불을 나타내며 많은 정원에서 볼 수가 있다. 앞에서 살펴본 대로 삼존석에 대한 기술은 각 작정전서에 기술되어 있고,『石組園生八重垣傳』에서는 세 가지 石造의 편성 방식으로서 三石組八相의 그림이 표시되어 있다. 단, 그곳에 제시되어 있는 石造의 그림이 그대로 삼존石造가 되는 것은 아니며, 정원에 따라 그 편성 방식도 다양하고 돌의 종류나 형태도 다르다.

3. 수미산(須彌山) 石造

이 石造는 고대 인도로부터 불교 세계의 중심에 솟아 있는 수미산과 이를 포함한 구산팔해(九山八海)의 세계 구조를 나타내는 것이다. 이 수미산 石造로 여겨지는 것에는 기타바타케(北畠) 씨 저택의 정원이 있다.

4. 칠오삼(七五三) 石造

이 石造는 복수의 石造가 조합된 것으로, 돌의 수가 7개, 5개, 3개로 구성되어 있는 것을 나타내고 있다. 료안지(龍安寺) 방장 정원이나 다이토쿠지(大德寺) 신쥬안(眞珠庵) 방장 東庭은 대표적인 예이다.

5. 봉래산 石造

이 石造는 봉래산을 상징한 것이다. 중국의 신선 사상에서는 동방의 바다 속에 선인이 사는 봉래산이 있다고 여겨지는데 그 사상에서 유래한다. 이 봉래산에 관해서는 앞에서 살펴본 바와 같이『嵯峨流庭古法秘傳之書』에 기술되어 있으며, 그 시대의 정원에서는 중앙에 中島로서 조성되어 왔다. 봉래산에는 반드시 소나무를 심는다고 여겨졌는데, 소나무가 없는 경우는 거북 모습의 돌을 설치했다고 한다. 따라서 봉래산 石造와 거북 石造와의 관련이 주목된다.

6. 쓰루카메(鶴龜) 石造

이 石造는 예부터 학과 거북이는 길상적 존재였기 때문에, 학과 거북이의 형태를 한 쌍으로 정원에 표현한 것이다. 정원의 넓이에 따라서는 학이나 거북이 한쪽만을 표현하는 경우도 있다.

학의 石造에서는 학의 머리를 표현하는 가늘고 긴 鶴首石이나 날개를 표현하는 羽石 등이 배치되어 학의 형태를 이룬다. 거북이의 石造에서는 거북이의 머리를 나타내는 龜頭石이나 거북이의 손발을 나타내는 龜手石·龜脚石, 거북이의 꼬리를 나타내는 龜尾石·尾崎石 등이 배치되어 거북이를 형성한다. 龜島는 전술한 작정전서에서 언급한 바와 같이, 그 형태로부터 특히 봉래산과 관련되어 길상을 나타내는 소나무가 심어지는 등 정원의 중요한 구성 요소로 여겨져 왔다.

2) 池泉과 州浜

1. 池泉

예로부터 池泉은 정원의 중요한 구성 요소로서 만들어져 왔다. 정원 양식을 池泉 舟遊式이나 池泉 回遊式이라고 표현하듯이, 池泉은 정원의 중심을 구성하는 요소라고 할 수 있다. 그 곳에서는 뱃놀이나 달구경 등의 행사가 이루어지고, 또한 주변을 회유하면서 관상하는 등 정원에 다양한 풍경을 제공하였다. 池泉의 조성 방법은 『作庭記』 등의 작정전서에서 보아 온 바와 같이 바다나 하천 등의 풍경을 표현하는 것이기 때문에 그 형상은 정원 별로 정취가 다르다. 여기서는 『作庭記』에서 서술되어 있는 池泉의 이미지를 해설해 둔다.

A. 大海 양식

大海 양식의 연못은 바위 해안을 표현하듯이 돌을 세우고, 곶을 곳곳에 만들어 파도가 몰아쳐오는 해변의 풍경을 표현한다. 또한 일본의 해안 풍경이 「하얀 모래와 푸른 소나무(白砂青松)」라고 비유되듯이 소나무를 심는 것으로 해변의 풍경을 상기시킨다.

B. 大河 양식

大河 양식의 못은 웅대하면서 완만한 곡선을 표현한 것이다. 그 흐름이 자연스럽도록 배석을 해야 하는데, 지형을 거스르지 않고 물의 흐름이 변하는 장면 장면에 따라 돌을 배치한다. 또한 大河이므로 산하와는 다르게 산과 물가 등을 표현하는 돌은 세우지 않는다. 물이 기세 좋게 흐르는 곳은 하폭을 좁히고, 물이 완만하게 흐르는 곳은 넓게 잡아 중간에 섬을 두도록 만든다.

C. 山河 양식

山河 양식의 못은 大河 양식이 완만한 흐름을 표현하는 것에 비해, 산과 물가 등을 표현하는 돌을 많이 세우는 것으로 험한 산간을 표현한 것이다. 흐름은 계류와 같이 물이 돌을 타고 흐르는 듯 배석을 하여 그 정취를 연출한다.

D. 沼 양식

늪지 양식의 연못은 돌을 거의 세우지 않고, 갈대와 창포 등의 습지 식물을 물이 뭍으로 파고 들어간 곳에 심어 늪을 표현한 것이다. 또한 물의 출입 장소를 보여주지 않고 수위를 높게 보이도록 만든다.

E. 아시데(葦手) 양식

갈대나 물새, 바위 등에 비유한 회화적 문자를 「葦手」라 하며, 葦手 양식은 이러한 회화적 문자 형태로 정원의 池泉을 꾸미는 것을 말한다. 葦手 양식의 못은 산 등을 높게 세우지 않고 완만한 들판을 조성하여 못과의 경계 곳곳에 돌을 세운다. 돌들의 곁에는 키 작은 조릿대나 야생의 사초와 같은 풀을 심고 수목으로는 수양버들과 같이 모양이 부드러운 것을 심는다. 돌은 평평한 것을 사용한다.

2. 스하마

洲浜는 육지와 접한 연못가를 가리키며, 池泉과 육지와의 경계에 해당된다. 洲浜의 형상은 완만한 곡선을 이루며 작은 자갈을 깔아 만든다. 자갈이 아니라 큰 옥석을 깔 경우는 이소하마(磯浜)가 되어, 洲浜에 까는 돌의 크기에 따라 정원의 이미지가 바뀐다.

그 외, 池泉과 육지의 경계에 만드는 호안 구성에는 몇 가지 다른 수법이 있다. 護岸 石造, 구사도메(草留) 호안, 란쿠이(亂杭) 호안 등의 수법이 그것이다.

A. 護岸 石造

호안 石造는 池泉의 호안을 돌로 고정하는 것으로, 예부터 사용되는 수법의 하나이다.

B. 구사도메 호안

草留 호안은 池泉과 육지와의 연결을 완만하게 하여, 점토로 굳힌 후 습지 식물을 심어 그 뿌리나 관목으로 토사를 고정하는 수법이다.

C. 란쿠이(亂杭) 호안

亂杭 호안은 베어낸 둥글고 큰 말뚝으로 토사를 고정하여 호안을 만드는 수법이다.

3) 나카지마(中島)

池泉식 정원은 바다의 풍경을 표현하도록 만들어졌기 때문에 이 中島가 갖는 의미는 크다. 『作庭記』의 시대에 있어서는 정원의 이미지에 맞추어 그 섬의 특징이 만들어지고 나누어져 왔다. 봉래 사상을 표현하는 蓬萊島나 鶴島, 龜島 등의 섬이 조성되어 온 것도 작정전서에서 살펴본 바와 같다.

A. 야마시마(山島)

山島는 고지가 있는 산 형태의 섬으로, 산기슭이나 물가에 돌을 세우고 앞면에는 하얀 모래 해변을 둔다. 또한 산을 표현하므로 수목으로는 상록수를 심는다.

B. 노시마(野島)

野島는 山島와는 대조적으로 들판 같은 완만한 섬이다. 돌은 곳곳에 그 등을 보이도록 세우고, 그 곁에는 가을 풀을 심으며 사이에는 이끼 등을 덮어 만든다. 앞면에는 山島와 같이 하얀 모래 해변을 둔다.

C. 모리시마(杜島)

杜島는 평평한 섬이고, 전체적으로 수목을 드문드문 植材한다. 수목의 밑변에는 건너편이 보이도록 틈새를 내고, 그 밑동에 눈에 띄지 않게 돌을 배치하여 자갈로 덮어 만든다.

D. 이소지마(磯島)

磯島는 파도가 밀려오는 곳을 표현한 것이므로, 파도에 깎여진 듯이 거칠고 키가 큰 돌을 곳곳에 세운다. 그 힘찬 돌 사이에 낮은 키의 소나무를 植材하는 것으로 돌이나 바위가 있는 물가의 풍경을 만들어낸다.

E. 雲 형상

雲 형상은 돌도 나무도 없이, 흰 모래톱에 의해 구름이 흐르는 듯하게 표현하여 만드는 것이다.

F. 가스미(霞) 형상

霞 형상은 雲 형상과 같이, 돌도 나무도 없이 흰 모래톱에 의해 형태 지어진다. 그 모양은 연못에서 피어오르는 안개와 같이 가로로 가늘고 길게 깔리어, 이중 삼중으로도 엇갈리게 하거나 곳곳을 끊어지게 만든다.

G. 스하마 형상

洲浜 형상은 雲 형상이나 霞 형상과 같이 흰 모래톱에 의한 것으로, 그 형태는 다양하다. 그 곳에는 작은 소나무를 조금 심는다.

H. 가타나가레(方流) 양식

方流는 물 흐름에 맡기듯이 가늘고 긴 형태의 흰 모래톱을 만드는 것이다.

I. 히가타(干潟) 양식

干潟 양식은 바다의 간석을 표현하듯이 흰 모래톱이 나타났다 숨었다 하도록 만드는 것이다. 그리고 수목을 심지 않고 돌을 조금 수면에 보이도록 배치한다.

J. 마츠카와(松皮) 양식

松皮 양식은 소나무 껍질과 같이, 수피의 마름 열매와 같은 형태의 모양이 서로 번갈아서, 그리고 도중에 끊어지지 않고 연결되어 보이도록 만들어진 것이다. 돌과 나무의 유무는 취향에 따라 좌우된다.

K. 봉래도

봉래도는 전술한 봉래산 石造에서 언급한 바와 같이, 중국의 신선 사상인 봉래산에 유래하는 선인의 섬으로, 정원의 중앙에 섬으로서 만들어진다. 사람이 접근할 수 없는 동해의 섬이기 때문에 해변이나 선착장 및 다리와 같은 것은 금기로 여겨진다.

L. 쓰루시마(鶴島)·가메시마(龜島)

鶴島·龜島는 전술한 鶴龜 石造와 같은 의도로 형성된 섬이다. 한 쌍으로 만들어지며 길상을 상징하는 모티프로서 정원에 도입되어 왔다. 그러나 경우에 따라서는 학이나 거북이 한편만으로 만들어지기도 한다.

4) 츠키야마(築山)와 노스지(野筋)

築山는 예부터 정원을 가산(假山)이나 산수로 칭해 온 바와 같이, 정원에 표현하는 자연의 풍경을 상징하는 산을 말한다. 築山에는 자연 지형을 이용한 것이나 인공적으로 산의 형태를 만들어낸 것이 있다. 그러한 築山은 폭포를 구성하기 위한 요소이기도 하다. 또한 築山라는 말은 전술한 『築山庭造傳』에서도 알 수 있듯이 에도 시대에 정착한 것이다.

築山이 산을 표현하는 것임에 비해, 野筋은 기복이 적은 들판이나 구릉지를 표현한 것이다. 이미 『作庭記』로부터 그 기술이 보이기 시작하며, 헤이안 시대의 정원에 자주 사용되었음이 현존하는 정원이나 그 유구 등을 통해서 짐작할 수 있다.

5) 나가레(流水, 流れ)

流水는 『作庭記』에서는 遣水로 언급되고 있다. 遣水는 流水를 만드는 방법의 일종으로, 정원에서 모티프로 여겨져 온 물의 경치를 만들기 위한 중요한 구성 요소였다. 枯山水 정원이 만들어지게 되고 나서는, 물을 사용하지 않고 흰모래나 옥석, 잔디나 이끼 등으로도 표현하게 됨에 따라 나가레(流れ)라고도 불리게 되었다. 나가레는 물 자체의 사용 여부와는 관계없이, 정원 내의 유수를 표현하는데 중요한 역할을 담당하고 있다.

6) 지피(地被)

정원을 구성하는 베이스가 되는 것이 지면인데, 일본의 정원은 지피(그라운드 커버)에서 그 특징이 보인다. 그 대표적인 것으로는 흰모래나 이끼 등을 들 수 있다. 그것들이 어떻게 분류되고 사용되어 왔는지는 정원이 입지하고 있는 장소가 갖는 일조 조건이나 기상 조건, 지질·지형 조건 등과 관련이 크다.

예를 들어 선종 사원을 발단으로 하는 枯山水 정원의 흰모래는 교토의 지질에서 유래하는 것이다. 흰모래는 시라카와라는 강에서 채집된 모래와 화강암을 채굴할 때 발생한 부산물로서 시라카와 모래라고 하며, 枯山水 정원에 넓게 사용되어 왔다. 긴카쿠지(銀閣寺)의 銀沙灘 및 向月台에 사용된 시라카와 모래는 銀閣寺 원지(園池)에 퇴적된 화강암 모래라고 여겨지며, 지질이 정원의 구성에 영향을 주는 대표적이 예로서 생각할 수 있다. 한편으로 흰모래에는 사문(砂紋)을 그려 넣는다. 枯山水 정원에 보이는 사문은 흰모래 위에 물의 경치를 나타내는 추상적인 문양이나 기하학적인 문양으로 묘사되고 있다.

또한 교토에서 이끼의 절로 알려진 사이호지(西芳寺)는 그 이름과 같이 수십 종에 달하는 이끼가 무성한 공간으로, 산간의 습윤한 공기에 의해 조성될 수 있었다.

7) 景物

景物이라는 것은 정원의 운치를 보다 풍부하게 하기 위한 점경(点景)이다. 이 景物에 의해 정원이 저마다의 개성을 획득하게 된다고 할 수 있으며, 그 하나하나로부터 정원의 다양한 주제를 읽어 낼 수가 있다.

1. 석등롱(石燈籠)

석등롱은 헌등(獻燈)을 위한 것으로 불교 전래 이후 사원 본당 앞에 하나만을 두는 것이 일반적이었다. 현존하는 제일 오래된 것으로는 나라의 다이마데라(當麻寺)의 것이 있다. 그 역할은 헌등 즉 조명으로서의 존재이므로, 정원에 있어서는 특히 다실 정원의 성립 이후에 넓게 보급된다. 그 종류와 형상은 용도에 따라서 다양하다. 석등롱은 다실 정원에서는 없어서는 안 될 존재로, 역대 다인(茶人)에게 애호되어, 「리큐(利休) 형」, 「엔슈(遠州) 형」 등 그들의 이름과 함께 유전되고 있다. 그 외, 사원이나 정원의 이름이 붙은 것이나 「유키미(雪見) 형」과 같이 키가 낮고 갓 모양의 넓은 상부를 지니며 3개의 다리를 갖는 모습에서 이름이 붙여진 것도 있다.

2. 츠쿠바이(蹲踞)

다실 정원에 설치하며 손을 씻는 물을 담아놓은 시설. 蹲踞도 석등롱과 같이 다실 정원에서는 빼놓을 수 없는 요소이고, 다도를 수행함에 있어서 중요 역할을 담당하는 존재이다. 蹲踞는 마에이시(前石) · 유오케이시(湯桶石) · 테쇼쿠이시(手燭石) 등의 야쿠이시(役石)와 죠즈바치가 함께 구성된 것을 말한다. 前石은 손을 씻는 물을 채운 手水鉢의 앞에 놓이는데, 여기에 서서 손님이 손을 씻고 마음을 맑게 한다. 手燭石와 湯桶石은 각각 手水鉢의 좌우에 설치되는데, 오른쪽에는 湯桶石이 왼쪽에는 手燭石이 놓인다. 手燭石은 밤에 이루어지는 차도에서 촛대를 놓는 곳이며, 湯桶石은 겨울철 다실 정원의 蹲踞에 따뜻한 물을 담아서 내기 위한 장소로서 사용된다. 이 蹲踞는 원래 차도를 위한 실용적인 것이었는데, 점차 点景物로서 그 용도가 바뀐 것으로 이를 특히「카자리츠쿠바이」라고 부른다. 그 외에 오리츠쿠바이가 있는데 이는 배수를 겸하기 위하여 정원보다 한층 낮게 설치된 蹲踞이다. 깊게 파서 물이 침투되도록 자갈 등을 꼼꼼히 채운 후 설치한다. 또 나가레츠쿠바이는 다실 앞에 물을 끌어 오는 야리미즈 속에 설치된 蹲踞로 다실 정원 이외의 정원에도 보급됨에 따라 点景物로서 자리잡게 된다.

3. 죠즈바치

手水鉢은 다실 정원에 있어서 蹲踞를 구성하는 중요한 존재이다. 手水鉢로 사용되는 돌에는 자연석이나 자연석을 다소 가공한 것이 있다. 또한 낡은 탑이나 기둥의 초석을 골라 사용한 것이나, 돌을 가공하여 낡은 석조물을 모방한 것으로 가사형(袈裟型), 가람석형(伽藍石型), 사방불형(四方佛型) 등으로 만들어져 왔다. 이러한 手水鉢에는 손을 씻는 물을 채우기 위한 홈이 파여져 있는데, 그 크기나 형태는 手水鉢에 사용되는 돌의 크기나 형상에 영향을 받게 되므로, 원형이나 방형, 자연형 등 다양하다.

한편 서원정원에 있어서는 엔사키 죠즈바치(緣先手水鉢)가 있다. 엔사키는 뜰에 가까운 마루 끝이란 뜻이다. 그 이름 그대로 마루에 면해서 설치되기 때문에 蹲踞와는 조금 다르다. 즉, 건물 가까이에 배치하며 마루 위에서 직접 이용한다는 점에서 일반 다실정원의 그것과는 모양이나 크기 및 높이가 다르게 된다. 나츠메(棗, 대추나무) 형이나 하시구이(橋杭, 교각) 형 등이 고안되는 등, 일반 蹲踞보다도 크고 높은 것이 사용된다.

4. 다리

다리는 예부터 정원의 모티프로 사용되어 왔다. 그 종류는 앞에서 살펴본 바와 같다. 그것들을 소재로 분류하면 石橋나 木橋, 土橋 등으로 분류할 수 있다. 정원의 취향에 따라 가려 쓰는 이러한 다리는 자연의 풍경 속에 사람의 흔적을 상기시키는 것으로, 점경을 이루는 중요한 요소라고 할 수 있다. 덴류지(天龍寺) 정원에서는 瀑石造 앞에 석교가 걸려 있어 산수화의 풍경을 연상시키고 있다. 이렇게 점경으로서의 측면이 있는 한편, 회유식 정원의 출현에 따라 다리가 園路로 사용되는 일이 늘어나면서 실용을 겸비한 景物로서 변화해 간다.

5. 景石

경석은 앞에서 살펴 온 바와 같이 수십 개에 이르는 명칭을 갖고 있다. 그러나 이러한 명칭은 후대에 붙여졌거나, 혹은 정원에서의 역할에 따라 편의적으로 붙여진 명칭이 많다.

A. 예배석

이 돌은 지금까지 살펴본 바와 같이, 여러 작정전서에서 기술되고 또 그림으로도 설명되었다. 이 돌은 정원 중앙부의 건물에 가까운 위치에 놓여 져 정원을 관상하는 장소로 쓰였다. 이 돌에서 삼존석이나 中島 등 정원의 주경을 감상하게 된다.

B. 座禪石

이 돌은 선의 수행을 위한 것으로 쓰인다. 西芳寺에는 무소 소세키(夢窓礎石)가 좌선을 수행하였다고 전해지는 돌이 남아 있다.

C. 야하쿠이시(夜泊石) 혹은 요도마리이시

이 돌은 봉래산으로 보물을 찾아 떠나기 위한 배가 물위에 정박하고 있는 모습을 표현히고 있다.

D. 九山八海石

이 돌은 수미산을 중심으로 하는 구산팔해의 세계관을 표현한 것이다. 현존하는
정원에서는 로쿠온지(鹿苑寺)에서 이 돌을 볼 수 있다.

E. 후나이시(舟石)

이 돌은 그 이름 그대로 배를 표현하는 돌이다. 大德寺 다이센인(大仙院)의 枯山
水 정원에서는 심산유곡을 상징하는 산에서 흘러 내려오는 유수에 이 돌이 놓여 있
고, 그 형태는 배로 표현되어 있다.

F. 잉어 물고기바위(鯉魚石)

이 돌은 중국의 전설을 모방하여 폭포를 오르려고 하는 잉어를 표현한 것이다.
이 폭포는 용문폭(龍門瀑)이라고도 불리고, 天龍寺를 비롯해 鹿苑寺 정원이나 죠에이
지(常榮寺) 정원 등에서 볼 수 있다.

8) 園路

園路는 원내를 연결하는 길을 말하지만 여기에서는 정원의 園路로서 의장의 측
면에서 구성된 것을 다루도록 한다. 예를 들면 토비이시(飛石), 다다미이시(疊石), 노
베단(延段) 등이 그것인데, 이들이 다실 정원의 성립과 함께 후대의 정원에 응용되
어 갔다는 점에 대해서는 이미 살펴보았다.

A. 토비이시(飛石)

일본 정원의 통로를 따라 걷기 위해 띄엄띄엄 놓여 진 평평한 바닥 돌. 飛石은
일반적으로 보폭에 맞추어 깔아가는 것으로, 정원 속을 어떻게 걷게 하고, 어떻게
그 풍경을 보도록 하는가가 이러한 배석의 밸런스와 함께 고려된다. 飛石에는 수면
을 횡단하는 사와토비이시(澤飛石), 또는 수목이나 벼랑, 폭포 등 園路의 장애물이
되는 것을 피하기 위해 물가를 따라 수면에 놓인 사와타리이시(澤渡石)도 있다.

B. 타타미이시(疊石) · 노베단(延段)

일정한 폭에 대소의 평평한 돌을 깔고 사이사이 잔돌을 깔아 놓은 길이다. 疊石 는 延段이라고도 하며 키리이시(切石)라는 가공된 석재로 구성되는 경우가 많다. 가 쓰라이궁(桂離宮)에는 切石만으로 구성된 신노토비이시(眞の飛石)가 있다. 그 외에, 아 라레코보시(霰零し)는 일정한 크기의 옥석을 깔아 넣은 돌 깔기 방법의 하나로, 싸라 기눈이 떨어지는 모양과 같다고 하여 붙여진 이름이다. 이들은 각각 공간과 지형에 따른 정취를 다양하게 연출한다.

9) 植材

植材가 정원의 경치를 형성함에 있어서 빠뜨릴 수 없는 요소임은 작정전서에서 살펴본 바와 같다. 植材의 역할은 크게 두 가지 측면에서 이해할 수 있다. 하나는 정원 공간 구성의 골격을 만드는 것으로 石造나 築山, 中島 등의 구성 요소에 곁들 여 정원 공간의 밸런스를 조정하는 역할인데, 이것을 야쿠보쿠(役木)라고 한다. 또 하나는 정원에 사계절에 따른 풍정(風情)을 첨가하는 것으로 색채나 향, 그리고 소 리라고 하는 요소를 통해 풍부한 풍경을 연출하는 역할이다.

植材의 방법으로서는 장소별로 자연의 식생에 맞추어 심는 것이 중요하다는 점 이 작정전서에서「본소이별(本所離別)」이라는 개념에 의해 제시되고 있다. 깊은 산 속 에서 자라는 초목은 물가에 심지 않고, 물가에서 자라는 초목은 심산에 심지 않는 다는 생각은 정원에 자연의 풍경을 옮긴다고 하는 근본적인 사고에 따른 것이다. 이렇게 하여 백사청송(白砂靑松)이나 심산유곡(深山幽谷)이라는 자연의 풍경이 정원에 옮겨지게 된다.

또한 植材의 취급 방법에는 수카시(透かし)와 가리코미(刈り込み)라는 기법이 있 다. 수카시는 전정을 할 때에 전제되는 개념으로 정원 내의 모든 수목이 고루 보이 도록 가지를 치고 잎을 제거하는 기법이다. 가리코미는 인공적으로 나무를 가다듬 는 방법이다. 키가 작은 관목으로 특히 철쭉 등이 자주 사용된다. 가리코미와 비슷

한 것으로는 몇 종류의 수목을 군생시키고 그것들을 함께 연결하여 형태를 정돈하는 오가리코미라는 기법도 있다. 또한 생울타리 등은 대체로 가리코미에 의해 형태가 정돈되고 있는데 銀閣寺의 입구 공간을 형성하는 생울타리의 구성이 특히 유명하다.

10) 가코이(圍)

가코이라는 것은 정원의 공간 구성에서 이웃 땅이나 외부와의 경계를 형성하고, 정원 내부에서 공간 구분의 역할을 하는 울타리와 같은 존재를 말한다. 가코이 수법은 정원의 외부를 경계 짓고 내부를 구획하여 정원에 깊이를 더하는 중요한 구성요소이다. 일본 정원에 있어서 가코이는 특히 가키(垣)와 헤이(塀)로 나누어지는데, 그 종류는 소재나 편성 방식에 따라 다양하다. 垣으로는 대나무로 엮은 다케가키(竹垣), 판자로 만든 이타가키(板垣), 싸리나 갈대 등의 초목을 엮은 것, 그리고 살아있는 植材를 이용한 생 울타리 등이 있으며, 塀에는 나무 뼈대를 세운 후에 표면을 흙으로 발라 굳힌 築地와 점토와 기와를 번갈아 겹쳐 쌓은 練塀 등이 있다.

11) 정원 건축

정원 건축은 정원 내에서 행사나 관상의 거점이 되는 건축물을 말한다. 헤이안 시대의 寢殿造 건축은 당시 귀족 주택의 형식으로 주인이 거주하며 의식이나 행사를 행하는 침전이 중앙에 남면하여 위치하고, 남쪽 정원을 사이에 두고 연못이, 좌우 배후에는 딸이나 부인 등이 거주하는 즈이노야(對屋)가 배치된다. 정원의 구성에서는 침전을 중심으로 池泉 위로 튀어나온 츠리도노(釣殿 : 관상을 위해 세워짐)나 높은 침전이나 실내로부터 폭포를 관상할 수 있는 타키도노(瀑殿), 츠리도노와 같이 湧泉 위로 돌출한 이즈미도노(泉殿)라는 건축이 로(廊)라는 통로에 의해 연결되어 있었다.

또한 池泉舟遊 정원에서는, 배를 격납하기 위한 주사(舟舍)도 만들어져 있었다. 그후 亭이나 四阿라고 불리는 정자가 정원 내의 휴게 시설로서 만들어지게 되고, 다이묘(大名) 정원과 같은 대규모의 회유식 공간이 되면서, 다점과 주점, 반점(飯店) 등이 들어서게 된다. 또한 다실 정원에서는 차 모임에 관련된 시설로서 입구에 露地門이 세워지고, 그 안에는 대합실로서 요리츠케(寄付)나 코시카케(腰掛 : 간이 휴게실), 화장실, 그리고 일반적으로 바깥 정원과 안 정원을 연결하는 중문(中門) 등의 건축물이 들어서게 된다.

12) 그 외

1. 차경(借景)

借景은 주변의 풍경을 정원 안으로 도입하여 공간을 구성하는 것이다. 먼 곳에 보이는 산들을 마치 정원의 일부인 것처럼 하여 정원에 깊이감을 주는 것이다. 이것은 단지 정원의 배경으로 먼 산들이 보인다고 하는 것이 아니라, 주변의 풍경과 정원이 함께 조화하도록 정원을 구성하는 것으로, 교토의 엔츠지(円通寺) 정원이나 나라의 시코인(慈光院) 정원은 그 좋은 사례이다.

2. 이도(井戸, 우물)

井戸는 예부터 생활용수를 얻기 위해 만들어져 왔다. 井戸의 지상 부분은 돌이나 나무 등으로 둘러싸 놓았는데, 그 부분을 이즈츠(井筒)라고 한다. 井筒는 작정전서인 『築山庭造傳後編』, 「히라니와(平庭)」에 기술되어 있다. 이외에 현존하는 정원에서도 그러한 井筒이 발견되는 점으로부터 실용과 경관을 갖춘 존재로 다루어졌음을 알 수 있다.

3. 후지다나(藤棚, 등나무 시렁)

藤棚은 작정전서 『余景作り庭の圖』의 「名殘の春の庭の圖(유명한 봄 정원 그림)」에 나오듯이, 정원 속에 봄의 풍광을 나타내는 植材로서 애호되었다. 후지(등나무)는 덩굴 식물이므로 통나무나 대나무로 다나(시렁)를 만들고, 그 시렁에 두루 퍼지도록 등나무를 심는다.

4. 소즈(僧都)와 스킨쿠츠(水琴窟)

僧都는 이것을 고안한 승려의 승관명(僧官名)에서 유래한다. 본래는 농작물을 망치는 사슴이나 멧돼지를 퇴치하기 위해 소리를 내는 것이었지만, 후에는 정원에서 그 음향을 즐기기 위하여 설치되었다. 일반적으로는 시카오도시(鹿威し : 사슴을 위협한다는 뜻)가 사용되는데, 이것은 계곡 등의 물을 대나무 통 한쪽에 모이게 하고, 그 물이 차게 되면 무게로 인해 대나무 통이 다른 한쪽으로 기울어져 물을 쏟아내게 되고, 그 반동으로 대나무 통이 돌이나 쇠붙이를 때리면서 내는 소리를 이용한다.

스킨쿠츠는 에도 시대의 정원사에 의해 고안되었다고 전한다. 緣先手水鉢이나 蹲踞의 흐르는 물을 이용하여, 땅 속에 속이 빈 항아리를 묻고 그곳에 떨어져 지는 물방울 소리를 거문고 소리에 비유하여 이름을 붙인 음향장치이다.

5. 시모요케(霜除け)

서리나 눈으로 인한 피해를 막기 위해 짚 등으로 만든 덮개이다. 정원 내의 식물 관리는 사계의 변화에 따라 행해진다. 일본의 한랭지에서는 겨울철에 서리가 내리고 눈이 쌓이는 등 정원 植材에 많은 어려움이 있다. 이러한 기법에는 이끼를 보호하기 위한 것으로 지면에 솔잎을 깔아 두는 시키마츠바(敷き松葉)의 기법이 있다. 수목을 보호하기 위한 것으로는 관목일 경우 주위를 통나무나 대나무로 둘러싸는 유키가코이가 있고, 이보다 견고한 구조로 지붕을 만드는 유키다나(雪棚)가 있다. 또한 가지가 퍼지는 소나무 등은 가지를 보호하기 위하여 유키츠리(雪吊り)가 행해진

다. 유키츠리는 줄기 옆에 통나무를 세워 지주로 삼고, 그 통나무에서 각각의 가지에 새끼줄을 걸치는 것으로 눈의 무게를 버티게 한다. 겐로쿠엔(兼六園)의 유키츠리 풍경은 겨울의 풍경시(風物詩)로서 유명하다.

제4장 현존하는 정원 사례

본 장에서는 전술한 정원의 구성 요소와 기법에 관한 사례를 현존하는 정원으로부터 구체적으로 예시해가도록 한다. 여기에서 살펴볼 사례 및 시대 구분은 다음과 같다.

⟨14~16 세기의 정원⟩

· 사이호지 정원(西芳寺 庭園)

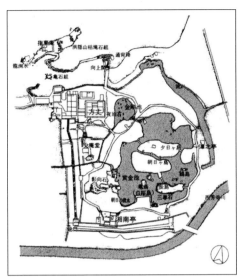

庭園 槪略圖(出典：大橋治三, 齋藤忠一 編
『ヴィジュアル日本庭園鑑賞辞典』1993, 東京堂出版)

1) 石組：初期 枯山水로 여겨지는 枯滝石組

1) 石組：亀石組

3) 中島·長島라고 하며, 『作庭記』에 보이는 霞形의 中島라고도 한다.

7) 景物 : 夢窓礎石가 座禅修行을 하던 座禅石

7) 景物 : 池泉中央에 떠있는 夜泊石

8) 園路 : 自然石을 섞어서 깔아 놓은 畳石

· 텐류지 정원(天龍寺 庭園)

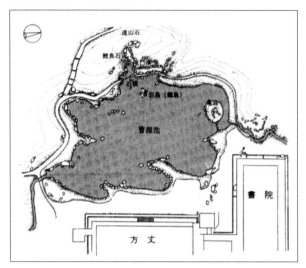

庭園槪略図(出典：大橋治三, 齋藤忠一 編
『ヴィジュアル日本庭園鑑賞辞典』1993, 東京堂出版)

1) 石組 : 龍門瀑의 滝石組. 폭포를 거슬러 올라가려는 잉어를 표현한 鯉魚石으로
보이며, 폭포 앞에는 석교가 걸려 있다

3) 中島 : 鶴島 혹은 蓬莱島라고 하는 岩島

3) 中島 : 池泉으로 튀어나온 出島. 石組護岸의 형식을 이루고 있다.

7) 景物 : 폭포 앞에 걸려 있는 石橋

7) 景物 : 禪 수행에 사용되었다고 하는 座禪石. 滝石組 옆에 위치한다.

· 로쿠온지 정원(鹿苑寺 庭園) ※로쿠온지는 킨카쿠지(金閣寺)

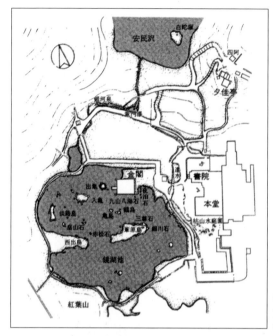

庭園概略図(出典：大橋治三, 齋藤忠
一 編『ヴィジュアル日本庭園鑑賞辞
典』1993, 東京堂出版)

1) 石組：龍門瀑의 滝石組. 폭포를
올라가려고 하는 잉어를 표현했다.

2) 池泉과 洲浜 : 배후에 있는 산봉우리들을 비추고 있는 鏡湖池.

3) 中島 : 왼쪽에 있는 것이 鶴島, 오른쪽이 龜島.

7) 景物 : 須弥山을 표현하였고 九山八海石이라고 한다.

7) 景物 · 蓬莢島인 葦原島루 향하여 줄지어 있는 夜泊石.

10) 囲 : 대나무로 엮은 金閣寺垣.

8) 園路 : 自然石과 切石을 조합하여
놓은 延段.

· 지쇼지 정원(慈照寺 庭園) ※지쇼지는 긴카쿠지(銀閣寺)

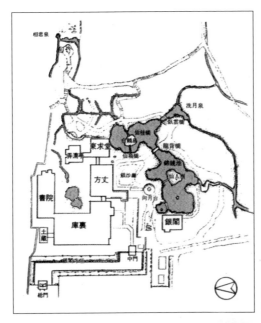

庭園概略図(出典：大橋治三, 齋藤忠一 編 『ヴィ
ジュアル日本庭園鑑賞辞典』 1993, 東京堂出版)

2) 池泉과 洲浜：錦鏡池이라고 하는 池泉. 그 형상
은 西芳寺를 모방했다고 한다.

3) 中島 : 銀閣으로부터 보이는 仙人洲라고 하는 中島.

6) 地被 : 銀沙灘이라고 하는 白砂敷. 砂紋이 그려져 있으며, 그 건너편에는 向月台라고 하는 흰모래의 築山이 있다.

7) 景物 : 양쪽에서 다리를 지지하도록 세워진 袂石(橋挾石이라고도 한다)과 切石橋.

10) 囲 : 낮은 石積 위에 竹垣이 엮여 있으며, 그 위에는 生垣이
찐지뢰이 있디. 이것을 銀閣寺垣이라고 한다.

· 기타바타케 씨 저택 터 정원(北畠氏館跡庭園)

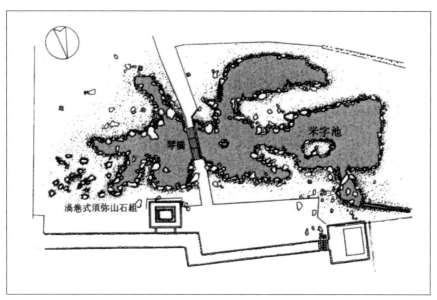

庭園槪略図(出典：大橋治三，齋藤忠一 編『ヴィジュアル日本庭園鑑賞辞典』1993，東京堂出版)

1) 石組：須弥山을 표현한 石組.

1) 石組：滝石組.

3) 中島：石組護岸으로 둘러싸인 出島.

3) 中島 : 石組護岸으로 둘러싸인 中島.

· 구 슈린지 정원(舊秀隣寺 庭園)

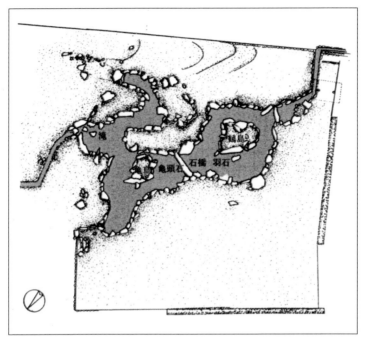

庭園槪略図(出典：大橋治三, 齋藤忠一 編 『ヴィジュアル日本庭園鑑賞辞典』 1993, 東京堂出版)

3) 中島 : 커다란 羽石을 지닌 鶴島.

3) 中島 : 거친 石組로 이루어진 亀島.

7) 景物 : 袂石을 지닌 自然石橋.

· 류안지 호죠 정원(龍安寺 方丈庭園)

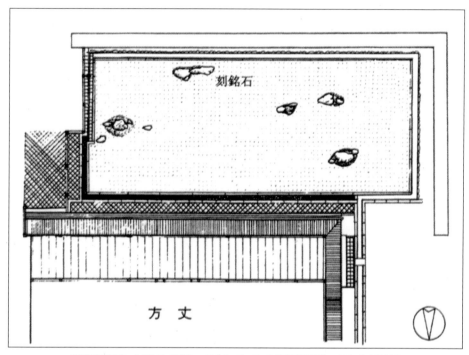

庭園概略図(出典：大橋治三, 齋藤忠一 編『ヴィジュアル日本庭園鑑賞辞典』1993, 東京堂出版)

1) 石組 : 전부 15개의 바위로 구성된 枯山水 庭園이다. 왼쪽으로부터 五石, 三石, 七石으로 이루어져 있어
七五三石組 庭園이라고도 한다. 이 외에도 虎子渡 庭園이라고도 불린다.

10) 囲 : 庭園의 배후에는 낮은 油土塀이 있으며, 정원과 밖에 있는 숲을 연결해준다.

10) 囲 : 대나무를 사선으로 엮은 竜安寺垣.

· 다이토쿠지 다이센인 정원(大德寺 大仙院 庭園)

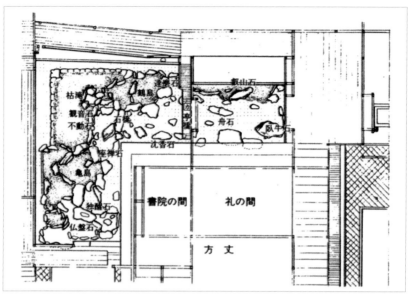

庭園槪略図(出典：大橋治三, 齋藤忠一 編『ヴィジュアル日本庭園鑑賞辞典』1993, 東京堂出版)

1) 石組 · 深山幽谷을 표현한 枯山水에 의한 石組. 深山으로부터 흘러내리는 물길을 白砂로 표현했다.

7) 景物 : 계곡으로부터 흘러내리는 강 위에
걸려있는 自然石橋.

7) 景物 : 강 위에는 舟石.

· 죠에지 정원(常榮寺 庭園)

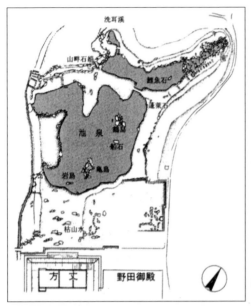

庭園概略図(出典：大橋治三, 齋藤忠一 編 『ヴィ
ジュアル日本庭園鑑賞辞典』 1993, 東京堂出版)

1) 石組：枯山水 石組와 전지에 의한 植栽.

1) 石組 : 渓谷의 지형을 교묘하게 이용한 7단의 滝石組.

1) 石組 : 龍門瀑이라고 하는 滝石組의 最上部.

2) 池泉과 洲浜 : 복잡한 出島를 지닌 池泉에는 鶴島·亀島가 있으며, 蓬莱島로 향하는
배를 표현한 舟石이나 龍門瀑으로 향하는 鯉魚石을 볼 수 있다.

· 이치죠다니아사쿠라 저택 터 정원(一乘 谷朝倉 館跡 庭園)

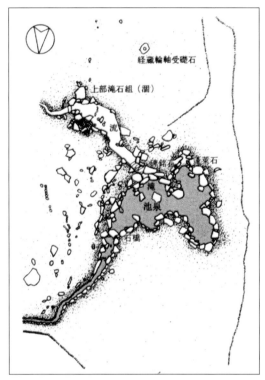

庭園概略図(出典：大橋治三，齋藤忠一 編『ヴィ
ジュアル日本庭園鑑賞辞典』1993，東京堂出版)

1) 石組：日本에서 가장 큰 413cm의 滝添石을 지닌 滝石組.

4) 築山과 野筋 : 石組나 둥글게 전지된 植栽에 의해 구성된 築山. 단풍나무가 滝添石과 함께 풍광을 더하고 있다.

5) 유수 : 폭포로부터 石組護岸의 수로를 거쳐 흐르는 유수.

〈17~19 세기의 정원〉

· 나고야성 니노마루 정원(名古屋城 二の丸 庭園)

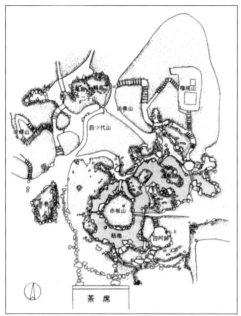

庭園概略図(出典：大橋治三，齋藤忠一 編『ヴィジュアル日本庭園鑑賞辞典』1993, 東京堂出版)

1) 石組：鶴石組.

1) 石組 : 亀石組. 왼쪽에 亀頭石이 보인다.

3) 中島 · 赤坂山이라고 하는 中島. 세 방향으로 石橋가 걸려 있다

· 다이고지 산보인 정원(醍醐寺 三寶院 庭園)

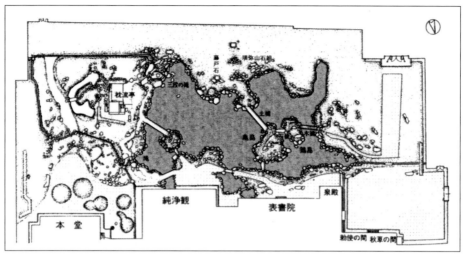

庭園槪略図(出典：大橋治三, 齋藤忠一 編『ヴィジュアル日本庭園鑑賞辞典』1993, 東京堂出版)

1) 石組 : 藤戸石이라고 하는 바위를 중앙에 세우고, 좌우에 두 개의 돌을 놓아 만든 三尊手法의 石組.

1) 石組 : 3단으로 떨어지는 滝石組. 滝壺로부터 조금 떨어진 곳에는 水分石이 놓여 있다.

/) 景物 · 土橋. 池泉을 舟遊하기 위하여 土橋는 중앙이 조금 높게 아치형으로 걸려 있다.

7) 景物 : 앞에는 木橋, 그 건너편에는 土橋.

· 니조성 니노마루 정원(二條城 二の丸 庭園)

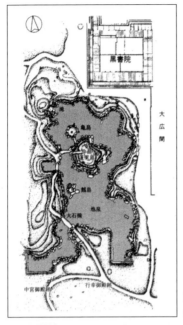

庭園概略図(出典：大橋治三, 齋藤忠一 編『ヴィジュアル日本庭園鑑賞辞典』1993, 東京堂出版)

1) 石組：滝石組.

3) 中島 : 鶴島.

3) 中島 : 소나무가 있는 龜島. 中島와는 石橋로 연결되어 있다.

3) 中島 : 池泉 중앙에 커다랗게 만들어진 石組護岸의 中島.

7) 景物 : 自然石의 大石橋.

· 니시혼간지 대면소 정원(西本願寺對面所庭園)

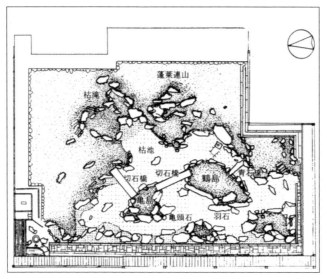

庭園槪略図(出典：大橋治三, 齋藤忠一 編 『ヴィジュアル日本庭園鑑賞辞典』 1993, 東京堂出版)

1) 石組：渓流를 표현한 枯滝石組.

3) 中島 : 왼쪽에는 亀石組에 의한 亀島. 오른쪽에는 鶴石組에 의한 鶴島.

7) 景物 : 亀島와 鶴島를 연결하는 切石橋. 둘 다 조금 휘어져 있다.

· 교토 어소 정원(京都御所 庭園)

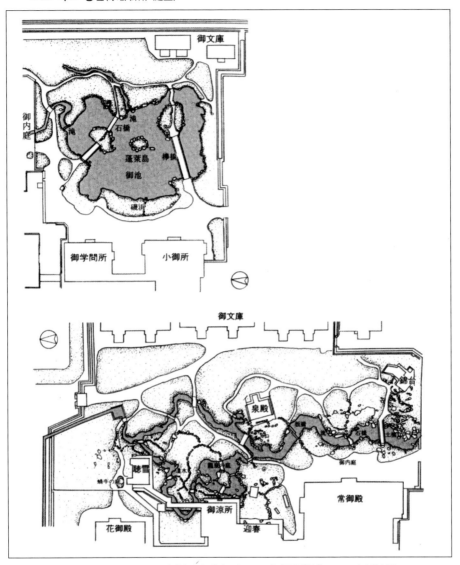

庭園槪略図(出典：大橋治三，齋藤忠一 編『ヴィジュアル日本庭園鑑賞辞典』1993，東京堂出版)

2) 池泉과 洲浜 : 玉石敷에 의한 洲浜.

4) 築山과 野筋 : 石組에 의한 築山.

5) 유수 : 洲浜護岸의 유수.

7) 景物 : 네 모퉁이에 袂石을 세워놓은 石橋.

7) 景物 : 欄干이 있는 아치형 木橋.

· 센토 어소 정원(仙洞御所 庭園)

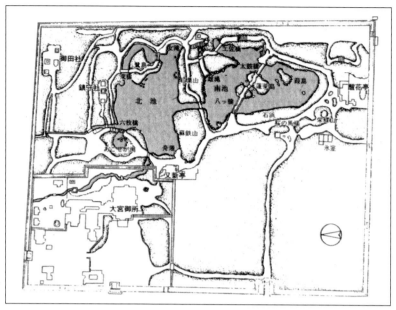

庭園槪略図(出典：大橋治三. 齋藤忠一 編 『ヴィジュアル日本庭園鑑賞辞典』1993. 東京堂出版)

1) 石組：池에 떨어지는 滝石組.

2) 池泉과 洲浜 : 玉石敷에 의한 洲浜.

12) 기타 : 다리 위에 걸려 있는 藤棚.

· 가쓰라 이궁 정원(桂離宮 庭園)

庭園概略図(出典：大橋治三, 齋藤忠一 編『ヴィ
ジュアル日本庭園鑑賞辞典』1993, 東京堂出版)

2) 池泉과 洲浜 : 池泉에 튀어나왔으며, 그 끝에 岬灯籠이 놓여 있는 洲浜.

7) 景物 : 笑意軒으로 가는 園路 옆에 놓여 있는 三角灯籠.

7) 景物 : 白川橋라고 하는 切石橋. 다리 옆 연못에 놓여 있는 세 개의 沢飛石(징검돌)은
松琴亭의 流蹲踞를 이루어 연못 물에 손을 씻게 된다.

7) 景物 : 笑意軒으로부터 보이는 園林堂 앞 土橋.

8) 園路 : 御幸門으로부터 보이는 庭園과 中門으로 이어지는 御幸道.

8) 園路 : 園林堂 앞 사각형의 切石에 의한 飛石.

9) 園路 : 中門으로부터 古書院과 현관에 해당하는 御輿寄까지는 切石敷 수법으로 眞의 飛石이 깔려 있다.

10) 囲 : 통상 桂의 穗垣이라고 불리며 대나무를 엮어 만든 담이다.

10) 囲 : 古書院으로 들어가는 초가지붕의 中門에 이어지는 黑文字垣. 穗垣의 일종으로
桂離宮에서는 사진과 같이 삭은 지붕이 달려 있다.

10) 囲 : 전지된 生垣. 앞에는 住吉의 소나무가 가로막고 있어,
정원의 모습을 한눈에 볼 수 없게 하는 역할을 담당하고 있다.

11) 庭園建築 : 松琴亭으로 이어지는 園路에 설치된 砂雪隱付의 外腰掛(휴게소).

11) 庭園建築 : 切妻의 초가지붕을 얹은 御幸門.

１１) 庭園建築 : 縮景으로 만들어진 天橋立(다리). 건너편에는 松琴亭.

· 슈카쿠인 이궁 정원(修学院離宮 庭園)

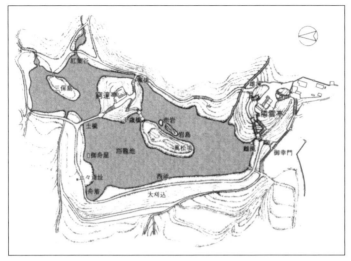

庭園概略図(出典：大橋治三, 齋藤忠一 編『ヴィジュアル日本庭園鑑賞辞典』1993, 東京堂出版)

1) 石組 : 낙차가 있는 滝石組와 계류와 같은 유수로 구성된다.

2) 池泉과 洲浜 : 浴龍池라고 하는 池泉. 앞에 切石로 이루어진 護岸은 선착장으로 사용된다.

2) 池泉과 洲浜 : 隣雲亭으로부터 보이는 浴龍池와 中島.

5) 유수 : 滝石組으로부터 浴龍池로 이어지는 유수.

7) 景物 · 千歲橋라고 하는 万松塢(中島)에 걸려 있는 중국풍의 廊橋.

11) 庭園建築 : 사진 중앙 오른쪽에는 전지한 나무들로 덮여 있는 築山과
그 위에 세워진 隣雲亭이 보인다.

· 코호안 정원(孤蓬庵 庭園)

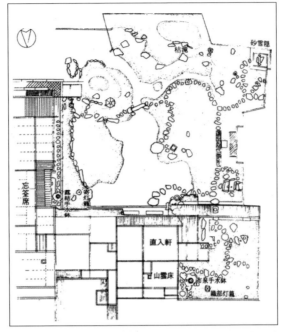

庭園略図出典 : 大橋治三, 齋藤忠一 編 『ヴィジュアル日本庭園鑑賞辞典』 1998, 東京堂出版

7) 景物 : 雪見障了 너머로 보이는 灯籠과 手水鉢, 灯籠은 遠州 취향

7) 景物 : 飛石 옆에 놓인 雪見灯籠.

8) 園路 : 切石과 自然石을 조합한 畳石.

10) 囲 : 사진 왼쪽에 2단으로 만들어진 나무 담장. 공간에 깊이감을 준다.

· 콘치인 호죠 정원(金地院方丈 庭園)

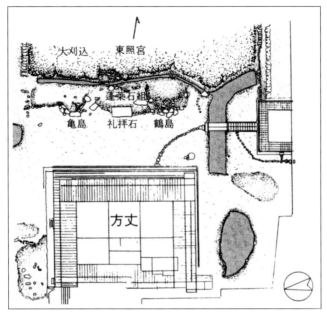

庭園槪略図(出典：大橋治三, 齋藤忠一 編『ヴィジュアル日本庭園鑑賞辞典』1993, 東京堂出版)

3) 中島 : 폭 7.5m, 길이 12m에 이르는 鶴島. 길상인 소나무를 심었다.

3) 中島 : 鶴島을 마주보는 亀島와 측백나무.

4) 築山과 野筋 ; 鶴·亀島 뒤에 전지한 식재와 築山은 蓬莱山.

7) 景物 : 庭園 중앙 鶴島와 亀島 사이에 배치한 礼拝石.
   폭 1.95m, 길이 2.4m에 이르는 사각형 平石.

· 엔츠지 정원(円通寺 庭園)

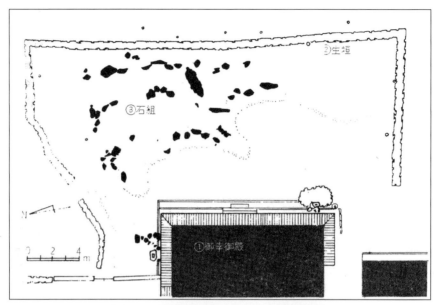

庭園概略図(出典：河原武敏『名園の見どこ』1992, 東京農業大学出版会)

1) 石組；庭園 위쪽에 돌을 배치하고(사진), 그 오른쪽을 넓게 비워 둔 고산수.

1) 石組 : 庭園 왼쪽, 石組와 전지한 키 작은 식재. 이러한 수평적 구성에 대하여
수직으로 높은 나무를 심어 전체적인 균형을 잡고 있다.

6) 地被 : 庭園 오른쪽은 이끼로 덮인 빈 공간.

12) 기타 : 다양한 나무를 사용한 나무담장과 比叡山의 차경.

· 지코인 정원(慈光院 庭園)

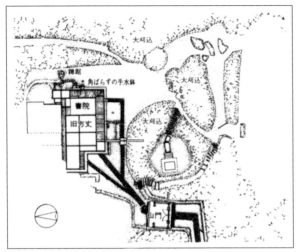

庭園槪略図(出典：大橋治三, 齋藤忠一 編
『ヴィジュアル日本庭園鑑賞辞典』1993, 東京堂出版)

8) 園路：自然石 霰石敷의 疊石.

9) 植栽

12) 기타 : 동쪽에 본 차경. 낮게 전지한 나무는 원경을 차경하기 위한 것.

· 리쿠기엔(六義園)

庭園概略図(出典：大橋治三, 齋藤忠一 編
『ヴィジュアル日本庭園鑑賞辞典』1993, 東京堂出版)

1) 石組 : 여러 줄기로 나뉘어 떨어지는 滝石組.

2) 池泉과 洲浜 : 乱杭護岸에 의한 池泉의 汀.

3) 中島 · 洞窟과 같은 구멍이 있는 岩島는 蓬莱島.

· 코이시카와 고락쿠엔(小石川 後樂園)

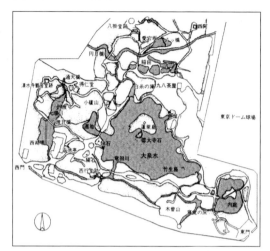

庭園概略図(出典：大橋治三, 齋藤忠一 編
『ヴィジュアル日本庭園鑑賞辞典』1993, 東京堂出版)

1) 石組：滝石組.

4) 築山과 野筋 : 小廬山이라고 하는 築山.

7) 景物 : 中国風 半円石橋로 円月橋라 한다.

7) 景物 : 계곡에 걸린 홍교.

8) 園路 : 둥그런 자연석을 사용한 沢飛石.

· 큐 하마리큐 정원(旧浜離宮 庭園)

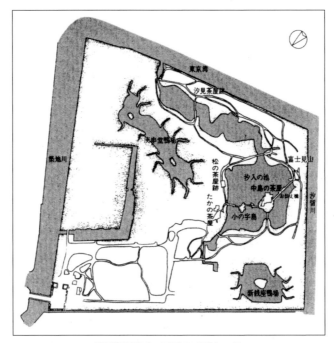

庭園概略図(出典：大橋治三, 齋藤忠一 編
『ヴィジュアル日本庭園鑑賞辞典』1993, 東京堂出版)

2) 池泉과 洲浜 : 다리에서 汐入의 연못. 이곳은 바닷물을 정원에 끌여 들인 것으로 바닷물의 간만 차를 이용하여
수위를 ▵전하여 전체에 변하를 준다. 끝에 보이는 것이 海中島의 茶屋과 다리

2) 池泉과 洲浜 : 다리에서 본 바닷가 쪽의 汐入 연못. 완만하게 사행하는 강처럼 유수를 만들고 玉石敷로 호안을 쌓았다.

2) 池泉과 洲浜 : 커다란 옥석으로 磯浜을 표현했다.

4) 築山과 野筋 : 御亭山이라고 하는 築山.

4) 築山과 野筋 : 樋의 口山이라고 하는 築山. 日本의 해안풍경을 표현하기 위하여 흑송을 심어 놓았다.

4) 築山과 野筋 : 富士見山이라고 하는 築山. 당시에는 富士山이 보였다고 한다.

7) 景物 : 中島으로부터 이어지는 오즈타이하시(お伝い橋)라고 하는 난간 다리.
다리의 모양은 보행에 변화를 주기 위하여 고안되었다.

11) 庭園建築 : 中島의 茶屋. 현재 건물은 1983년에 복원된 것이다.

· 켄로쿠엔(兼六園)

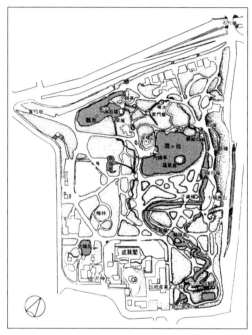

庭園概略図(出典 : 大橋治三, 齋藤忠一 編 『ヴィ
ジュアル日本庭園鑑賞辞典』 1993, 東京堂出版)

1) 石組 : 落差6.6m, 幅1.6m에 이르는 滝石組. 翠滝이라고 하며, 역대 藩主에 의해 여섯 번이나 개조되었다.

3) 中島 : 島全体가 龜形으로 龜甲島라고도 하며 蓬莱島를 표현한 것이다.

7) 景物 : 兼六園의 상징물인 雪見灯籠.

8) 園路 : 11장의 돌을 기러기가 줄지어 나는 모양으로 깔았다. 雁行橋라고 한다. 형태가 거북이 등껍질과 같아서 龜甲橋라고도 한다.

12) 기타 : 唐崎의 소나무.

12) 기타 : 이 분수는 霞ヶ池를 수원으로 하고, 수위차를 이용한다. 분수의 높이는 약 3,5m에 이른다. 일본 最古의 분수.

· 카이라쿠엔(偕樂園)

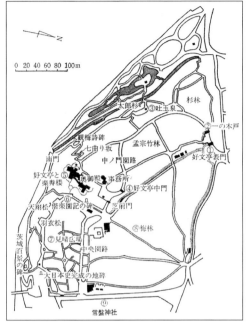

庭園概略図(出典：河原武敏　『名園の見どこ』1992, 東京農業大学出版会)

9) 植栽 : 好文亭으로부터 본 전지 식재.

9) 植栽 : 梅林 너머로 보이는 楽寿楼.

11) 庭園建築 ; 芽葺 外腰掛.

11) 庭園建築 : 好文亭으로 이어진 園路와 그 끝에 보이는 中門.

· 오카야마 고락쿠엔(岡山後樂園)

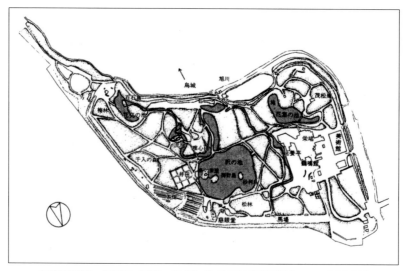

庭園概略図(出典：大橋治三, 齋藤忠一 編 『ヴィジュアル日本庭園鑑賞辞典』 1993, 東京堂出版)

3) 中島：沢池에 띠있는 中島. 御野島리고 히며, 釣殿이 연못 쪽으로 들출퇴있다.

5) 유수 : 잔디로 덮여 있는 평지를 굽이도는 물
줄기는 작은 시내와 같다.

5) 유수 : 流店이라고 하는 柿板으로 지붕을 이
은 2층 건물. 1층에는 유수가 통과하며 「曲水宴」
이 시행되었다. 중앙에는 水分石.

7) 景物 : 木板을 8장 걸어 놓은 야츠바시.

· 리츠린 공원(栗林公園)

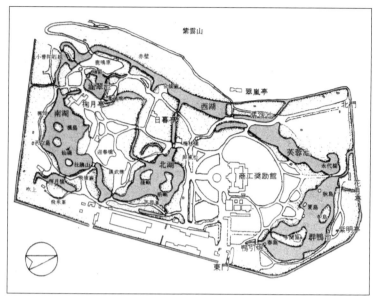

庭園槪略図(出典 : 大橋治三, 齋藤忠一 編 『ヴィジュアル日本庭園鑑賞辞典』 1993, 東京堂出版)

2) 池泉과 洲浜 : 芙蓉峯(築山)으로부터 바라본 北湖라고 하는 池泉. 좌우에 前嶼·後嶼라고 하는 中島가 보인다.

2) 池泉과 洲浜 : 飛来峯(築山)으로부터 南湖. 앞쪽에 偃月橋가 있다.

2) 池泉과 洲浜 : 掬月亭으로부터 본 南湖. 끝에는 楓島라고 하는 中島가 보인다.

2) 池泉과 洲浜 : 玉石敷에 의한 南湖의 洲浜. 그 끝 오른 쪽에는 楓島, 왼쪽에는 天女島라고 하는 中島이 있다.

3) 中島 : 偃月橋로부터의 전망. 왼쪽에는 杜鵑山이라고 하는 中島.
전지한 식재만으로 구성되었다. 그 왼쪽에는 天女島. 중앙 끝에는 掬月亭.

4) 築山과 野筋 : 小普陀을 표현한 築山. 枯山水石組.

7) 景物 : 掬月亭의 마루 끝에 만들어진 手水鉢.

8) 園路 : 自然石에 의한 沢渡石.

8) 園路 : 掬月亭에 이어지는 飛石.

· 겐큐엔(玄宮園)

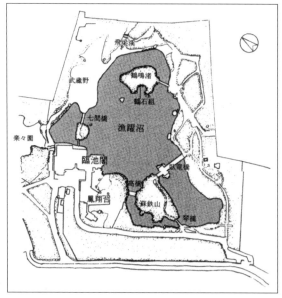

庭園概略図(出典：大橋治三, 齋藤忠
一 編 『ヴィジュアル日本庭園鑑賞辞
典』1993, 東京堂出版)

1) 石組·龍臥橋 옆에 만들어진 枯滝石組.

2) 池泉과 洲浜 : 鳳翔台로부터 漁躍沼라고 하는 池泉을 바라봄.

3) 中島 · 鶴鳴渚라고 하는 中島. 그 구성은 鶴島로 중앙에 세워진 학 머리를 표현한
鶴首石은 높이가 4.2m에 이르고 날개를 표현한 羽石의 구성도 훌륭하다.

7) 景物 : 臥龍橋라고 하는 木橋.

7) 景物 · 蘇鉄山이 있는 大島에 걸린 琴橋.

11) 庭園建築 : 園內 가장 높은 곳에 세워진 鳳翔台라고 하는 庭園建築. 원내의 전경을 볼 수 있다.

나와치 타카야스(繩稚貴靖)

04

일본 정원의 이념과 세계
– 미술사적 관점에서

「정(庭)」이라고 하는 글자의 고자(古字)는 「정(廷)」으로 궁전의 앞뜰(前庭)을 가리킨다. 이러한 정(廷)은 사람이 제사를 지내는 모습을 본뜬 것으로 점차로 조례(朝禮)를 비롯한 여러 의식을 수행하는 광장의 의미를 지니게 되었으며, 이 정(廷)에 부속하는 원(園)이 정원(庭園)이 된다.

고대 일본 정원의 특징은 동아시아의 일반적 정원과 마찬가지로 건축과 그 앞(주로 건물의 남측)에 만들어지는 뜰(庭)이 의례와 연회의 공간으로서 일체화되어 있었다는 점이다. 그리고 의식의 배경으로서 원(園)에는 자연 풍물이나 명승을 즉물적으로 도입하는 넓은 의미로서의 축경(縮景)이 이루어졌다. 현재 이러한 종류의 정원에 속하는 것으로 寢殿 정원과 淨土정원을 들 수 있다. 그러나 중세로부터 근세에 걸쳐 書院 건축의 등장과 함께 의례나 연회의 규모가 축소되고 그 장소도 실내로 옮겨지게 됨에 따라 의례를 치루는 외부공간으로서 庭의 역할도 감소하게 된다. 한편 원(園)에 만들어진 자연풍물이나 명승 등의 의장 역시 의례나 연회의 무대로부터 분리되어 순수한 감상 대상으로서 전화하게 된다. 이러한 과정에서 성립한 것이 중세로부터 근세에 걸쳐 등장하는 서원 부속의 池泉정원이나 枯山水이다. 이러한 정원은 뜰에 내려 의례를 수행하고 연회를 즐기기 위한 곳이 아니라 실내의 특정 장소에 앉아서 바라보는 좌관식(坐觀式) 감상에 적합하도록 만들어진 것으로 고대 정원의 기능과는 근본적으로 다르다.

이렇게 감상의 대상이 된 정원 중에서는 枯山水와 같이 담장이라는 인공적 틀을 설치하고 그 안쪽에 모래나 돌을 깔고 주변에 전지한 나무들을 배치하여 자연의 추상경을 추구하는 경향이 나타난다. 이러한 추상화는 茶室·露地에 이르러 더욱 심화되어 자연 그 자체로부터 격리되어 순수한 마음의 풍경으로 옮겨간다.

한편 감상의 대상이 정원이라고 하는 틀을 넘어설 경우, 담장 너머의 풍경역시 일종의 정원으로서 인식하는 개념이 출현한다. 이것이 일반적으로 「조망(眺望)」이라고 불리는 것으로, 보다 엄밀한 의미로는 담장 너머의 풍경을 바라보는 것을 의미할 뿐만 아니라, 정원이라고 하는 안쪽 공간에 대하여 자연풍경이라고 하는 바깥쪽 공간을 인식하고, 안쪽 공간에 특정한 시점을 설정함에 따라 성립하는 개념이라고 할 수 있다. 이러한 조망을 구체적으로 정원에 도입한 것이 근세 정원의 차경(借景)이다.

이상과 같이 정원에 있어서 의례와 연회 등 연중행사의 비중이 줄어들 때, 정원 공간은 처음으로 풍경으로 인식된다. 이러한 풍경은 담장의 안쪽에서는 축경(縮景)에 의해, 담장의 바깥쪽에서는 차경을 통해 보다 적극적으로 정원의 풍경으로서 인식된다. 또한 이렇게 성립된 자연풍경에 대하여 마음의 풍경을 지향하는 태도가 정원에 나타나는데, 그 대표적인 것이 枯山水나 다실로서 차경이나 축경이라는 자연의 풍경과 대치된다.

그렇다면 정원에 있어서 이러한 자연의 풍경과 마음의 풍경에 대한 지향이 그림과는 어떠한 관계를 맺으면서 전개되어 갔을까? 예를 들면 寢殿 건축과 정원의 경우, 실내 공간을 구획하는 병풍이나 가리개에 사계절을 바탕으로 고사나 풍속, 꽃과 새를 그리는 것은 당시의 문학이나 회화(繪卷)를 통해서도 잘 알려진 사실이다. 이것은 물론 헤이안 왕조에서 발달한 사계(四季)문화와 대륙의 그림(唐繪)들에 영향을 받은 것이다. 그러나 이에 더하여 계절감이 풍부한 의장이 도입된 정원이 자연의 질서를 반영하고 있듯이, 실내공간에서 일어나는 人事 역시 자연의 섭리와 질서 속에서 인식하고, 실내외 공간을 일체적인 생활과 의례의 장소로 통합하고자 하는 의도도 반영되었다고 생각할 수 있다.

정원이 순수한 감상의 대상이 되어 자연의 풍경과 마음의 풍경으로 나뉘어 전개되던 근세에 있어서도, 실내공간은 정원에 대응하여 마음속의 해탈과 득도를 돕는 산수화나 바깥 풍경에 대한 관심을 충족시키는 명소그림(名所繪)이 걸리고 있었다. 또 선종 사원의 정원에 있는 돌과 나무 역시 불성(佛性)이 깃들어 있는 세계를 상징하여 실내공간의 산수화나 공안(公案)의 墨蹟과 대응한다. 한편 무사들의 서원건축에 부속하는 池泉정원에 만들어진 名所縮景은 제국(諸国)에 대한 정치적 지배력과 문화적 우월성을 상징함과 동시에 명소에 대한 관심을 반영하는 名所繪와도 잘 호응한다. 또한 池泉정원에 보이는 거대한 소나무나 힘찬 石造는 무사들의 취향을 반영하고 실내공간에서 위계성을 중시하는 서원 건축공간과 함께 황금과 청록 등 호화로운 색채를 사용한 금벽(金碧)의 松石圖에 대응한다.

근세 초기 실경에 대한 관심이 높아지면서 정원에는 전국 각지의 명소를 모방한 축경에 더하여, 자연의 풍경을 정원에 적극적으로 도입하는 차경이 이루어진다. 이 변화는 실내공간에도 반영되어 종래 산문이나 명소시가(歌枕)에서와 같이 관념적이며 상징적으로 묘사되었던 名所繪로부터, 지형이나 시점을 의식한 實景畵나 眞景畵가 병풍이나 후스마(襖 : 미닫이문에 그려지는 그림)에 등장하게 된다. 한편 초암다실(草庵茶室)의 露地는 자연의 풍경을 차단하고 정주(亭主)와의 심리적 교류를 위해 몸과 마음을 정결하게 하는 공간이다. 따라서 도시에서 심산의 草庵을 만들고, 실내에는 선승들의 公案이나 偈詩의 묵적(墨蹟)을 걸어 정숙함 속에 와비(侘び)의 정신세계에 침잠하게 된다.

　이하 각장에서는 헤이안 왕조의 寢殿·淨土式庭園을 비롯하여 중세의 禪宗 書院정원, 그리고 양자를 계승하여 근세초기에 성립한 무가(武家)의 書院정원 및 초암다실, 마지막으로는 전술한 여러 정원양식을 통합한 池泉回遊정원을, 각각 사계그림(四季繪)·淨土變相圖·南宋山水畵·金碧障壁畵·墨蹟·名所繪 등의 그림과 연결시켜, 실외공간으로서의 정원과 실내공간으로서의 그림과의 관계, 즉 양자가 지니는 공통의 시각(자연관이나 세계관)을 이해함으로써 고대로부터 근세에 걸쳐 전개된 일본의 정원문화를 개관해 보기로 한다.

제1장 四季繪와 寢殿庭園－儀禮의 舞台

　寢殿 건축의 성립기는 헤이안 시대 중기로 応和 1년(981년)부터 応德 2년(1085년)까지 해당된다. 이 시기는 섭관(摂關)정치의 전성기로 9세기 말에 견당사(遣唐使)가 폐지되고 국풍화(國風化)가 진행되던 때이다. 정원에서는 침전정원이 전성기를 맞이하며 정토정원으로 발전해 가는 시기이다.

　침전정원은 상급귀족들(150명 정도)의 주택인 침전 건축에 대응하여 만들어졌다. 이 건축과 정원은 대개 1町(사방 120m로 약 4,300평) 정도의 부지에 들어서 있으며 부지주변에는 축지(築地)를 쌓고 동·서·북에 문을 설치했다. 통상 정문은 동쪽이나 서쪽에 설치되며 부지의 중앙에서 약간 북쪽에 침전을, 그 동서측 및 북측에 다이노야(對屋)를 세웠고 침전의 남쪽에 庭과 池를 만들었다. 또한 연못을 감상하고 즐길 수 있도록 츠리도노(釣殿)나 이즈미도노(泉殿)를 연못 가까이 설치하고 이러한 건축군을 회랑으로 연결하였다. 연못 외에 부지를 동북쪽에서 남서쪽으로 흐르는 야리미즈(遣水)를 끌어들이고 이를 침전과 동측의 對屋 밑을 통과시켜 더위와 유흥 및 감상에 적합하도록 꾸몄다.

이 寢殿 건축의 南庭에는 연못을 중심으로 철에 따라 피고 지는 꽃나무를 심어 園을 만들었다. 동아시아는 고대로부터 四季로 나누어 그림을 그리고 글을 써 왔다. 이렇게 계절감을 중시하는 경향은 일본에서도 예부터 성행하였다. 예를 들면 다이고(醍醐) 천황(897~930년)의 칙령으로 편찬된 『고킨와카슈(古今和歌集)』는 춘하추동(春夏秋冬)편으로 나뉘어 편찬되었다. 또한 음악이나 그림에도 사계를 바탕으로 하는 음률과 소재를 즐겨 사용하였다. 특히 花鳥·名所·風俗·故事 등의 계절적 소재들은 병풍이나 가리개 등에 그려지며 축하나 의례의 장식품으로서 폭넓게 사용되어 왔다.[1]

사계 병풍은 중세에는 一隻六扇이 한 쌍으로 완결되는 六曲一双이었으나, 고대에는 一帖六扇을 기본단위로 하여, 장소나 의례의 성격에 따라 一帖·二帖·四帖·六帖·八帖·十二帖 등 다양하게 조합되어 설치되었다. 이것은 좌우 二隻의 화면이 한 세트로 완결되는 무로마치 시대의 六曲一双과는 다르게, 一帖(隻)으로도 화면의 균형이 유지되는 古屛風의 특징에 의한 것이다. 또한 이미 공간의 구획이 고정되어 있던 중세 서원과는 다르게, 고대 寢殿에서는 넓은 실내외 공간을 자유롭게 사용할 수 있었던 점도 많은 첩의 병풍을 다양하게 조합하여 사용할 수 있었던 배경이라고 생각된다.[2]

정원에 계절감을 도입하는 것은 옛 부터의 관행이다. 예를 들면 정원의 연못에

---

1 『古今和歌集』卷七「賀歌」에는 右大將 藤原定國이 延喜 5년(905년) 2월 10일, 40세 생일축하연을 위해서 새롭게 제작한 병풍에 붙여진 노래가 수록되어 있는데, 여기에 기록된 詞書에 사계 병풍이 처음으로 등장한다.
2 武田恒夫,「和歌と屛風繪―古代」,『屛風に見る季節』, 中央公論美術出版社, 2008, pp. 26~34.

사계절의 방향을 적용한 것에는 隋나라 煬帝의 「서원(西苑)」이 있다. 이곳에는 五湖가 있는데 東湖를 翠光湖, 南湖를 迎陽湖, 西湖를 金光湖, 北湖를 潔水湖, 中湖를 広明湖라 하였다(韓偓, 『海山記』). 이들 연못의 이름은 오행사상에 근거하여 동쪽에는 봄의 翠(木)를, 남쪽에는 여름의 陽(火)을, 서쪽에는 가을의 金을, 북쪽에는 겨울의 水를 따서 지었음을 알 수 있다. 이렇게 春夏秋冬에 정원의 東南西北을 배정하는 것은 일본에서 있어서도 성행하였다. 예를 들면 헤이안 중기에 성립한 『우츠호모노가타리(宇津保物語)』(卷五, 吹上の上)에 보이는 神南備種松의 정원이나 『겐지모노가타리(源氏物語)』(卷二十一, 少女の卷) 六条院의 정원은 조금씩 차이를 보이지만 정원을 사방으로 구획하여 벚나무, 매화, 패랭이꽃, 단풍 등 사계절에 해당하는 植材를 하였다고 한다.

한편 이러한 계절감은 植材만이 아니라 人事나 故事를 통해서도 정원에 도입되었다. 이것 역시 실내공간을 장식하는 사계풍속이나 월령을 소재로 하는 병풍이나 장자(障子 : 가리개)에 대응하는 것으로, 『이마카가미(今鏡)』(平安 말기 성립)에 따르면 關白 師実(모로자네, 1042~1101년)가 伏見亭을 방문하였을 때, 橘俊綱(다치바나노 토시츠나)가 눈이 쌓인 정원에 행려 복장을 한 사람들을 걸어 다니도록 하여 여정(旅情)을 즐겼다고 한다(「藤波の上」第四). 또한 『에이가모노가타리(栄花物語)』의 土御門殿에 관한 기사에는 東三条殿 女院의 40세 축하연(1001년 10월)에 단풍이 아름다운 정원에 배를 띄우고 화려한 연회를 즐겼다고 한다. 이것은 모두 人事의 배경으로서 정원의 사계를 취급한 사례라고 할 수 있다. 이러한 단계에서 정원과 그림에 보이는 자연은 人事로부터 분리되어 있지 않으며, 人事를 보다 명확히 이해하기 위한 배경에 지나지 않는다.

이것은 당시 유행하고 있던 센자이아와세(前栽合)나 센자이호리(前栽堀)의 세계와도 공통된 생각이다. 前栽合이란 좌우로 조를 나누어 어느 조가 보다 훌륭하게 자연경관을 모방하여 植材를 하였는지를 겨루는 놀이이며, 前栽堀은 산이나 들에서 자생하는 초목을 정원에 이식하는 행위를 가리킨다. 즉 놀이로서 植材를 하거나 자

연이라는 환경과 질서로부터 초목을 분리하여 人事 속에 편입시키는 것이다. 자연에 대한 이러한 無機的 태도는 초목뿐만 아니라 정원의 縮景(模景)에 관한 의장에 있어서도 명확하다. 예를 들면「御前の池よりあなたをはるばると野につくらせたまひて,時々の花, 紅葉を植ゑたまへり(침전 앞에 있는 연못으로부터 멀리 들판에 이르게 하여, 철따라 꽃이나 단풍을 심는다)」(『오카가미(大鏡)』「太政大臣実頼」)로부터도 알 수 있듯이, 小野宮殿의 연못 대안을 계절감 풍부한 화초나 단풍으로 植材하여 들판의 풍경을 재현해 놓았을 때, 여기에 반영된 作庭意圖는 자연 그 자체에 대한 재현 보다는 인간에게 있어서 가장 의미 있는 자연의 측면을 모방하여 人事의 공간을 장식하는 데에 있었다고 생각한다. 이러한 의미에서 침전정원이 도입한 자연은 자연 그자체가 아니라 인간에게 있어서의 자연이다.

동일하게 헤이안 시대 四季繪에 있어서도 이러한 태도를 읽을 수 있다. 四季繪가 소재로 하는 花鳥景物이나 풍경은 우리가 지금 생각하고 있는 자연, 즉 오염되지 않고 깨끗하고 순수한 자연, 절로 그러한 자연, 엄청난 에너지, 시공간을 뛰어넘어 변하지 않는 질서와 조화를 의미하지는 않는다. 여기에 사용되는 자연적 소재는 인간의 정감을 통해서만 의미를 지니며 생활공간을 장식하는 무대에 불과하다. 따라서 四季繪에 그려진 景物은 자연으로부터 단절된 하나의 單子와 같이 존재한다. 비록 대규모의 자연풍경이 소재로서 다루어질 때에도, 그것은 자연전체와는 단절된 단자를 배치하기 위한 토대에 불과하며, 그것을 초월하여 자연 자체에 연결될 수 있는 어떠한 가능성도 가지고 있지 못하다. 四季繪의 소재가 되는 자연은 屛風이나 障子의 틀을 뛰어넘을 수 없으며, 인간의 생활공간으로부터 벗어날 수 없다.

이러한 四季繪 병풍은 침전의 내외를 장식하였다. 일찍부터 화초를 통해서 사람의 심정을 표현한 것은 『源氏物語』나 『이세모노가타리(伊勢物語)』등 수많은 헤이안 시대의 왕조 문학으로부터 보이는 특징이다. 이러한 문학적 표현이 가능했던 배경에는 물론 초목에 심정을 기탁하는 태도가 헤이안 시대 폭넓게 유행하고 있었다는 사실이다. 즉 와카(和歌)를 통해 노래하는 것은 헤이안 시대 대표적인 의사소통 양식이었다고 할 수 있으며, 이러한 의사소통 양식이 그림과 정원에 적용된 것이 침전 건축에 있어서 四季繪 병풍이나 四季정원이라고 볼 수 있다.

이러한 전통을 계승하여 정원의 植材에 있어서도 세심한 계절적 배려가 시행되었다. 예를 들면『作庭記』에서는 「古人云, 東には花の木を植ゑ, 西には紅葉の木を植うべし. 若池あらば, 嶋には松柳, 釣殿の辺にはかえでやよの夏木立涼しげならむ木を植うべし(옛사람이 이르길, 동쪽에는 꽃나무를 심고, 서쪽에는 단풍나무를 심어야 한다고 했다. 만약 연못이 있으면 섬에는 소나무와 버드나무를 심고 釣殿 주변에는 단풍나무나 여름에 더위를 식힐 수 있는 나무를 심어야 한다)」라는 기록이 보이며, 이것이 寢殿 정원의 植材에 있어서 기본적인 원칙이라고 할 수 있다. 이것은 동쪽을 봄에, 서쪽을 가을에, 연못 주변을 여름으로 설정하고 이에 알맞은 植材를 권고하고 있다. 이러한 계절감 풍부한 화초나 수목은 침전 실내의 장식에 있어서도 도입되어 병풍이나 장자에 그려지며, 당시 이러한 실내외 공간에서 거주하면서 각종 의식과 연회를 가졌던 사람들의 의식구조와 정서를 지배하였다고 생각한다.

침전 이전의 주택에서는 건물의 내부와 외부는 벽이나 창, 그리고 문으로 구획되어 있었다. 그러나 침전이 성립하면서 건물 내부와 외부 사이에 벽이나 창이 없어지고 대신에 정원과 연결되는 개방적인 대규모 실내공간이 생겨났다. 이것은 정치적 목적으로 의식이나 의례가 정비됨에 따라 이러한 의례를 수행하기 위한 공간이 필요했기 때문이라고 생각된다.

구체적으로는 나라 시대에 들어서 율령제도를 정비하였을 때, 이 제도에 대응하는 새로운 궁정의식이 성립되었다. 이것을 수행하기 위하여 침전 앞 중앙계단으로부터 20m 정도에 이르는 넓이의 南庭[3]이 만들어졌다. 이것이 귀족들의 보다 작은 저택에까지 보급되면서 의식의 절차나 규모가 간소화되어 실내에 그 무대를 옮겨가게 된다.[4] 의례나 연회를 위하여 만들어진 개방적 열주(列柱) 공간인 침전의 실내

공간은 필요에 따라 障屛具(衝立, 屛風, 簾, 軟障)으로 구획되어, 깔개(敷物)나 가구를 배치하여 의례나 생활공간으로 사용된다.[5]

13세기 후반에 들어서면, 실내는 이동식 障屛具 대신에 고정식 建具(障子나 襖)에 의해 구획되어 생활공간이 중심을 이룬다. 이 경우 실내는 평소 생활공간으로서 세분되어 사용되며 소규모 의례가 열릴 경우 필요에 따라 고정식 建具을 해체하여 비교적 넓은 임시 의례 공간을 설치하게 된다. 이러한 공간이용이 무로마치 시대에 걸쳐 건축구조에 정착되는 과정에서 성립한 것이 서원 건축이다.

침전정원의 최대 특징은 『카오쿠자코(家屋雜考)』(天保十三, 1842)에 실린 도면에 따르면 침전의 남쪽에 하얀 모래를 깐 뜰을 만들고, 그 남측에 연못과 築山을 배치한 점에 있다. 남쪽의 넓은 뜰은 이른바 「하레(晴)」라고 하는 공적 공간으로 寢殿이나 對屋 등을 포함한 주요 건물의 실내공간과 함께 의례적 공간으로 사용된다. 정원의 植材도 이러한 의례공간으로서의 기능을 염두에 두고 이루어졌다고 생각한다.

10세 중엽 성립한 繪卷物(그림과 글이 함께 있는 두루마리)에는 이야기의 무대로서 헤이안 귀족의 저택이 자주 등장한다. 이러한 그림들의 공통적 특징은 공중에 가상의 시점을 설정하고 이로부터 비스듬하게 조감하여 실내 공간을 표현하고 있다는 점이다. 물론 지붕을 제거하여 실내에서 벌어지는 인물들을 근접 묘사하는 방식이 채택된다(예를 들면 《源治物語繪卷》). 이러한 표현법은 12세기부터 14세기에 걸쳐 옥외적 요소를 보다 적극적으로 도입하게 되는데 그 대표적인 것으로 《寢覺物語繪卷》, 《伊勢

---

3 「南庭をおく事は階隱の外のはしらより, 池の汀にいたるまて六七丈, 若內裏式ならば八九丈にもをよふへし」, 『作庭記』.
4 川本重雄, 「寢殿の成立とその展開」, 『王朝文學と建築・庭園』, 竹林舍, 2007.
5 「東對南廂四箇間, 敷弘莚, 四面懸簾, 西卷之, 副東北簾立亘四尺屛風」, 『台記別記』卷五, 春日詣, 仁平元年八月十日.

物語繪卷》,《카스가곤겐킨키에(春日権現験記繪)》 등을 들 수 있다. 이것은 계절감이 풍부한 景物로 꾸며진 정원이 귀족의 주택공간을 구성하는 중요 요소로 성장했으며, 이러한 정원을 배경으로 하는 옥외에서의 활동이 귀족의 생활에 있어서 필수적요 요소가 되었음을 반영하는 것으로 생각할 수 있다.[6]

헤이안 시대에 있어서 궁중의 의례나 제사 및 법회, 그리고 민간풍속에 해당하는

도 4-1. 年中行事絵 卷1, 朝觀行幸. 後白川天皇(1127~1192년)의 명에 의해 제작. 常盤源二光長이 그리고, 藤原敎長가 司書를 씀. 1165년 전후의 원본을 17세기 住吉如慶과 具慶 부자가 모사한 것.

각종 연중행사를 집성한 『넨쥬교지에마키(年中行事繪卷)』 권2에는 朝觀行幸(신년에 처음으로 천황이 태상천황(太上天皇)이나 황태후의 거처에 행차하여 배례하는 것)이 펼쳐지는 法住寺殿의 모습이 등장한다. 침전 남쪽의 넓은 뜰에는 의례를 위해서 植材를 가능한 한 피하여 침전 남측 양쪽에 홍매를 한 그루씩 심고 뜰의 주변에 벚나무나 소나무를 성글게 심어 놓았다(도 4-1).[7]

이외에도 한 그루씩 혹은 성글게 초목을 심은 것은 『산스이쇼(山水抄)』에서 보이

6 水野僚子,「繪卷物にみる寢殿―貴族の住空間をめぐる景觀の意味と機能」,『王朝文學と建築・庭園』, 竹林舍, 2007.
7 〈年中行事繪〉卷1, 朝觀行幸. 後白川天皇(1127~1192년)의 명에 따라 常盤源二光長가 그리고 藤原敎長가 司書를 썼다. 1165년 전후의 원본을 17세기 住吉如慶와 具慶父子가 모사한 것이다.

듯이 실내로부터 정원으로의 시선을 방해하지 않도록 한 것이며 수종 역시 매화나 벗나무 귤나무 등 아름다운 꽃이 피는 감상용 나무로 한정하고 있다.[8] 여기에서 감상의 주요 대상이 되는 것은 물론 꽃과 계절이다. 이렇듯 정원의 植材에 있어서도 四季繪이나 四季文學과 같이 꽃이 의례공간을 장식하는 동시에 일상생활 속에서 개인의 심정을 기탁하여 감상되고 있었음을 엿볼 수 있다. 그리고 연못 주변이나 섬에는 소나무와 상록활엽수가 심어져 우거진 녹음을 연출하며 그림에서는 보이지 않으나 築山에 키 큰 나무를 심어 외부를 차단했다고 추측된다. 따라서 침전의 실내를 구획하는 건구(建具)로서 병풍의 四季繪는 건물 앞에 펼쳐지는 공간의 성격, 즉 南庭과 연못, 그리고 築山을 포함하는 사계의 정취를 실내에도 도입하여, 실외 공간과 일관되게 의례나 생활의 장소를 장식하는 역할을 담당하고 있었다고 생각한다.

이러한 침전정원과 그 실내공간을 장식한 병풍에 있어서 四季는 人事 공간과 자연 공간이 인식상 미분화된 상태에서, 어디까지나 인간의 감정을 투영하는 대상이거나 생활의 배경으로서 이해되고 있었다고 볼 수 있다. 이러한 四季풍경은 人事와는 근본적으로 다른 자연 그 자체를 도입하여 산수의 의미와 아름다움을 향수하게 되는 중세와 근세의 정원풍경과는 거리가 있다.

제2장 〈淨土變相圖〉와 淨土庭園-方池와 曲池

淨土정원의 사례로서 나라 시대 天平 12년(741년)에 완성된 도다이지(東大寺) 아미타당(阿弥陀堂)이 빠르다. 이노우에 미츠사다(井上光貞)는 후쿠야마 토시오(福山敏男)

---

8 寢殿庭園의 植栽에 관해서는 仲隆裕의 「庭園史からみた王朝文學—寢殿庭園における植栽」(『王朝文學と建築・庭園』, 竹林舍, 2007)를 참조했다.

가 正倉院文書로 남아 있는 『阿弥陀悔過資財帳』에 근거하여 발표한 堂內 莊嚴의 상황에 관한 연구 성과를 이어받아, 東大寺 아미타당의 발원 배경이 헤이안 시대 이후의 아미타정토 신앙과 같이 자신의 극락왕생을 기원하는 것이 아니라 자신과 선조들의 죄과를 참회하고 더불어 망자와 자손들의 안녕을 위한 것으로 매우 현세 기복적인 경향에 기반한 발원이었다고 지적한다.[9] 이러한 발원 배경은 天平宝字 3 년(759년) 고묘(光明) 황태후의 발원으로 착공된 헤이조쿄(平城京) 호케지(法華寺)에 있어서도 동일하다.

헤이안 시대에 들어서, 사이쵸(最澄, 766~822년)와 엔닌(円仁, 794~864년)이 당으로부터 天台止觀의 四種三昧(常行·常坐·半行半坐·非行非坐)를 전래한 이래로, 반행반좌(半行半坐)의 수행을 하는 법화당(法華堂)이나 미타(弥陀)의 이름을 부르며 염불하는 상행당(常行堂)이 세워지기 시작했다. 법화당은 본존을 모시고 수행하며 좌선을 통해 예불·참회·송경(誦経)을 행하는 건물이며, 상행당은 名号를 부르면서 미타의 주위를 돌며 미타를 관상(觀想)하는 건물이다. 법화당과 상행당은 해탈을 위하여 자신의 내면적 수행을 목적으로 하며, 수행방법의 특징으로 인해 사방 5칸의 구심형(求心形)평면을 지닌 작은 규모의 건물이다. 따라서 건물의 외관에는 관심이 없으며, 연못의 위치나 건물의 방향도 수행목적이나 방법에는 본질적으로 관계가 없다.

그러나 말법시대(末法時代)[10](1052년)에 들어서서 주거나 절과 신사에 관한 엄격한 금지령이 이완되자 침전 주택에도 아미타상을 본존으로 하는 불당이 세워지게 된다. 주택

---

9 井上光貞, 『日本淨土教成立史の研究』, 山川出版社, 1956(本中眞, 『日本古代の庭園と景觀』, 古川弘文館, 1994, pp. 317~318로부터 재인용).

10 말법사상은 중국에서는 수당대 성행하게 되며 三階敎나 정토교의 성립과 밀접한 관계를 지닌다. 일본에서는 헤이안 시대, 특히 1052년이 말법 원년으로 인식되어 經塚이 유행하게 된다. 이 시대에는 귀족의 섭관정치가 쇠퇴하고 대신에 무사들이 대두하게 되는 동란기로 정치 및 치안이 불안하게 되고 불교계에서는 천태종을 비롯한 각 종파의 부패가 심화된다. 이러한 시기에 말법사상은 현실적 불안에 맞물려 염세적 사조를 확산시키는 데 일조하였다.

에 극락정토의 아미타당을 세우게 된 배경에는 요시시게노 야스타네(慶滋保胤)의 『池亭記』(天元 5년, 982년)에서도 알 수 있듯이, 말법사상에 더하여 하급 귀족으로서의 정치적 불안과 경제적 곤란으로부터 생기는 현실에 대한 비관과 내세에 대한 기대가 있었다고 생각된다.

침전 주택에 아미타당을 세울 경우, 부지의 중앙을 점하는 침전을 중심으로, 그 서측

도 4-2. 当麻曼荼羅図(貞享本), 部分, 絹本着色, 一幅, 385.5×398.0, 青木七太夫良慶筆, 貞享三年, 1686, 奈良当麻寺

에 아미타당을 연못 앞에 세우게 된다. 이것은 수행방식의 변화에 따라 이전에는 명확하게 의식되지 못했던 서방정토로서 아미타당과 宝池의 시각적 이미지, 그리고 서쪽이라는 방향이 보다 구체적으로 정토삼부경(淨土三部経)의 교리해석에 근거하여 확립되었기에 성립된 배치구도이다. 정토삼부경은 『무량수경』, 『아미타경』, 『관무량수경』으로, 여기에서 묘사되는 극락정토의 이미지는 宝池에 떠오르는 宝楼殿舍를 배경으로 아미타를 비롯하여 五二身의 보살과 化生을 배치하는 구도로 되어 있다. 이 이미지를 도상화한 것이 淨土變相圖(淨土曼荼羅)로 대부분의 宝池는 宝楼의 기단에 의해 직선으로 구획된 연못이다(도 4-2).[11] 그러나 헤이안 시대 이후 정토정원에는 이러한 방형의 연못이 존재하지 않으므로 정토변상도의 직접적인 영향은 없었다고 생각된다.

---

11 〈當麻曼荼羅圖〉(貞享本), 部分, 絹本着色, 385.5×398.0, 青木七太夫良慶筆, 1686, 奈良當麻寺.

원래 연못은 고분시대(약 3세기 중엽으로부터 7세기 말)에 제사를 위한 의례공간을 장식하는 일종의 의장의 하나로서 만들어지게 되었다. 이 의장은 중국이나 한반도의 영향을 받아 일본의 조령(祖靈)신앙과 융합하면서 전개되었다. 이러한 제사의 의례공간을 장식하는 연못 유구에는 크게 곡형과 방형이 있으며, 발굴조사(三重県城ノ越遺跡의 石組)에 따르면, 곡형지(曲形池)의 조성 연대는 4세기 후반까지 거슬러 올라갈 수 있음이 밝혀졌다. 또한 이 곡형지는 방형지(方形池)와 함께 8세기 이전까지 공존했던 것으로 확인되었다(飛鳥島庄의 遺構石組). 이후 방형지는 점차로 쇠퇴해가는 반면, 곡형지의 유구는 8세기 나라(奈良)에 헤이조쿄나 9세기 교토(京都)에 헤이안쿄가 조영될 때, 헤이조쿄 동원정원(東院庭園)이나 『作庭記』에서도 알 수 있듯이, 사신(四神)사상이나 풍수에 의해 궁전이나 일반주택의 연못으로 활용되어 침전정원에 계승되어 간다.

따라서 헤이안 시대에 완숙하게 되는 침전 주택에 아미타당이 세워질 때, 정토정원의 연못이 정토경이나 변상도(變相圖)에서 보이는 방형이 아니라 침전 주택의 연못이나 遣水를 그대로 활용하여 만든 곡형(자연형)이라는 점은 정토변상도와 같은 외부 전래의 그림보다는 당시 일본의 건축적 환경에 기인한다고 생각할 수 있다.

정토변상도의 宝池는 나라 시대 타이마만다라(当麻曼荼羅) 계통의 觀経變相圖와 같이 방형의 연못이다. 그러나 12세기 이후 수많이 등장하는 정토정원은 모두 자연형(곡형) 연못이며, 13세기 이후 제작된 정토변상도(香雪美術館〈智光曼荼羅圖〉나 淸涼寺〈阿弥陀淨土曼荼羅圖〉) 역시 부분적으로 자연스러운 곡선의 수하마(州浜)가 등장하게 된다(도 4-3).[12] 이것은 고대 정토경이나 변상도 등 대륙으로부터 전해진 도상과는 다르게, 실제로 존재하는 당시의 정토정원의 디자인이 회화에 반영된 것으로 볼 수 있다.

---

12 〈二河白道圖〉, 部分, 絹本着色, 89.4×62.1, 鎌倉시대, 京都光明寺.

한편, 헤이안 시대에는 아미타
당 안에서의 수행으로부터 迎講와
같이 건물 앞에서 来迎(아미타가 망
자를 서방정토에 맞이하기 강림하는 것)
의 광경을 표현하는 의례가 유행하
게 되며, 이에 따라 아미타당뿐만
아니라 연못이나 주변 산과 같은
외부 경관이 주목을 받게 된다. 이
러한 의례의 등장과 수행의 변화에
따라 동쪽에서 서쪽으로 연못·불
당·주변 산이라고 하는 일직선상
의 가람배치가 宝池·阿弥陀堂·서
방정토로서 보다 명확하게 인식되
게 된다. 단 정토정원의 外景으로
서 산은 정원공간과 자연공간이 명
확하게 구획된 의미에서의 외부공
간이 아니기 때문에, 정원공간과의
질적인 차이는 애매하다. 따라서
앞에서 살펴본 침전정원이 의례와

도 4-3. 二河白道図, 部分, 絹本着色, 一幅, 89.4×62.1, 鎌倉, 都光明寺

생활의 무대로서 실내공간과 실외공간이 미분화되고, 나아가 담장 안의 정원공간과
담장 바깥의 자연공간이 모두 人事의 배경이라는 의미에서 질적으로 미분화된 상태
에서 사계를 향수하였다고 한다면, 정토정원에서는 정원(내부)공간과 자연(외부)공간
은 단순히 미분화된 상태에 머물지 않고, 오히려 양자가 혼연일체가 되어 정토세계
를 구성하고 있었다고 할 수 있다.

제3장 南宋山水畵와 禪宗 書院庭園-岩組와 殘山剩水

가마쿠라 시대(1192~1338년)에 들어서서도, 황실이나 상류귀족들의 이궁이나 별장에는 자연의 지형을 활용하여 침전정원이 세워지고 있었다. 헤이안쿄의 왕조를 대신하여 미나모토 요리토모(源賴朝)는 가마쿠라에 무사정권을 세웠지만 교토의 영향력은 쇠퇴하지 않고 가마쿠라와 함께 2원적 문화구조를 형성하였다. 이시기에는 일본문화를 새로운 방향으로 인도하는 선종이 등장하여 동아시아의 보편적인 중세문화가 자리를 잡아간다. 선종은 建久 2년(1191년), 남송으로부터 귀국한 榮西에 의해 전해지며 교토에는 겐닌지(建仁寺)가 가마쿠라에는 쥬후쿠지(寿福寺)가 세워진다. 寬元 4년(1246년)에는 임제종의 고승 난케이도류(蘭溪道隆, 1213~1278년)가 來朝하며 가마쿠라 막부의 쇼군 호조 토키요리(北条時賴)의 귀의를 받아 겐초지(建長寺)를 창건하기에 이른다(1253년). 龍門의 滝石組(폭포석조)는 그가 건립한 建長寺나 토코지(東光寺)에 이어 덴류지(天龍寺)나 로쿠온지(鹿苑寺)에도 보이기 시작하므로, 난케이도류에 의해 일본정원에 도입되었을 가능성이 높다.[13] 가마쿠라 말기에는 임제종의 무소 소세키(夢窓疎石, 1275~1351년)가 나타나, 산수에 마음을 기탁하여 선을 깨우친다는 수행법으로 새로운 풍경관 및 정원관을 주창하게 된다.

가마쿠라 시대 임제종은 호조 씨(北条氏)와 깊은 관계를 맺으면서 발전하며 무로마치 막부로부터도 두터운 신뢰와 보호를 받으며 성장하여 정원문화의 발전에도 커다란 역할을 담당한다. 교토에 막부를 연 아시카가 다카우지(足利尊氏, 1305~1358년)는 헤이안 귀족문화를 동경하여 침전정원을 만들지만, 한편에서는 무소 소세키를 개산으로 삼아 고다이고 천황의 영혼을 위로하기 위하여 덴류지를 창건시킨다. 덴류지

---

13 西桂,『日本の庭園文化』, 學芸出版社, 2005, pp 61~62.

정원은 정토적 색채를 띠지만 「煙霞(山水)癖」이 있는 무소 국사에 의해 龍門瀑이나 立石岩島, 石橋石組 등 북송의 산수사상을 원용한 점도 주목된다.

일본에서 산수화가 그려지기 시작한 것은 대략 14세기부터이며, 카오소넨(可翁宗然, ~1345년, 혹은 宅間派 可翁仁賀)를 비롯하여 쵸덴스(兆殿司, 1352~1431년)·죠세츠(如拙, 1375~1420년경)·슈분(周文, 1420~1450년경)·세슈(雪舟, 1420~1506년)·케이쇼키(啓書記, ~1490년) 등 수많은 산수화가들이 선종 사원에서 수행하면서 동시에 잡다한 일에 종사한 선승들이다.

한편 정원의 절경을 산수화에 비유한 것에는 사이호지(西芳寺) 뒷산에 있는 縮遠亭으로부터 보이는 사방의 경관에 대하여 夢疎国師의 法嗣 기도슈신(義堂周信)이 노래한 「圖畫中物」[14]이나, 西芳寺에 대하여 테슈토쿠사이(鉄舟徳済)가 노래한 「韋偃王維難下筆, 分明圖畫是天開」(『閻浮集』) 등 수묵 산수화가 처음으로 그려지는 14세기부터 보이기 시작한다. 또한 무소 국사가 한때 머물던 미노(美濃, 岐阜県) 虎溪山 에이호지(永保寺)나 교토 아라시야마(嵐山)의 덴류지에 대해서도 옥쿠묘하(春屋妙葩)의 『夢疎国師年譜』에는 「天開圖畫之幽致」라고 하여 정원의 경관을 산수화에 비유하고 있다.[15] 이어서 세손유바이(雪村友梅)도 貞和 2년(1346년) 2월 臥龍菴 独照禪師의 정원을 보고 지은 詩序에서 「不然開睫於輞川圖裏」[16]라 하였듯이, 선승에 있어서 정원과 산수화의 관계는 매우 밀접했던 것을 알 수 있다. 이렇게 중세 새롭게 등장한 지식인으로 선승은 정원과 그 주변 경관을 보고 곧바로 산수화를 연상하게 되었으며, 반대로 산수화를 보고 정원의 경관을 조성하기도 하였다고 생각한다.

---

14 「登縮遠亭, 更高上如下坂, 勇登到頂, 縮遠二字宛爾, 九重城之南北, 燦然如圖畫中物」(『空華日工集』).

15 「其爲境也, 四隣無人三五里許, 山水景物天開圖畫之幽致也, 師意甚適」.

16 臥龍菴獨照禪師於方庭之際, 築山開沼, 拏石寸林趣成千里, 寓目徘徊者, 恍然置身於金谷園中, 不然開睫於輞川圖裏, 噫其意匠經營有若神助……(『寶覺眞空禪師錄』)

그런데 전술한 선승들의 시구에서 중국의 산수화가 중 위언(韋偃)이나 왕유(王維)가 등장하는 것은 매우 흥미롭다. 韋偃은 「樹石之状」에 뛰어난 中唐의 화가이다. 「樹石之状」은 당대 성립한 松石圖로 畢宏으로부터 시작되어 韋偃・張璪에게 계승되며[17] 송대 李成派 화가에 의해 전성기를 맞이한다. 여기에 蘇軾이나 文同의 대나무 그림이 더하여져 이후 古木竹石圖로서 원대 문인화뿐만 아니라 정원의 경관 요소로서도 크게 유행한다. 王維 역시 독실한 불교신자로서 중당의 문인화가이며 盧鴻의 〈草堂圖〉나 李公麟의 〈山莊圖〉와 함께 산장이나 별장에 커다란 영향을 미치는 〈輞川圖〉를 그린 것으로 유명하다. 이들의 그림에는 竹林이나 柴柵, 흙담이나 사립으로 둘러싸인 초가집이 등장하며, 산수 속의 여가생활과 정자나 서재의 배치 및 명칭에 있어서 후대 정원의 전개에 있어서 중요한 요소가 엿보인다. 남송시대 본격적으로 부상하는 별장이나 이것을 그린 別業圖는 북송시대 문인화의 등장과 함께 당쟁과 전란에 의해 더욱 성행하게 된다. 이러한 회화사 및 정원사적 의미를 지니는 韋偃이나 王維는 남송과 원의 선승뿐만 아니라 가마쿠라의 선승에 있어서도 「山を築き石を立て樹を植え水を流し(산을 쌓고 돌을 세우고 나무를 심고 유수를 만드니)」, 「山水と道行と差別(산수와 수행은 차별)」이 없어, 「一旦山水を愛することは, 世情に似たれども, やがてその世情を道心(산수를 좋아하는 것은 세상 사람과 비슷하나 그것을 도심)」(『夢中問答集』第五七, 「仏法と世法」)으로 삼는 것에 가장 적합한 화가였음에 틀림이 없다. 그러나 그들의 그림은 일본 회화사나 정원사에 직접적인 영향을 미치지는 않는다. 이것은 아마도 선승들의 당 및 북송 산수화에 대한 지식은 당시 일본의 회화제작 및 정원 조영의 현장으로부터는 격리된 문학이나 사상적 차원에 머물렀던 것으로 보인다.

---

17 「畢宏大歷二年(767년)爲給事中, 畫松石於左省厅壁, 好事者皆詩詠之, 改京兆少尹爲左庶子, 樹石擅名於代, 樹木改步變古, 自宏始也」(張彦遠, 『歷代名畫記』卷十, 唐朝下); 「山水之變, 始於吳成於二李, 樹石之狀, 紗於韋鷗窮於張通」(張彦遠, 『歷代名畫記』卷一, 論畫山水樹石).

대신에 중국 산수화와 일본 정원이 직접적으로 연결되는 것은 12세기 말엽 남송의 馬遠이나 夏珪에 의해 완성되는 「殘山剩水」에 의해서이다. 「殘山剩水」가 문헌에서 처음 나타나는 것은 남송 范成大(1126~1193년)[18]나 陳伝良(1127~1203년)의 시이다. 후대 殘山剩水에 대한 평가는 크게 갈려져, 웅대한 자연산수를 그린 북송산수화로부터 西湖 주변의 항주에 南渡한 불우한 남송의 작은 그림이라는 악평[19]도 있지만 남송에 이어 원이나 일본에서는 매우 유행하게 된다.

　북송 산수화는 高遠·平遠·深遠이라고 하는 세 가지 遠[20]에 근거하여 그려진다. 이 三遠은 11세기 후반 郭熙에 의해 정리된 多視點의 산수화 구성법으로 삼라만상의 모습을 표현하는 당 이래의 산수 기법과 산수관을 집대성한 것이다. 이것은 어떤 특정한 시점으로부터 획득되는 산수 자연에 대한 조망이 아니라 다양한 경험(시각뿐만 아니라 오감과 견문지식)에 의해 축적된 산수의 본질, 즉 높은 봉우리, 깊은 계곡, 수평선까지 이어진 들판 등을 동시에 표현하기 위하여 고안된 기법이다. 郭熙는 이 三遠으로부터 더 나아가 산수에는 「可行者」·「可望者」·「可游者」·「可居者」가 있으며, 군자는 「可游」·「可居」의 산수를 애호하며, 화가 역시 이에 응하여 그리지 않으면 안 된다고 주장하였다(『林泉高致』 山水訓). 여기서 「可行者」·「可望者」는 인간의 역사적 경험 속에서 축적된 절경의 집적에 의해 성립된 산수를 의미하며, 「可游者」·「可居者」는 친근하게 주변에서 볼 수 있는 산수이다. 이것은 북송 후기 산수화가 이상적 산수로부터 현실적 산수로, 실용적 혹은 장식적 그림으로부터 마음의 세계를 담

---

18 「左披九頂雲, 右送大峨月, 殘山剩水不知数, ——当楼供勝絶……」(『石湖詩集』 卷十八, 万景樓).

19 「郭純, 字文道號樸齋永嘉人, 嘗爲閣門大使, 善山水布置茂密, 長陵最愛之, 有言其宗馬遠夏珪者, 上輒斥之, 曰是殘山剩水, 宋僻安之物也, 其遭際之不偶若此」(朱謀垔『畫史會要』 卷四).

20 『林泉高致』「山水訓」,「山有三遠, 自山下而仰山巓, 謂之高遠, 自山前而窺山後, 謂之深遠, 自近山而至遠, 山謂之平遠, 高遠之色淸明, 深遠之色重晦, 平遠之色有明有晦, 高遠之勢突兀, 深遠之意重疊, 平遠之意冲融而縹緲」.

는 문인화로의 이행과정을 반영한다.

12세기 초 平遠山水를 중심으로 전개되는 문인화의 대두와 강남산수 및 연운산수의 유입에 대응하여, 韓拙은 郭熙의 三遠에 闊遠·迷遠·幽遠을 더하여 六遠을 주창하였다.[21] 이 六遠은 새롭게 대두하는 문인화와 그것을 화원에 도입한 徽宗 화원에 있어서 종래 구축적이고 복잡한 산수화로부터 서정적이고 시적인 화면공간을 만들기 위해 연운과 수묵을 적극적으로 이용한 결과 성립한 것이다. 이를 계승하여 다음 세대에는 이민족의 침입과 전란으로 황폐해진 외부세계로부터 마음이라고 하는 내부의 세계에 침잠하여 불투명한 대기에 싸여 있는 서호를 소재로 하여 거칠고 대담한 수묵의 터치를 통해 명상적인 심상의 세계를 그려내게 된다. 이것이 곧 남송시대의 殘山剩水 산수화이다.

Barnhart는 남송 회화와 당시(唐詩) 사이에는 그 구조와 표현이 매우 유사하다고 지적한다.[22] 당대에 완비되는 율시로부터 생겨난 절구가 기승(起承)에서 객관적인 풍경을 상징적으로 묘사하고, 轉結에서는 이것에 기탁하여 주관적 감정을 노래하듯이, 남송의 작은 화면의 그림은 커다란 掛軸이나 벽화로부터 주요 景物만을 추출하여 최소한의 표현소재로 구성되어 있으며, 풍경의 일각(殘山剩水)을 통해서 깊은 시상을 표현한다는 것이다. 이 경우 절구의 음색과 리듬은 남송 회화의 색조와 형상에 대응하며, 절구가 엄격한 규칙을 준수하면서도 짧은 말로 표현하듯이 남송 회화 역시 몇 개의 제한된 景物만을 통해서 세상을 나타낸다. 이러한 점에 있어서 양자는 광대한 자연을 최소단위의 조형요소로 재구성한 동시대의 정원에 적용된 미학적 시스템을 공유한다고 할 수 있다.

---

21 「愚又論三遠者, 有近岸廣水, 曠闊遙山者, 謂之闊遠, 有煙霧暝漠野水隔, 而髣髴不見者, 謂之迷遠, 景物至絶而微茫縹渺者, 謂之幽遠, 以上山之名狀, 當備畫中用也」(『山水純全集』 論山).

22 R.M. Barnhart, *Peach Blossom Spring*, The Metropolitan Museum of Art, 1984, pp.17~24.

殘山剩水의 개념은 정원에 小石小木을 사용하여 한 모퉁이의 자연을 만들고, 이를 통해 우주 전체를 포섭하는 선종 특유의 사상으로부터 일본에서 애호되었다. 일본에서 정원을 殘山剩水의 개념으로 노래한 사례는 무소(夢疎) 국사로부터 시작된다. 고다이고 천황이 근신(近臣)을 보내어 국사를 초빙하려 했을 때, 무소 국사는 「世路悠々懶往還, 一庵甘分卜殘山(세상살이는 유유히 흘러가고, 작은 암자 한 조각 산에 머문다)」(『夢疎国師語録』)이라고 하는 偈 一句를 남겼다고 한다. 또한 국사는 세이세츠쇼초(清拙正澄)과 唱和하여 「剩水殘山是我郷, 小窓落得飽秋光(한 조각 산과 넓은 물은 나의 고향으로, 가을 빛 작은 창에 가득하다)」(『夢疎国師語録』 清拙和尚韻)라는 시구를 읊었다. 이때를 전후하여 天岸恵広도 「異花霊石神開閟, 剩水殘山眼倍明(기이한 화초와 바위가 신령스러운 비밀을 드러내고, 한 조각 산과 넓은 물은 눈을 가득 비추다)」(『佛乗禪師東歸集』 假山聚景)이라 하여 殘山剩水의 아름다운 경치를 찬미하고 있다. 이외에도 夢疎国師는 「天竜寺十境」[23]이 小景에 교묘한 恵崇의 연운산수보다 뛰어나다고 평가하여 天竜寺十境을 일종의 殘山剩水의 소경으로서 간주하고 있음을 알 수 있다.

殘山剩水의 남송화는 15세기를 전후로 하여 수집된 아시카가 쇼군가의 컬렉션에서부터 본격적으로 등장한다. 아시카가 요시모치(足利義持)의 명을 받아 如拙이 그린 〈瓢鮎圖〉(妙心寺退蔵院, 1413년)는 남송의 宮廷院体인 「殘山剩水」를 도입한 최초의 사례로서 「新様」(大岳周崇의 序文)라고 불렸다. 이 新様가 구체적으로 무엇을 의미하는

---

23 「開山国師天性水石に心を寄せ, 浮萍の跡を事となし給ひかば, 水に傍ひ, 山に依り, 十境の景趣を作られたり. 所謂大士応化の普明閣, 塵塵和光の霊庇廟, 天心浸秋曹源池, 金鱗焦尾三級巌, 眞珠琢頷龍門亭, 捧三壺亀頂塔, 雲半間の萬松洞, 不言開笑拈華嶺, 無声聞音絶唱溪, 上銀漢度月橋, 此十境の其上に, 石を集めては煙嶂の色をかり, 樹を裁ゑては風濤の声を移す. 恵崇が煙雨の園, 韋隈が山水の景にも未だ得ざりし風流なり」(『太平記』).

도 4-4. 牧谿. 洞庭秋月. 紙本墨畵. 29.4×93.1. 德川美術館

도4-5. 玉澗. 山市晴嵐. 自贊. 紙本墨畵. 33×83.1. 出光美術館

지에 대하여서는 다양한 설이 제기되고 있지만, 일반적으로는 梁楷 등의 減筆法으로 殘山을 수면 위에 그린 남송 원체의 화면공간을 의미하는 것으로 이해할 수 있다. 또한 남송말 원초의 牧谿나 玉澗 등 선승화가의 소상팔경도 역시 애호되었다. 양자는 모두 중세 일본의 팔경도에 있어서 모델이 되는 것으로, 夏珪의 산수화(眞)와 함께 각각 行과 草를 형성하며, 雪舟나 아미파(阿彌派)를 비롯한 室町繪畵뿐만 아니라, 정원에 있어서도 중국 명소 瀟湘(도 4-4),[24] 西湖, 龍門, 廬山 등의 縮景이나 玉澗式 石橋(도 4-5)[25]에 커다란 영향을 미친다. 이러한 회화사적 의의를 지니는 殘山剩水가

24 牧谿, 洞庭秋月, 紙本墨畵, 29.4×93.1, 德川美術館.

일본의 문학이나 정원에서 등장하는 시기는 실제로 그림보다 1세기 정도 빠르다. 그 원인으로서 생각할 수 있는 것은 殘山剩水라고 하는 개념과 모티프는 회화 보다는 오히려 문학을 통하여 전래된 뒤, 夢窓国師와 같은 선승들에 의해 14세기부터 정원의 모델로서, 또한 산수시의 규범으로서 유행하게 되었으며 산수와 정원 경관을 감상하는 하나의 틀로서 이해되었다고 할 수 있다. 이러한 개념이 주문자에 널리 보급된 이후에야 화가들은 이를 그림에 적용할 수 있었을 것이다.

무로마치 전기, 산수화와 정원양식을 생각할 때 빼놓을 수 없는 것이 「히가시야마 고모츠(東山御物)」이다. 「東山御物」이란 초대 쇼군 아시카가 다카우지로부터 北山山莊(로쿠온지, 즉 金閣寺)을 조영한 아시카가 요시미쓰(足利義満)의 소장품, 그리고 夢窓国師가 정원을 조성한 사이호지(西芳寺, 曆応 2년, 1339년)를 모방하여 무로마치도노(室町殿)와 東山山莊을 조영한 아시카가 요시마사(足利義政) 시대에 걸쳐 수집된 将軍家 컬렉션을 말한다. 그 자세한 내역과 목록은 막부의 도보슈(同朋衆) 阿彌家에 의해 작성된 『군타이칸소우쵸키(君台観左右帳記)』와 『고모츠온에목쿠로쿠(御物御畵目録)』, 그리고 永享 9년(1437년) 고하나죠노(後花園) 天皇이 아시카가 요시노리(足利義教)의 御所 무로마치도노를 방문할 때의 실내 장식 및 각종 의례를 기록한 『무로마치도노교코카자리키(室町殿行幸御餝記)』에 기록되어 있다.[26] 東山御物의 형성과정은 불분명한 부분이 많으나 일반적으로 중국(명)과의 직접적인 교류보다는 사원(특히 선종 사원)에 쇼군이 행차할 때 헌상된 대륙의 문물로 구성되었다고 생각된다.

일본 초기 수묵화는 남북조시대(1336~1392년)에 일본과 중국 간의 종교적 교류를 통해 사원을 중심으로 소장되기 시작하였으며, 이것이 무로마치 쇼군의 소장품으로

25 玉澗, 山市晴嵐, 自賛, 紙本墨畵, 33×83.1, 出光美術館.
26 左藤豊三, 「室町殿行幸御餝記と雑華室印」, 『東山御物』, 根津·德川美術館, 1976, pp. 109~124.

계승되어 간다. 예를 들면 가마쿠라 엔카쿠지(円覚寺)의 소장 문물을 기록한 『부츠 니츠안 고모츠목쿠로쿠(仏日庵公物目録)』(元応 2년, 1320년)를 貞治 2年(1363년)에 개정한 사료에 따르면, 觀応 3년(1352년)에는 「松猿繪一對牧溪」, 貞治 1년(1362년)에는 「樹頭繪一對」가 아시카가 요시아키라(足利義詮)에게 헌상되었다. 이렇게 쇼군에게 헌상된 서화를 비롯한 각종 문물은 쇼코쿠지(相國寺) 都聞寮에 수장되어 쇼코쿠지의 御用繪師 如拙이나 都管 周文과 같은 무로마치 초기 화가의 화풍형성에 영향을 미쳤다고 생각한다.

쇼군 소장품을 관리하거나 예능이나 잡무에 종사한 내신들이 同朋衆[27]이다. 그 일원인 젠아미(善阿彌, 1386~1482년)는 미천한 山水河原者[28] 출신으로 무로마치 막부의 8대 쇼군 아시카가 요시마사에 중용되어 수많은 정원을 남겼다. 善阿彌가 조성한 정원으로 전해지는 것에는 長禄 2年(1458년)의 相國寺 蔭涼軒, 寛正 2년(1461년)의

---

27 同朋衆은 무로마치 시대 이후 쇼군을 잡무나 예능을 가지고 보필한 일종의 내관이다. 一遍이 세운 時衆 교단에서 예능을 가지고 활약한 집단에서 유래하며 阿弥衆 혹은 御坊主衆이라고 불렸다. 구체적인 이 제도의 기원은 細川頼之가 執事가 되어 6人의 時衆法師를 아시카가 요시미츠에게 보내어 보필하도록 한 때부터이다. 同朋은 猿楽이나 庭園 조영 등에 능하며, 唐物奉行으로서 唐物과 唐繪에 조예가 깊고 문물의 表裝과 出納 등을 행하였다. 요시마사 시대에는 能阿弥가 唐物의 東山御物을 제정하였다. 能阿弥, 芸阿弥, 相阿弥 등 3대에 걸쳐 書院의 실내장식을 규범화였고, 회화에 있어서는 「国工」, 「国手」라고 불릴 정도로 뛰어났다. 또한 連歌에 있어서도 宗匠으로서 존경받았다. 竜安寺나 다이센인(大仙院)의 石庭은 相阿弥가 조영하였다고 전해지는 등 東山文化의 형성에 크게 공헌하였다.

28 『左經記』長和 5년(1016년) 1월 조에는, 〈牛一頭令労餇之間, 昨慮外斃之, 河原人等来向, 剥取件牛之間云々〉라고 하는 기사가 보여, 이때를 전후하여 소나 말의 가죽을 가공하던 「河原人」의 존재가 확인된다. 가죽의 가공에는 대량의 물과 가죽을 말리는 데 사용되는 넓은 공간이 필요했기 때문에 河原(강변)에 살게 되었던 것 같다. 그러나 가죽 가공은 가와라모노가 종사한 일부 가업에 불과한 것으로, 寺社나 귀족들의 요구에 따라 다양한 노동력을 제공한 것으로 보인다. 그들은 庭園의 조영 및 수리 이외에도 청소나 운반 등 여러 잡무를 담당하였다. 『蔭涼軒日録』延徳 3년(1491년) 10월 조에는 〈河原者三人, 鑿小井之底, 塗竈安釜, 珍重云々〉라는 기사가 보이는데, 이로부터 그들이 우물을 파는 기술도 보유하고 있었음을 알 수 있다. 이외에 石造나 지붕수리, 담장보수 등에도 동원되었으며, 특히 東山時代「泉石의 妙手」로서 8대 쇼군 요시마사에 중용된 善阿弥는 가와라모노 출신의 작정가로서 유명하다.

花御所 泉殿, 그 이듬해 다카쿠라(高倉) 御所 泉水, 文正 1년(1466년) 相國寺 山內 睡隱軒 등이 있다. 오닌난(応仁乱, 1467~1477년)이 한창이던 시기에는 奈良에 활동무대를 옮겨 코후쿠지(興福寺) 大乘院 등을 조영하였다. 특히 睡隱軒은 相國寺 키케이 인즈(季瓊眞蘂)가 보고서 「前夕住于睡隱, 見築小岳山, 善阿所築, 其遠近峰磵, 尤為奇絶也」라고 감탄하듯이, 작은 산을 이용하여 산수를 표현한 정원이었음을 알 수 있다. 作庭家 善阿彌의 소장인 「善阿」가 찍힌 그림 중에는 〈叢林山水圖〉(牧溪, 旧秋元家소장)나 〈山水圖〉(米元暉, 善田家소장)가 남아있어 이들 그림과 전칭 작가들의 화풍을 고려할 때, 善阿彌는 북송 말부터 남송에 걸쳐 전개하고 있던 수묵의 煙雲山水를 애호하였음을 엿볼 수 있다. 따라서 그가 작은 산(小岳山)을 배치하여 만든 정원 역시 牧溪나 米友仁의 煙雲山水와 같이 넓은 수면에 몇 개의 산봉우리를 배치한 殘山剩水였다고 추측할 수 있겠다.

「殘山剩水」로부터 「剩水」가 없어지게 되면서 정원은 더욱 추상화되어 간다. 이러한 과정에서 성립한 것이 한 개의 돌로 森羅万象을 표현하는 枯山水庭園이며, 산수화에서는 선승이나 문인들의 古木竹石圖이다. 枯山水庭園은 전기 枯山水와 후기 枯山水로 나뉘며, 西芳寺 庭園과 같이 池泉庭園과 枯山水가 결합된 것을 전기, 竜安寺와 같이 枯山水만으로 이루어진 정원을 후기 枯山水라고 한다.[29] 전기 枯山水庭園은 池泉庭園의 일부로서 일정한 구역에만 枯山水 石組를 배치한 것이다. 枯山水庭園의 등장은 산수화의 이념적 전개상에 있어서 귀결된 것만이 아니라 산이나 언덕의 사면에 정원을 만들 때 물을 다루기가 어렵고 면적도 제한되어 있다는 현실적 이유도 중요하게 작용하였다.

한때 선종 사원의 방장 남측은 각종 의례가 행해지는 곳으로 清淨을 의미하는

---

29 重森三玲, 「枯山水における前期式, 後期式の分類」, 『枯山水』, 中央公論新社, 2008.

흰 모래가 깔린 「無塵의 庭」이었다. 그러나 이후 실내 공간으로 의례 장소가 옮겨짐에 따라 건물 남측에 있는 넓은 뜰은 빈 공간으로 남게 되었다. 원래 예배나 의례용 南庭에는 넓은 공간이 필요했기 때문에 정원을 만들지 않았으나, 의례가 간소화되고 또 실내로 이동하게 됨에 따라 그곳에 정원이 조성되기 시작하였다. 특히 선종사원에서의 정원조성이 활발하였는데, 그 배경 중에 하나로 선종의 사상적 특징을 들 수 있다. 예를 들면 선종에서는 불상 대신에 조사상이나 보살을 중심으로 좌우에 학이나 원숭이, 혹은 산수 그림을 모셨다. 이는 모든 자연 사물에 불성이 깃들어 있다는 종교적 믿음 때문으로, 이러한 종교관이 산수나 정원에도 적용되었다.[30] 이러한 이유로 종교적 명상과 좌선을 하는 수행처로서 정원의 조경이 이루어졌고 그 결과 枯山水를 성립시키기에 이르렀다고 생각한다.

흰 모래 위에 크고 작은 자연석을 세워 조합하면 하나의 관념적 세계가 태어난다. 산봉우리에서 폭포가 떨어져 계곡을 이루며, 커다란 강에 합류하여 바다에 다다른다. 이러한 바다에 떠있는 섬들 하나하나가 바로 불국토가 된다. 선승들은 이러한 자연과 대면하면서 자신의 존재를 명상한다. 보이지도 않는 것 속에서 보고, 들리지 않는 것을 들으며, 자기 존재를 부정하면서 자신을 세우는 선종의 이념이 곧 돌덩어리에 불과한 景物들을 枯山水로 받아들이게 하는 것이다.

제4장 金碧障壁畫와 武家 書院庭園-書院과 位階

모모야마 시대(桃山時代, 1573~1615년)는 무로마치 시대에 비하여 불교적 색채가 엷어지며 현실긍정의 세속적 성격이 농후해져, 웅대하고 화려한 문화취향을 창출하

---

30 「屋上之山卽法身, 屋下之水卽広舌」(景徐周麟, 『翰林葫蘆集』).

였다. 또한 각지의 도시를 거점으로 하여 교토의 문화가 지역에 보급되면서 서민화가 추진된다. 전국시대(戰国時代)를 오다 노부나가(織田信長)와 도요토미 히데요시(豊臣秀吉)가 평정한 후에는 安土城·大阪城·名古屋城·二条城 등 대규모 토목공사가 시작되고, 헤이안 왕조문화에 대한 복고주의에 武将 특유의 호화찬란한 취향이 융합되면서, 침전의 의장을 계승한 書院 건축과 그 부속 정원이 차례차례 조영된다.

寝殿은 고대 公家뿐만 아니라 중세 武家에 있어서도 중요한 위치를 차지하는 건물양식이다. 그러나 공가주택과 다른 점은 중세 무가사회, 그 중에서도 하극상이 횡행하던 전국시대 이후에 신분이 높은 자를 맞이하기 위한 對面 및 接客 공간으로서, 동시에 신뢰와 충성을 확인하는 정치적 공간으로 보다 적극적으로 활용된다. 특히 이러한 대면 및 접객 공간은 다른 공간과는 독립되어 세워지게 되는데 이를 會所(후에는 書院)라고 한다. 寝殿의 개방적 실내공간은 생활과 의례의 장소로서 동시에 사용되었지만, 書院에서는 각각 용도에 따른 구획이 고정되어 의례공간과 생활공간이 분리되기에 이른다. 의례(여기서는 주로 대면)공간에서는 당연히 신분질서가 건물에도 반영하게 된다. 예를 들면 불교 사원의 예배단에서 유래하는 床의 격식이나 실내 장식,[31] 천정이나 좌석의 높이 및 위치, 건물 내 동선의 문제, 문병풍(襖)이나 내벽의 도상 등에 상이한 위계질서가 반영된다.

또한 고대 이래로 공가의 실내공간을 연출했던 四季나 月令을 소재로 한 야마토에(倭繪)屛風이나 가리개는 書院 건축에서는 건축의 일부로서 고정되면서 문병풍이나 칸막이 및 내벽으로 대체됨에 따라서 공간을 구분하는 기능이 약화되면서 공간적 위계질서를 시각적으로 표현하는 장식기능이 중시되어 간다. 동시에 이러한 병풍이나 문병풍은 순수한 감상용으로서, 즉 미술품으로서 새로운 가치를 부여받게

---

31 小澤朝江,「寝殿から書院へ-日本住宅史の流れ」,『紫明』7호, 2007.

된다. 이렇게 미술품으로서 감상을 위하여 사용된 것이 당시 宋元 그림의 도상이며 주로 대면이나 접객을 위하여 설치된 會所나 書院에 장식되었다.

　공간을 임시적으로 구획하고 장식하는 도구에서, 장소에 고정되어 그 자체로 하나의 미적가치를 지니게 되는 과정은 정원에 있어서도 똑같이 엿보인다. 즉 의례와 생활공간이 미분화된 寢殿에 있어서 정원은 행사가 있을 경우에만 여러 소도구를 이용하여 일상과는 다른 형태로 연출되지만, 書院에서는 처음부터 정원의 기능은 감상용으로 규정되어 주객간의 위계와 미감을 만족시키도록 설계된다. 다시 말하면 정원의 기능이 실내공간의 병풍과 같이 공간구획을 위한 것으로부터 순수한 감상을 목적으로 하는 것으로 바뀐다는 점이다.

　한편 병풍이 건축의 일부로서 문병풍이나 내벽으로 고정됨에 따라, 그 표면에 그려지는 그림의 소재나 화풍 역시 공간과 보다 긴밀하게 연결되어 선택되게 된다. 여기에서 문제가 되는 것은 일시적인 병풍보다 상설적이며 보다 거대한 화면을 지니는 문병풍이나 내벽에서는 화제와 화풍이 건축물의 성격과 연결되어 매우 민감한 요소로 부상된다는 점이다. 새롭게 형성된 신분질서의 최상층에 군림하게 된 무장들에게 있어서 公家문화를 대표하는 전통적인 四季나 月令적 주제를 선택하는 것은 불가능하다. 그들은 새로운 화제 새로운 문화를 만들 필요가 있었으며, 이에 대응하여 도입된 것이 중세 무로마치 쇼군들에 의해 수집된 宋元의 漢畵系 山水花鳥人物畵이다. 이러한 도상을 바탕으로 하면서도 무장들의 호화로운 취향을 반영하여 성립된 것이 金碧大畵이다.

　金碧(金泥·金粉·金薄과 청록안료)은 원래 仏菩薩을 장엄하는 안료나 화풍을 가리키는 것이었으나, 織田信長가 세운 安土城(1576년)으로 대표되는 桃山時代의 성곽건축에서는 카노 에이토쿠(狩野永德)와 같이 倭繪와 漢畵를 융합하여 화려하고도 웅장한 화면을 연출한 金碧 障壁畵(문병풍이나 내벽에 그려진 그림)가 장식된다. 그 화풍과 화제는 수 미터를 넘는 바탕에 金地와 金雲을 붙이거나 칠하고, 거대한 수목으로

매화나 소나무를 비롯하여 중
국의 고사 인물에 이르기까지
宋元漢畵로부터 전래된 새로
운 주제를 채용하여 호화롭고
도 호방한 무가문화의 신기풍
을 창출하였다.

도 4-6. 京都市 二条城 二の丸 大広間 障壁画

침전 건축에서의 각종 의
례는 뜰과 실내가 일체화되어
이루어지며, 정원 역시 의례의 중요한 무대로서 사용된다. 그러나 서원건축에서는
대부분의 의례가 실내로 옮겨짐에 따라 건물 앞에 있는 뜰과 정원은 의례공간으로
서의 기능을 상실하게 된다. 대신에 二条城 二の丸의 오히로마(大広間)와 같은 書院
對面所에서는 뜰을 거치지 않고 회랑과 복도를 통해 직접 大広間에 이르게 된다.[32]
이러한 의미에서 정원은 앞장에서 기술한 선종사원의 정원(枯山水나 池泉山水)과 같
이, 실내의 어느 한 장소에 시점이 고정되어 그곳으로부터 보여 지는 순수한 감상
의 대상이 되었다고 할 수 있다.

大広間의 내벽이나 문병풍에 그려진 松石의 金碧畵는 매우 호화로워 보는 이를 압
도한다(도 4-6).[33] 이것은 카노 탄유(狩野探幽)의 작품으로 모모야마 시대의 유풍을 남기
고 있으며, 커다란 소나무와 바위를 호쾌하게 이용하여 만든 모모야마 정원과 함께
유력 다이묘들에게 쇼군의 덕과 권위를 과시하는 상징물로서 이해할 수 있다. 지방에
서 올라 온 다이묘가 大広間의 니노단(二の段)에 올라 그보다 一段 위에 앉아 있는 쇼

---

32 仲隆裕, 「書院庭園の座觀性に關する一考察」, 『造園雜誌』 55(5), 1991, pp. 105~107.
33 二條城, 二の丸의 大廣間 장벽화.

군을 둘러싼 金碧松石畵를 마주할 때, 왼쪽에 보이는 정원의 소나무와 바위가 단순히 장식을 위한 것이 아니라 쇼군의 권위를 강조한다는 점은 분명해진다.

중세 宋元의 漢畵에 있어서 松石은 군자의 덕을 나타내는 주요 테마였다. 이것이 금박이나 금분을 입힌 바탕에 보석보다 비싼 청록이나 군청의 채색으로 빛을 발할 때, 주인의 고매한 인덕과 함께 용감한 무장으로서의 역동성이 오버랩 되는 것이다. 한편 쇼군의 사적 주거지 및 서재인 시로쇼인(白書院)에는 수묵에 착색을 더한 조용하고 평화로운 산수화를 그려놓아, 障壁畵의 主題와 화풍이 실제로 그려지게 되는 실내공간의 용도나 격식과 밀접한 관련이 있음을 엿보게 한다. 더욱이 그림뿐만 아니라 정원에 있어서도 실내공간이 사적으로 이용되는 경우와 공적으로 사용되는 경우에 따라 각각 그 취향을 달리하고 있다. 예를 들면 무가 주택의 안쪽 깊숙한 곳에 있는 서원의 경우, 흰 모래를 깔고 단정하게 전지한 나무군락을 만들고 이외의 복잡하고 화려한 景物들은 조성하지 않는데, 이는 문병풍에 그려져 있는 수묵의 산수화와 함께 정원을 서재로서 사용되는 실내공간의 분위기와 목적에 부합시킨 것이라고 할 수 있다.

제5장 墨蹟과 草庵茶室 庭園－와비(侘び)의 空間

모모야마 시대는 호화로운 무가문화가 꽃피는 한편, 다도 역시 유행하면서 다실에 수반하는 茶정원(露地)이 완성된 시대이다. 화려한 서원정원과는 대조적으로 茶정원이 지향하는 와비는 幽玄과 깊은 관계 속에서 성장한 미의식이었다. 幽玄이란 깊고도 미묘해서 측량할 길이 없는 것이나 말로 표현할 수 없는 餘情으로 해석될 수 있으며, 중국 위진 시대의 玄學이나 佛學으로부터 영향을 받아 고대 和歌를 중심으로 전개된 개념이다. 아버지 토시나리(俊成)의 幽玄을 더욱 심화시키면서 후세 시가문화에 커다란 영향을 남긴 후지와라노 사다이에(藤原定家, 1162~1241년)가 「見渡

せば花も紅葉もなかりけり, 浦の苫屋の秋の夕ぐれ(내다보면 꽃도 단풍도 지고, 포구의 苫屋에는 가을 노을뿐)」(『新古今集』)이라고 불렀을 때, 과거의 환영을 그린 전반부와 현재의 적료감을 나타낸 후반부와의 괴리는 幽玄美를 표현한 대표적인 예로서 자주 거론된다. 와비(侘び)는 이러한 幽玄美를 계승한 것으로 호사로운 것과 간소한 것과의 대비, 불완전 혹은 불균형한 것, 그리고 요염한 세계와 적료한 세계간의 병치 등에 의해 생기는 미의식으로 정의할 수 있다.[34]

모모야마 시대의 문화를 상징하는 화려함과 와비는 일견 모순되어 보이지만 실제로는 깊게 연결되어 있다. 왜냐하면 무력으로 권좌에 올라 전통적인 公家 문화에 대하여 새로운 武家 문화를 창조하는 것이 소명으로 여겨지던 시대, 또한 사카이(堺)를 중심으로 하는 도시문화가 발전한 시대에 세속적인 권위와 부를 가진 자야말로, 그것을 유지하는 무력과 경제력에 대하여 깊은 불신감과 무상함을 느끼고 있었을 터이기 때문이다. 따라서 이 시대의 권력자나 富商들에게 있어 출세간의 枯淡美에 대한 향수와 동경은 더욱 강했을 것이다. 秀吉가 大阪城에 사치스러운 黃金茶室과 함께 소박한 草庵茶室을 만들게 했던 것이나, 교토나 사카이의 상인들이 공가나 무가가 사는 카미쿄(上京)를 벗어나, 상공업자가 밀집한 시모쿄(下京)에 閑居를 세우고 下京 茶나 와비 茶를 발전시킨 것도 바로 이 시대이다.

차는 最澄(766~822년)이 처음으로 당으로부터 가져와 전했으며 교토 히에잔(比叡山)에서 재배하기 시작하였다. 이것이 주변에 전해지면서 사가(嵯峨) 天皇의 시대(809~823년)에는 궁중에도 보급되었다. 그러나 이 시기의 차 문화는 정착하지 못하고

---

34 笠井昌昭, 「金碧障壁畵から文人畵」, 季刊『日本思想史』 9호, 1978, pp. 39~42; 熊倉功夫, 「茶の湯における美意識—すき・わび・やつし」, 同書 9호, pp. 56~61; 片野達郎, 「文芸・繪畵における美意識の展開—日本史の峠, 中世よりの展望」, 同書 9호, pp. 9~11.

遣唐使의 폐지(894년)와 함께 쇠퇴한다. 그 후 가마쿠라 시대에 들어서서 에사이(栄西)가 송으로부터 차를 다시 전래하였고 建保 2년(1213년)에는 将軍 미나모토노 사네토모(源実朝)에 「喫茶養生記」를 지어 진상하기에 이르렀다. 이것은 栄西가 『白氏大帖』, 『白氏文集』, 『太平御覧』 등 당시 중국의 고전문학이나 類書를 참고하여, 차가 오장을 보호하는 묘약이라는 점이나 차의 성질과 음용법 등을 기록한 것이다. 栄西가 背振山・博多聖福寿山에서 재배한 차를 묘에(明恵)가 교토의 栂尾에 가져와 재배하였으며, 이것이 선종의 사원을 중심으로 보급되었다. 이래 차는 선을 수행하는데 빼놓을 수 없는 것이 되었으며 특히 의례에 있어서는 중요하게 쓰였다. 이후 다이토쿠지(大徳寺)의 이큐(一休) 和尚은 중국으로부터 차를 마실 때의 의례를 정리하여 이를 쥬코(珠光, 1422~1502년)에게 전한다.

珠光의 시대에는 四畳半이나 六畳의 다실에서 이루어지는 下京茶가 유행하게 된다. 이것은 넓고 호사스러운 會所에 귀중한 唐物(유명한 掛軸나 花入, 茶道具 등)을 장식하고 장시간에 걸쳐 酒宴을 수반하는 茶會와는 다르게, 珠光의 제자 소쥬(宗珠)의 茶室에서도 알 수 있듯이, 「山居之躰, 尤も感有り, 誠に市中の隠と謂うべし(山居之躰가 가장 정취가 있으며 진실로 도시 속에 은거라고 할 만하다)」(『二水記』享禄五年九月六日条)라고 한대로 와비 취향의 차 문화였다.

은일사상은 『論語』「泰伯第八」의 「天下有道即見, 無道即隠」이나 『孟子』「尽心上」의 「窮則独其身, 達則兼善天下」를 계승하여, 乱世에서 隠을 주창한 陶潜(「飲酒」二十首其五)이 잘 알려져 있다. 그 중에서도 「市中의 隠」과 연결되는 것이 白楽天의 中隠이다.[35] 이것은 山林에 은둔하는 小隠이나 도시에 은거하는 大隠(「小隠隠陸藪, 大

---

35 『白氏文集』 卷五十二, 「大隠住朝市, 小隠入丘樊, 丘樊太冷落, 朝市太囂諠, 不如作中隠, 隠在留司官, 似出復似處, 非忙亦非閑……」.

隱隱朝市」『文選』上, 王康琚의「反招隱詩」)을 절충한 것으로, 도시 속에서 임시로 산림을 만들어 놓고 은둔을 하는「市中의 山居」를 의미한다. 白樂天의「中隱」은 榮西나 鴨長明(『方丈記』, 1212년) 등에 의해 적어도 13세기경에는 일본에 보급되었다고 생각된다. 이러한 은일사상에서 파생한 草庵문학이「京中に亭を構う即ち其の露顯するを憚る也此の亭は四面竹樹親密而て山中の趣(교토에 조용하게 정자를 세우고 사면에 대나무를 심었으니 이야말로 山中의 정취이다)」(『蔭涼軒日録』寬正五年三月九日条)와 같은 건축문화를 유행시킨다. 이는 応永 연간(1394~1427년)을 전후하여 전성기를 맞이하며 주로 竹林의 草庵을 소재로 하는 書齋圖[36]에도 자주 등장하게 된다. 당시 이러한 茶室의 모습은「幾本かの小さな樹木をわざわざ植えて,それに囲まれた,前よりも小さい別の形で茶の家(몇 그루의 작은 나무를 둘러 심은 작은 茶家)」(이하는『日本教會史』)로,「人里離れて住む隱遁者の草庵を眞似るかして,自然の事象やその第一義を鑑賞することに專念していた(속세를 떠난 은둔자의 초암과도 같아 자연의 모습이나 그 본질을 감상하던)」장소였다고 한다.

그 한편에서는 義満의 시대로부터 義政의 시대에 걸쳐 同朋衆에 의해 의례화된 궁중의 茶가 會所를 중심으로 행해지고 있었다. 궁중 차의 특징은 역시 실내를 꽃이나 唐物로 호화롭게 장식하고 和歌會・連歌會・茶寄合 등을 즐기면서 차를 음용하는 것이다. 이곳은 床・付書院・違棚 등이 갖추어진 서원양식의 客座敷(객실)와 茶道具의 湯棚가 설치되어 있는 点茶所로 구성되어 있었다. 따라서 点茶所에서 同朋衆나 御茶奉行이 차를 끓여 준비하여 客座敷로 가져오면, 주인이 이 차로 손님을

36「書齋圖」는 세로로 긴 掛軸의 화면 하부에 松竹 등으로 둘러싸인 서재를 그리고, 화면 상부에는 서재에 관련되는 시를 적은「詩畵軸」이다. 15세기 전반에 제작된 서재도의 시화축으로는〈溪陰小築圖〉,〈竹齋読書圖〉,〈水色巒光圖〉등이 있다.

접객하게 된다. 그러나 이러한 궁중 차가 일반에 보급되면서 점차로 간소화되어 客座敷에 茶道具를 가지고 와서 손님 앞에서 주인이 직접 차를 끓여 접객하기에 이른다. 이로 인해 주인의 차를 만드는 퍼포먼스가 주된 감상 대상이 되어, 실내 장식에 대한 감상이나 각종 유흥보다는 주객의 정신적 일체감이 중시되었다. 珠光나 宗珠의 茶室은 이러한 흐름을 이어받아, 주객 일체감을 보다 강조하고 와비의 작고 소박한 공간에서 차를 즐겼다고 생각한다.

주객의 일체감이나 정신적 교류를 제고하기 위하여 다실은 더욱 간소화되어 전술하였듯이 客座敷와 点茶所가 하나로 통합되었을 뿐만 아니라 뜰과 床도 변화하게 된다. 죠오(紹鷗)의 四畳半 다실과 같이, 건물 주변에 둘러 붙인 마루가 없어지고 대신에 土間庇(흙벽으로 만든 벽과 처마)가 만들어진다. 따라서 마루와 같이 실외와 실내를 연결하는 중간부분이 없어지고 다실 외벽(처마 밑)에까지 뜰이 파고들어 오게 된다. 이처럼 마루를 없애고 土間庇를 만들었다는 것은 곧 작은 다실의 외벽에 문을 직접 내고 뜰에서부터 곧바로 들어가게 된다는 것을 의미한다. 이러한 초암 다실에는 「御茶ニ精ヲ入, 名物ニ心ヲ付シメン為(차에 전념하고 꽃이나 그림에 마음을 노닐게 하기 위해)」(『儒林』) 사람의 눈을 끄는 소재는 모두 제거했다고 한다. 이것은 실내에 장식된 名物을 감상하고 차를 마시면서, 주객간의 정신적 교감에 집중하기 위한 조치이다.

利休(1522~1591년)는 이 다실을 더욱더 간소화시켜, 一畳大目(다다미 一畳와 4분의 3 畳)이라고 하는 극단적으로 좁은 다실을 만들고 벽에 낮은 입구(躙り口)를 내어 이곳을 통하여 곧바로 뜰에 이어진 露地에 출입할 수 있게 하였다(도 4-7).[37] 또한 床에 흙을 발라 동굴(室床) 같이 만들고 床의 깊이나 높이, 폭을 축소하였으며 천정의 높

---

37 千利休가 지은 京都府 大山崎 妙喜庵의 待庵.

이를 보다 낮게 하였다. 원래 床는 사원의 예배용 장식단으로, 일반주택에서는 貴人이 앉는 상좌로부터 유래한 공간이며, 여기에 화병을 놓거나 그림을 걸어 실내를 장식한다. 따라서 장식할 名物(掛軸이나 도자기 등)이 없을 경우에는 일반적으로 床은 만들지 않는다. 그러나 利休는 의도적으로 床의 크기를 줄여 名物, 특히 커다란 그림을 걸 수 없도록 고안하였다고 한다. 이것은 종래 차 문화를

도 4-7. 京都府 妙喜庵 待庵 床

지배해온 名物 중심의 의례를 거부하고 보다 더 주객간의 정신적 교류를 강조하는 와비 차를 전개하기 위한 것으로 보인다.

이러한 名物로는 카라모노(唐物 : 宋 · 元이나 高麗 · 朝鮮에서 건너온 것)로서 주로 茶道具를 가리키지만, 여기에서는 문인이나 승려들의 墨蹟을 검토해 보겠다. 그중에서도 선종의 조사들이 남긴 묵적은 가장 존중되었다. 예를 들면 북송 시대 臨済宗의 圜悟克勤의 묵적들은 利休가 茶를 마실 때 床에 걸어 감상하곤 했으며, 一休로부터 珠光에 전수되기도 하여 선종에서의 祖師像과 같이 초기 차 문화에 있어서 절대적인 의미를 지녔다. 물론 묵적을 거는 床의 규모나 분위기, 그리고 표구에 있어서도 세심한 주의가 기울여지고 있었으나, 와비 차의 발전과 함께 점차로 축소화 및 간소화가 진행되었다.

작은 규모의 다실(小間茶室)에 대응하는 간소한 뜰과 露地는 광대한 부지를 지니는 사원의 그것과는 다르게 제한된 도시부의 마치야(町屋)에서 발전된 의장이다. 町屋에서는 전면을 점포가 차지하기 때문에 점포 옆에 「도오리니와(通り庭)」라고 불리는 좁고 긴 통로를 내어 내부 공간에 출입하게 된다. 여기에 다실로 연결되는 통로, 즉 「路地」(에도 시대부터는 露地)가 따로 만들어지게 되었다.

茶의 경전 중 하나인 『南方録』(千利休의 秘伝書)에 따르면 「侘の本意は清浄無垢の仏世界を表はして, 此路地草庵に至っては塵芥を払却し, 主客ともに直心の交りなれば, 規矩寸尺式等あながちに伝ふべからず(와비는 清浄無垢의 佛世界를 표현한 것으로, 路地草庵에 이르러서는 塵芥를 제거하고 주객이 함께 마음을 교감하면 되는 것으로 規矩寸尺式 등으로 전할 바가 아니다)」라고 한다. 여기에서 와비는 静寂을 의미하며 선종의 기본교리와도 통한다. 또한 「路地草庵」은 清浄無垢의 佛世界를 표현하기 위하여 정숙하게 꾸며진다. 이어서 「路地は草庵寂寞の境地をすべたる名なり……一身清浄の無一物庭也, いにしえより在家の庭を路地といふことなし, 庭外面砌りなどいへり, 寺院には路地の号あり, 点茶の一境を, かの白路地にもとづきて名付, 是利休居士世間の塵労垢染を離れ清浄の心地を表はしたる本意なり(露地는 草庵寂寞의 경지를 이르는 말로 一身清浄이며 無一物의 庭이다. 예부터 在家의 庭은 路地 대신에 庭外面砌り라고 하였으며 사원에만 路地가 있었다. 茶의 경계를 저 사원의 白路地에 근거하여 이름 지었으니, 이것이 利休거사가 世間의 塵労垢染에서 벗어나 清浄의 마음을 표현하려 한 본뜻이다)」(『南方録』)라고 하듯이, 露地는 사원의 흰 모래를 깐 前庭에서 유래한다고 볼 수 있다. 短歌 「路地はただ浮世の外の道なるに心の塵をなぞ散らすらむ(露地는 탈속의 길이니 어찌 마음의 먼지로 더럽힐 것인가)」로부터도, 선에 귀의한 利休가 다실을 清浄無垢의 佛土로서 생각하고 路地를 이러한 청정 공간에 들어가기 위해 마음을 깨끗이 하는 곳으로 생각했다고 할 수 있다.

이러한 의미로 전개되는 다실과 露地에 대응하여 실내의 床에는 조사들의 묵적이 걸려져, 청정세계와 진리의 경계로 인도하게 된다. 이러한 취향은 利休와 같은 모모야마의 차인에 의해 극단적으로 전개되었으며, 그 결과 다실의 床에 장식되는 명물과는 상관없이 좁은 공간 속에 주객 간의 교감을 더욱 중시하기에 이른다.

제6장 名所繪와 池泉回遊庭園-縮景과 借景

名所繪는 원래 전통적인 시가문학에서 유명해진 景物이나 풍속을 사계나 월령으로 조합하여 표현한 그림이다. 그것은 전술한 言說的 이미지로부터 성립한 명소 그림으로서, 예를 들면 大嘗會를 위해 새롭게 제작된 名所繪屛風과 같이 새로운 천황이 즉위한 후에 각 지역에서 헌상된 곡물에 대한 추수감사와 함께 지방에 대한 지배력을 과시하는 수단으로서 정치적 성격도 동시에 갖추고 있었다. 名所繪는 헤이안 시대 唐繪나 唐文學의 国風化가 진행됨에 따라, 四季를 기초로 하는 각 지역의 명소나 풍속을 노래한 和歌와 함께 전개되었지만, 가마쿠라 후기로부터 무로마치 시대에 걸쳐서는 선종의 성행을 배경으로 유입된 宋元의 漢畵(水墨), 그 중에서도 八景文學에 자극되어 그 화풍과 소재를 바꿔가면서 활발하게 그려졌다.

특히 무로마치 시대에 들어서면 종래 침전의 실내 공간을 구획하고 장식하던 名所圖屛風보다는 寢殿과 寺院의 건축양식을 흡수한 書院 건축에서 건물에 고정된 문병풍 그림(襖繪)이 더욱 즐겨 제작된다. 예를 들면 아시카가 요시노리의 무로마치도노 접객공간인 세 개의 會所 중에, 北向會所 泉殿의 「住吉御床間」이나 新造會所의 「橋立의 間」에는 각각 住吉(大阪府)와 天橋立(京都府)이 襖에 그려져 있었다고 한다. 또한 아시카가 요시마사의 東山殿 會所에도 「石山의 間」이 있어, 그곳에는 近江(滋賀縣)名所圖가 그려져 있었던 것으로 보인다. 이후 將軍家의 漢畵를 학습하고 여기에 倭繪를 융합시킨 카노파(狩野派)는 이러한 名所繪를 왕조시대의 和歌文學으로부터 분리시켜 순수한 시각적 미술품으로서 전국의 서원과 사원에 보급시킨다.

이렇게 宋元의 산수화가 전국에 보급됨에 따라 산수화의 주요 소재인 西湖나 八

景과 같은 중국 문인들의 명소가 와카 문학에서 발전한 일본의 명소나 밀교적인 만다라 세계(수미산) 및 신선경(봉래산)에 더하여 새로운 縮景으로서 정원에 등장하게 된다.

일본에서는 옛 부터 바다나 산에 대한 신앙이 두터워 이러한 신앙이 정원의 景物에도 일찍부터 반영되어 왔다. 예를 들면 텐무(天武) 天皇(631~686년)의 皇太子 쿠사가베(草壁) 皇子의 橘島宮 苑池에는 바닷가의 기암절벽(荒磯)이 만들어져 있었으며(『万葉集』 卷二, 皇子尊宮舍人等慟傷作歌二十三首), 스이코(推古) 천황 20년(612년)에는 백제에서 건너 온 路子工이 南庭에 須弥山을 쌓았다고 한다(『日本書紀』 卷二十二). 헤이안 시대에 들어서면, 左大臣 源融이 六条 河原院에 무츠(陸奧 : 혼슈의 북동부)의 塩竈 풍경을, 사이슈산미스케치카(祭主三位輔親)는 六条院의 苑池에 단고(丹後 : 교토 북부) 天橋立의 풍경을 만들었다(『十訓抄』 第七の三十). 산에 있어서도 봉래산이나 후지산을 비롯하여 수많은 영산을 쌓는 것은 예부터 신을 모시는 제사대상으로부터 귀빈을 영접하는 무대에 이르기까지 다양한 종교생활상의 풍습이 반영된 것이라고 생각한다. 이러한 전통은 가마쿠라와 무로마치 시대를 거쳐 근세 池泉回遊式庭園에 계승된다.

神仙境이나 曼荼羅의 종교적 세계관은 고대로부터 일본의 정원에 커다란 영향을 미쳐왔다. 그 대표적인 신선경에는 蓬萊·方丈·瀛州의 三山과 桃源이나 龍宮의 이상경, 그리고 須彌山이나 補陀洛山과 같은 정토만다라 등이 있지만, 여기에서 명소그림과 관련해서 다루고자 하는 명소는 이러한 종교적 담론에 관련된 것이 아니다. 또한 고대 시가문학의 言說的 이미지를 통해 성립하여 보급된 각지의 명소도 아니다. 언설적 명소는 비록 이야기 그림(物語繪卷)에서 시각적으로 표현되어 있지만, 그것은 어디까지나 시나 소설과 같은 문학을 통해 성립된 언설적 이미지에 불과한 것이다. 반면 여기에서 대상으로 하는 명소는 중세로부터 근세에 걸쳐 성립한 실경이다. 이 실경은 중국의 명소이든 일본 국내의 명소이든 관계없이 사실적인 시각적 이미지(경관)에 근거하여 생산되고 소비되는 풍경이다.

여기서는 중세로부터 근세에 걸쳐서 등장하는 이러한 시각적 명소 이미지를 둘러싸고 전개되는 자연관의 변화가 어떻게 그림과 정원에 반영되는 지를 검토해 보겠다. 특히 주목하고 싶은 것은 縮景과 借景이라고 하는 정원기법과 근세 名所風景畵를 고대 名所景物畵로부터 구별하는 풍경에 대한 시선과의 관계이다.

전국 각지의 명소를 모방하여 정원에 옮겨 놓는 縮景은 헤이안 시대 이래의 寢殿庭園으로부터 근세 大名庭園에 이르기까지 끊임없이 만들어지지만, 그것은 근세 名所風景畵가 달성한 지형과 시선을 의식한 眺望이라고 하기 보다는 전술한 三遠에 가깝다. 즉 縮景은 일정한 시점을 기준으로 하여 그 시점으로부터 보이는 자연 풍경을 대상으로 하는 것이 아니라, 삼원과 같이 上·下와 中·外로부터 다양한 가상의 시점과 지점을 전제하여 성립하는 산수라는 점에서 고대 名所景物畵와 가깝다. 대신에 借景은 근세 名所風景畵와 동일하게 하나의 고정된 시점을 지니며, 특정한 장소로부터의 조망을 정원에 적용한 것이다. 바꿔 말하면, 숙경은 경험에 의해 축적된 다양한 산수의 이미지를 총합하여 표현한 것이며, 차경은 특정한 시간과 지점으로부터 성립한 단일한 풍경의 순간적 이미지를 정원에 도입한 것이라고 할 수 있다. 이는 곧 근세 名所風景畵를 고대 名所景物畵와 구별 짓는 근본적인 시선의 차이에 다름 아니다.

縮景(模景)은 「国々の名所を思い廻らして, その趣のある所々を取入れ, 自分のものにして, 大体の模様をその所々に象どり, 和らげて立てる(전국 곳곳의 명소와 정취 있는 곳을 모아 자신의 것으로 삼고 대략적인 모습을 본떠 만드는)」(『作庭記』) 것이다. 여기에서 명소는 물론 직접적인 시각경험 보다는 시가문학을 통해 이해된 언설상의 명소이미지이다. 따라서 실경 그 자체라기보다는 실경에 연관된 정서에 대응한 관념적 이미지에 지나지 않는다. 이 명소를 정원에 도입하는 방법으로서 숙경은 시각 경험보다는 언설경험에 의존하여 정취나 정서를 연출하는 무대로서 명소 조형을 수행한다. 따라서 숙경된 명소는 어느 방향으로부터 보아도 명소 그 자체에 대한 이미지에는

변함이 없다. 근세 이 숙경을 도입한 池泉回遊式庭園으로는 가쓰라(桂) 離宮의 天橋立, 슈가쿠인(修學院) 離宮의 三保島(富士山의 三保松原에 대비하여 比叡山의 三保로 삼은 것), 고라쿠엔(後樂園)[38]의 西湖, 로쿠기엔(六義園)의 八十八境,[39] 수쿠케엔(縮景園)의 京洛 등 매우 많다.

이에 비해 차경은 視点場(안 : 정원)과 視對象(바깥 : 풍경)을 구획(風景窓)함으로써 성립한다.[40] 근세 정원의 차경은 이 구획을 보다 더 명확하게 의식하고 표현함으로써 새로운 비전 즉 조망을 통해 풍경을 정원에 도입한다. 그러나 중세 景이나 境[41]에도 넓은 의미에서 차경의 원리가 작용하고 있었다. 예를 들면 무소 국사의 「西芳寺十境」의 경우, 視点場은 西芳寺이며 視對象은 西芳寺를 포함하는 광대한 주변 풍경이고, 양자 사이의 구획(風景窓)은 十境[42]이라고 볼 수 있기 때문이다. 그러나 이러한 景(境)에서는 구체적이고 정확한 視点場과 視對象이 존재하지 않는다. 따라서 西芳寺와 그 주변 풍경은 관념적으로 상정된 視点場에 의해 어느 정도 자유로운 視

---

38 小石川 後樂園에는 小廬山이 있다. 이곳은 寬永 17년(1640년) 藩祖 賴房가 林羅山에게 부탁하여 이름을 지어 받은 작은 산으로 중국 廬山을 환기시킨다. 그 서쪽에는 중국 杭州의 명소를 모방한 西湖가 있다. 서호의 북쪽에는 大堰川. 이곳은 교토 아라시야마를 흐르는 保津川을 축경한 것이다.

39 元祿 15년(1702년) 柳澤吉保는 紀州 和歌浦을 축경한 六義園을 조영한다. 吉保가 八十八境의 名所를 선정하고 스스로 六義園記를 지었다. 『賜蘆拾葉』第七集六十四의 기록에 따르면, 玉藻磯·紀川·片男波 등 和歌浦의 유명한 和歌로부터 명명하였다고 한다.

40 視点場(안)·視對象(바깥)·구획(しきり)이라고 하는 개념은 前田淳仁·神山藍·出村嘉史·川崎雅史·樋口忠彦의 「京都における室内からの風景の見せ方に關する硏究」(『総合論文誌』(3), 日本建築學會, 2005)를 참조.

41 『大明一統志』卷六十三, 長沙府宮室 조에는 八景台가 나오는데, 府城의 서쪽에 있으며 송 嘉祐 연간에 지어졌다고 한다. 여기에 宋迪이 八景圖를 그렸다. 이후 북송 말 慧洪이 八境으로 이름을 고쳤다고 한다. 여기에서 보이는 景과 境은 북송의 문인 사대부 송적과 선승 혜홍의 학문적 종교적 차이에 기인한 것으로 볼 수도 있겠다.

42 「西芳寺十境」(『山城名勝志』,「境致」),「瑠璃殿, 西来堂, 蔵密釣寂, 欄精惜煙, 買風店, 縮遠亭, 無縫塔, 合同船, 向上關, 指東庵」.

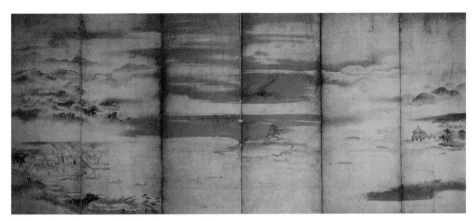

도 4-8. 久隅守景, 近江八景図, 六曲一隻, 紙本墨画, 153.1×348.0, 滋賀県立近代美術館

對象으로서 존재한다. 이러한 의미에서 景(境)은 借景과는 다르게 視点場과 視對象이 현실 공간에서가 아니라 문학 속에서 연결되는 일종의 관념적 차경을 생산한다. 이것은 고대 명소 景物畵와 같이 시각적이라기보다는 언설적인 이미지에 가까우며 名所連景詩나 故事旧跡으로부터 유래하는 명소에 대한 지식에 의해 성립된 것이다. 중국의 宋元이나 일본 중세로부터 유행하는 瀟湘八景을 비롯한 連景詩(連境)와 連景畵[43]는 이렇게 특정한 장소로부터 주변풍경을 조망한다는 점에 있어서 차경적 요소가 엿보이지만, 視点場과 視對象과의 관계가 추상적이고 관념적이다. 또한 각각의 視對象도 고립되어 있어 하나의 지형으로서 통합적으로 이해되고 있지 못하다.

이러한 고대 중세의 縮景으로부터 근세 借景으로의 과도기적 시각개념인 八景(境)이나 十景 등은 〈近江(오우미)八景圖屛風〉(도 4-8)[44]에서 확인할 수 있다. 近江八景[45]은 무로마치 시대 선승들에 의해 비와코(琵琶湖)를 瀟湘八景에 비유하면서 노래

43 堀川貴司, 『瀟湘八景―詩歌と繪畵にみる日本化の樣相』, 臨川書店, 2002.

44 久隅守景, 近江八景圖, 六曲一隻, 紙本墨畵, 153.1×348.0, 滋賀県立近代美術館.

45 石山秋月, 勢多夕照, 粟津晴嵐, 矢橋歸帆, 三井晚鐘, 唐崎夜雨, 堅田落雁, 比良暮雪.

되기 시작했다. 이것을 그린 〈近江八景圖〉는 시가문학과 사계회(四季繪)에 근거하여 그려진 〈近江名所圖〉의 전통을 이어, 중세 새롭게 전래된 팔경의 형식으로 구성된다. 현재는 琵琶湖의 동안으로부터 서안을 바라보는 풍경을 표현한 1隻만이 남아 있으나, 원래는 동안의 풍경과 함께 六曲 2隻의 팔경 그림이었다고 생각된다.

일반적으로 〈사계산수도(四季山水圖)〉나 〈소상팔경도(瀟湘八景圖)〉 등은 마주보아 오른 쪽에서 왼쪽으로 봄·여름·가을·겨울에 대응하는 景物을 나타내므로, 가을이나 겨울의 풍경을 그린 이 병풍은 左隻에 해당한다. 그러나 第一扇에 가을의 堅田落雁을, 第二扇에 겨울의 比良暮雪을 배치하고 이어서 화면 중앙 第三扇에 唐崎夜雨를, 왼쪽 끝 第五扇과 第六扇에 앞뒤로 粟津晴嵐과 三井晩鐘을 배치한 것은 전통적인 계절적 순서와는 조금 다르다. 즉 夜雨는 주로 여름 景物에 사용되고 晴嵐과 晩鐘은 가을 풍경이다. 따라서 唐崎夜雨는 左隻이 아니라 右隻에 해당되며 比良暮雪은 左隻의 맨 끝에 와야 한다. 이러한 혼란은 아마도 사계산수나 소상팔경에서 전통적으로 지켜진 계절적 순서보다는 지형에 대한 적극적인 배려로 인해 일어난 것으로 생각된다. 실제 지형과 비교해보면 서안의 북쪽으로부터 比良暮雪→堅田落雁→唐崎夜雨→三井晩鐘→粟津晴嵐으로 이어져, 이 병풍이 지형을 거의 그대로 반영하고 있음을 알 수 있다. 따라서 이 병풍이 그려진 17세기에는 지형에 대한 조망이 회화에 적극적으로 반영되고 있음을 알 수 있다.

이외에 고대로부터 중세에 걸쳐서 사계(四季)를 축으로 하여 그려진 명소회(名所繪)로부터 지형이나 조망을 우선하는 풍경화로의 이행을 잘 표현해 주는 것으로 〈洛中洛外圖〉가 있다. 〈洛中洛外圖〉는 16세기를 전후하여 四神사상에 근거하여 건설된 헤이안쿄(교토)의 下京(동남측, 봄과 여름)과 上京(서북측, 가을과 겨울)의 경관을 12개월로 나누어 표현하고 있다(町田家旧蔵 歴史民俗博物館 소장본). 그러나 우에스기(上杉)가의 옛 소장품(米澤市立上杉博物館, 1565년)과 같이 봄과 여름에 해당하는 下京에 벼베기와 탈곡 장면을 배치하고, 가을과 겨울에 해당하는 上京에 벚꽃과 밭갈이 등을 배치하고 있어, 16세기를 전후하여 명소 그림에는 이미 사계라고 하는 자연적 문학적 질서가 지형이나 조망이라고 하는 사회적 시각적 질서에 대체되고 있음을 엿볼 수 있다.[46]

대신에 화가의 주의는 당시의 권세와 풍습을 2천 명이 넘는 인물을 등장시켜 극명하게 표현하는데 옮겨져 있다. 이후 그려지는 〈洛中洛外圖〉에서도 사계보다는 당시의 풍속(舟木旧蔵 東京国立博物館 소장본)이 중심이 되며, 또한 지형에 대한 배려(〈洛外名所圖〉, 京都国立博物館 소장본)도 적극적으로 이루어진다. 이 점은 명소회가 사계라고 하는 틀로부터 서서히 벗어나, 사회나 자연의 풍속과 실경을 표현하는 장르로서 변해가는 과정에서 발생한 현상이라고 볼 수 있다.

중세로부터 근세에 걸쳐 회화에서 나타나는 이러한 움직임은 정원의 조형에도 반영되어, 본격적인 차경 정원이 등장하게 되었다고 생각한다.

소결

일본의 전통회화는 일반적으로 카라에(唐繪)와 야마토에(倭繪), 칸가(漢畵) 및 난가(南畵)와 야마토에(大和繪), 서양화와 일본화라고 하는 이중의 범주로 구분하여 생각할 수 있다. 우선 唐繪는 주로 당의 착색화나 철선묘(鉄線描)를 수용한 일본 고대에 있어 당(대륙)의 풍경과 풍속을 그린 것이다. 이에 비하여 倭繪는 일본의 풍경을 그린 것으로 처음에는 唐繪와 양식적으로 구분되지 않았으나, 10세기를 전후하여 양식과 주제 모두 국풍화가 전개되어 일본적 소재를 부드럽고 명확한 필선으로 그리고 동시에 평면적이며 장식적인 화풍으로 화면공간을 창출하게 되었다.

---

46 武田恒夫, 「時世と季節」, 『屛風にみる季節』, 中央公論美術出版, 2008, pp.174-175.

한편 漢畵는 가마쿠라 말기로부터 수용되기 시작한 송원(宋元 : 엄밀하게 말하면 남송의 원체화와 원의 선종화)의 수묵화이며, 이에 대응하는 것이 일본의 大和繪로 고대로부터 계승된 倭繪에 새롭게 도입된 한화의 수묵기법을 적용하여 완성한 것이다. 근세에 들어서면 漢畵는 南畵(명과 청의 문인화)에 의해 대체된다.[47] 이것이 근대에는 서양화(유화)에 대응하여 종래의 모든 화풍, 즉 唐繪와 倭繪, 漢畵 및 南畵, 그리고 大和繪가 일본화로 포섭된다.

이렇게 차례차례 새롭게 외부에서 유입되는 외래적 요소(아시아 대륙이나 서양)에 의해, 종래에 이미 수용되어 전개되고 있던 唐繪나 漢畵 그리고 南畵는 우선 「和 속의 漢」[48]으로 변해가고 마침내는 「和」로 포섭된다.

이러한 대응은 회화뿐만이 아니라 정원에 있어서도 마찬가지이다. 즉 외래적인 요소로부터 「和 속의 漢」으로 변해간 것에는 고대 대륙으로부터 전래되어 기나긴 세월을 통해 일본문화를 형성해 온 봉래산이나 鶴龜와 같은 石造와 섬들이 있으며, 중세 전해진 「漢」에는 竜門의 폭포나 西湖 등과 같은 중국의 인문적 명소가 있다. 한편 순수한 「和」에는 天橋立과 같은 일본 고래의 名所縮景, 遣水나 州浜, 「月中の 桂・仙家の菊・吉野の桜・尾上の松」 등과 같은 명소 植材[49] 등이 있다. 그리고 근세 이 和・「和 속의 漢」・「漢」의 요소들이 집대성된 것이 다이묘 정원에서 자주 보이는 지천회유식(池泉回遊式) 정원이라고 할 수 있다. 이러한 의장도 근대의 정원에 들어서면, 서양풍에 대응하여 곧 「和」로 변해 버리게 된다.

---

47 山根有三, 「室町時代の屏風繪概觀-和漢配合の世界」, 『屏風畵研究』, 中央公論美術出版, 1998.
48 島尾新, 「會所と唐物─室町時代前期の権力表象装置とその機能」, 『中世の文化と場』, 東京大學出版會, 2006, pp.134-137.
49 『太平記』卷第二十六, 執事兄弟奢侈事(南北朝時代, 高師直의 호화로운 저택).

무로마치 전기, 아시카가 요시미쓰・요시노리・요시마사에 대표되는 기타야마(北山)문화와 히가시야마(東山)문화는 중세로부터 근세로의 이행기, 漢(송나라와 원나라)의 요소를 새롭게 수용하여 和・唐에 근거하여 성립된 천황이나 공가귀족문화(公家貴族文化)를 대신해 무가의 새로운 권위와 지식을 창출하였다. 가마쿠라 시대로부터 주로 선종을 통하여 유입된 漢의 요소는 송원(宋元) 황제와 선종의 문물(한학・미술・건축)이었으며, 천황이 쇼군가에 행차할 때 사용된 會所(北山殿와 室町殿)와, 그곳에서 행해진 의식・전시・소장・기증 등의 행위를 통해서 무가정원의 문화양식으로서 전국에 보급되었다. 이러한 과정을 거쳐 종래 와카(和歌)와 침전정원, 그리고 倭繪로 대표되는 고대 귀족문화에 대신하여, 한시(漢詩)・서원정원(書院庭園)・한화(漢畵)라고 하는 근세 무가 문화가 열리게 된 것이다.

이렇게 회화가 일본의 외래문화 수용과 일본화의 과정에 밀접하게 연관된 분야라고 한다면, 똑같이 고대로부터 근세에 걸쳐 대륙으로부터 전래되어 다양한 방향으로 변모해 간 정원과 공유되는 부분도 당연히 크다고 생각할 수 있다. 따라서 이 글에서는 회화와 정원과의 긴밀한 관계를 이해하여, 일본 문화사의 전개 및 그 방향성을 거시적으로 고찰하고자 하였다. 특히 풍경을 인식하는 시각적 성질이라고 하는 관점에서, 대표적인 회화 장르와 이와 동일한 사상적 문화적 배경을 지니고 있다고 보이는 정원을 연결하여 검토해 보았다. 그 결과 역사적으로 끊임없이 변모해 가는 시각에 대한 이해가 회화와 정원에서 동일하게 작동하였다는 점을 확인할 수 있었다.

오영삼(吳永三)

찾아보기

● 동북아시아 정원 [2]

일본의 정원

―14세기부터 19세기까지의 조경구조물을 중심으로―

2013년 6월 10일 초판 1쇄 인쇄
2013년 6월 15일 초판 1쇄 발행

책임저자 | 박경자
펴 낸 이 | 권혁재

펴낸곳 | 학연문화사
출판등록 | 1998년 2월 26일 제2-501호
주소 | 서울특별시 금천구 가산동 371-28 우림라이온스밸리 B동 712호
전화 | 02-2026-0541~4
팩스 | 02-2026-0547
이메일 | hak7891@chol.com
홈페이지 | www.hakyoun.co.kr

ISBN   978-89-5508-214-2   94610
       978-89-5508-212-8   (전3권)